西北工业大学精品学术著作培育项目资助出版

我的科学启蒙书

——如何提高科学素养

〔美〕罗伯特·哈森
ROBERT M.HAZEN
〔美〕詹姆斯·特雷费尔
JAMES TREFIL ——著

张婧文　梁海锋 ——译

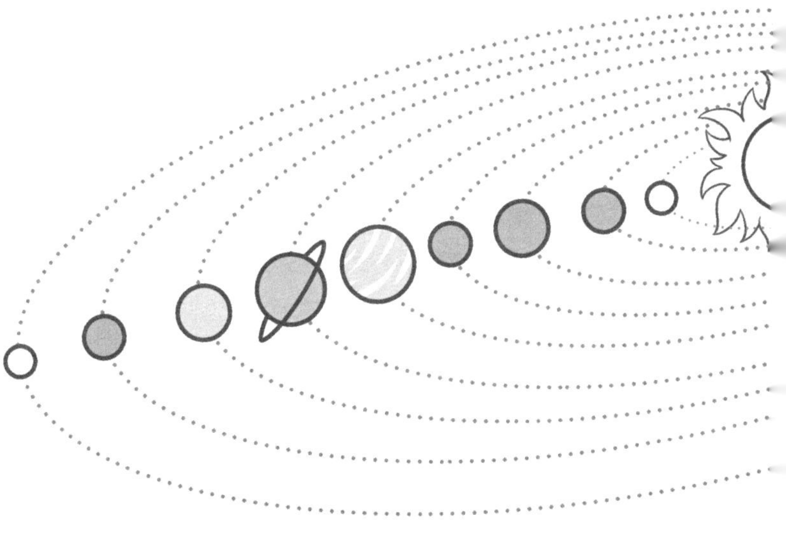

新 华 出 版 社

图书在版编目（CIP）数据

我的科学启蒙书：如何提高科学素养 /（美）罗伯特·哈森，（美）詹姆斯·特雷费尔著；张婧文译 . -- 北京：新华出版社，2023.11
书名原文：Science Matters: Achieving Scientific Literacy

ISBN 978-7-5166-7128-3

Ⅰ. ①我… Ⅱ. ①罗… ②詹… ③张… Ⅲ. ①科学知识—普及读物
Ⅳ. ① Z228

中国国家版本馆 CIP 数据核字（2023）第 212520 号

著作权合同登记号：01-2021-5954

我的科学启蒙书：如何提高科学素养
作　　者：（美）罗伯特·哈森　（美）詹姆斯·特雷费尔
译　　者：张婧文　梁海锋

出 版 人：匡乐成　　**丛书策划：**高广志
责任编辑：张　程　　**封面设计：**华兴嘉誉

出版发行：新华出版社
地　　址：北京石景山区京原路 8 号　　**邮　　编：**100040
网　　址：http://www.xinhuapub.com
经　　销：新华书店、新华出版社天猫旗舰店、京东旗舰店及各大网店
购书热线：010-63077122　　**中国新闻书店购书热线：**010-63072012

照　　排：华兴嘉誉
印　　刷：北京明恒达印务有限公司

成品尺寸：140mm × 210mm
印　　张：10.5　　**字　　数：**218 千字
版　　次：2023 年 11 月第一版　　**印　　次：**2023 年 12 月第一次印刷

书　　号：ISBN978-7-5166-7128-3
定　　价：58.00 元

致 敬 科 学 传 播!

前　言

浅谈科学素养

某一天，我们拿起报纸，看到头版上这样的新闻标题：《科学家发现干细胞新奥秘》，或者《科学家提出全球变暖新理论》。这些报道十分重要，相关议题的讨论直接影响着人们的生活。而“读懂议题”是我们加入这些讨论，表达观点和看法的基础。

从全球气候变化的讨论到关于进化论的表述以及美国竞争力逐渐下降等问题的相关研讨，科学与技术从未像现在这样主导着公共议题的讨论。理解这样的讨论正如我们能够阅读一样重要。

即使经过几十年艰苦的、持续的努力，科学家和教育工作者们仍未能让公众掌握应对当前和未来复杂的科学技术世界所必需的、基本的背景知识。

本书的目的是帮助大家获取这样的背景知识——填补正规教育体系之外的知识空白。简而言之，引领大众走近科学。

什么是科学素养?

科学素养是指人们理解公共议题的知识和能力。它是一个复杂的知识体系，包括事实、术语、概念、历史、哲学等，并不针对某个专业领域，而是政治话语中更通俗、更宽泛的知识。如果你能理解与科技相关的新闻，能消化干细胞研究、温室效应等报道，并能将它们与现实生活联系在一起，或者简单说，你能像读其他新闻那样读懂科技类相关新闻，那么你就具备了科学素养。

这样的标准对于大部分专业学者来说相当低，而且看起来并无太大意义。但那些持有人人必须深入理解科学论调的专家，混淆了科学知识重要但并不相同的两个方面："做"科学和"用"科学。这是两个不同的概念。我们所指的科学素养仅与"用"科学相关。

普通民众不需要像科学家一样精通科学。我们不需要懂得芯片是怎样设计的，基因是如何排序的，我们只需要理解日常生活中与科学有关的所见所闻。就像我们想要了解飞机是如何飞行的，并不需要跑去弄明白飞机是怎样设计的。

只是，即使我们不需要弄明白飞机是怎样设计的，也至少应该明白飞机如何改变着我们的生活，纳米科技、生物工程等领域的科技进步如何影响着生活的方方面面。这就需要人们有足够的背景知识来理解这些变化。我们只有理解科技进步带来的重要影响，才能够结合现实参与相关的讨论。

与文化素养一样，科学素养并非详细的、专业的知识，那些深奥的专业知识是专家们的事情。当我们在新闻报道中遇到“超导体”这个术语的时候，我们只要知道超导体是一种损耗极小的导电材料就可以了。由于超导体只能在超低温环境下才能发挥特性，所以它的应用领域有限。当前材料学重要的科研方向即是如何突破超低温的限制，在更广泛的领域应用超导材料。即使不懂原子层面超导体的工作原理，只要能明白超导体分为哪几种类型，如何制造超导材料等问题，就可以说具备了基本的科学素养。

深入研究某一科学领域并不意味着已经拥有了基本的科学素养。有的科学家在相关研究领域无所不知，但超出他们的专业领域，常常表现得像个科学“文盲”。本书作者做过这样一个实验：请 24 名物理学家和地质学家分别解释 DNA 和 RNA 之间的区别。结果令人出乎意料，只有三位科学家讲清楚了生命科学最基本的两个概念，且三位科学家所从事的研究需要这两个概念的相关知识。尽管本书作者没有针对生物学家进行过类似的调研，比如请生物学家解释超导体和半导体的区别，但我们相信结果大同小异。实际上，科学家接受的教育普遍局限于某个特定的领域，他们可能和普通人一样在很多科学问题上表现出无知。记得下次听诺贝尔奖得主煞有介事地讲他们专业之外领域的话题时，千万不要忘了他们也许和你一样，在某些问题上一知半解。

最后，需要指出的是知识的某个层面常常与科学素养混为一谈。比如有人说“新员工普遍不知道如何使用黑莓手机”，“普通人的生活离不开科技，但遇到家里没人的时候甚至不知道如何使用录像机”。这些观点本身没错，反映了生活中的一些问题。但它们讨论的并不是科学素养，更准确地说是“技术素养”。

问题的范畴

自 1987 年以来，美国科学素养教育的效果并没有太大的变化。在那一年哈佛大学毕业典礼上，一位电影制作人扛着摄像机来到身着学位服的哈佛毕业生中，随机问了这样一个问题："夏天为什么比冬天冷？"纪录片《自我的宇宙》详细记录了受访者的回答。24 位受访者中仅有两位给出了正确答案。它说明即使美国最负盛名的高等院校也不能保证学生掌握了与现实世界紧密相关的，诸如冬冷夏凉的基本规律。"原子和分子的区别是什么？"本书作者在他们担任教职的大学曾展开类似的非正式调查，结果同样令人沮丧。接近一半的大四年级的受访学生并不知道"原子和分子的区别是什么"。

这些调查结果并非个例。美国所有大学有一个共同的不可告人的小秘密：我们正在成为科学的"文盲"，大学生们直到毕业走出校门那天依然无法理解报纸上的基本科学问题。当然，这个问题不仅仅是大学所特有的。我们常常听人抱怨美国高中、初中学生跟其他发达国家的同龄人相比，考试成绩一塌糊涂。据专注科学素养领域的专家学者估计，不到 7% 的美国成年人具备基本合格的科学素养。在拥有大学学历和研究生学历的人群中，这一比例仅为 22% 和 26%。这些数字再一次印证了传闻的真实性。整体来看，美国民众不具备充分的科学知识，或者从沟通交流的角度来讲，美国民众并不具备应对 21 世纪生活所应具备的科学知识。

科学素养为什么重要？

为什么要具备基本的科学素养？理由很多。本书从公民、美学、思想三个角度阐述科学素养的重要性。作为社会的一员，我们需要一定的科学背景知识来参与公共议题的讨论。在美国，如果广大选民不具备应有的科学素养，可能会导致蛊惑人心的政治谣言盛行，至关重要的社会决策由精英阶层掌控，而这些人极有可能不是选民选出来的，从而破坏整个民主进程。

人们认为通识教育与科学素养紧密相关，从美学角度去理解科学显然有些抽象。我们生活的世界是按照自然界的一般法则运转的。从起床到睡觉，我们做的每一件事背后都有某个自然法则在发挥着作用。能够有这样的认知要归功于几个世纪以来科学家的伟大探索。我们认识到火炉上的一壶水与地壳的缓慢运动、彩虹的颜色，以及物质的基本组成等之间的联系，可以带来心灵上的获得感和满足感。不具备科学素养的人，显然是无法真正地欣赏生活之美。没有科学素养的人与文盲无异。

其实，我们已经有了这样的共识，科学发现对于某个历史发展阶段思想界思潮的形成至关重要。哥白尼的“日心说”掀起了一场思想革命，为欧洲从黑暗的中世纪走向启蒙时代扫清了思想障碍。达尔文提出的“物竞天择”，让人们意识到万物并非神力所致。20 世纪弗洛伊德的著作和量子力学的发展让人们对世界有了更进一步的认识。各个历史时期的总体思潮——德国人称之为“时代精神”——是由科学塑造的。所以从思想角度来讲，没有科学素养，人类就无法理解自身所处时代思想界的底层逻辑。

怎么办？

用科学方法解决美国社会科学素养较低的办法其实非常简单。

想让人们有所了解，我们就必须善于表达。

无论你是在校学生还是已经完成学业，这条原则均可适用。它简单明了，无须赘述。即使如此，你会惊奇地发现它经常被遗忘在学术殿堂的高阁。道理其实非常简单，要想让别人理解基因工程相关的问题，我们得先解释清楚：什么是基因工程？DNA 和 RNA 是怎么回事儿？地球上的生物系统共同的基因密码又是什么？再比如，是否应该把大笔纳税人的钱花在研究生物燃料、核能等化石能源的替代品上？期待公众做出明智决定的前提是：我们让他们了解能源的本质以及每种能源各自潜在的优势与风险。

道理似乎很简单，但它遭到科学界特别是学术界强大的制度性力量的抵制。要当好公民，我们需要懂一点不同领域的科学知识，比如生物学、地质学、物理学。但是大中小学一般一次只开设一门学科，这就造成教育体系教授的知识与公民真正所需要的知识之间存在错位。

因此，为提高公众的科学素养，科学家需要界定他们所在领域的哪些知识是大众必须要了解的，然后把非专业领域的知识梳理成连贯的知识体系。学校可以用它新开一门科学素养课程。它也可以为社会提升公民科学素养提供智力参考。

这是作者写这本书的初衷。

关于本书

本书的中心任务是阐明学术界最隐秘的共识——所有科学的内在基本法则都非常简单。在本书接下来的内容里，我们将会帮助大家更好地理解一些常见科学问题的基本事实和概念。

整个科学知识体系是由一些中心概念和框架组成的。我们所说的中心概念又叫法则，这些有限的法则可以用来解释我们周围的世界。自然界的现象千变万化，但是能用来解释它们的法则却寥寥无几。如果说科学的逻辑结构类似于蜘蛛网，那么我们从蜘蛛网的任何一个地方开始往里走，最终都会到达同一个中心点。也就是说，要想弄懂科学问题就必须要理解这些核心概念。

本书的结构同样反映了科学的网状结构。全书围绕 19 个一般原则展开，你可以根据自己的喜好称它们是自然法则或核心概念。其中一些核心概念超越了标签名称本身，它们一起架构了一个严密的、科学的知识体系。本书的前 5 章专门用来介绍这些核心概念，同时这些必备的核心概念也将在后面的章节中反复出现。很显然，核心概念对于我们系统地理解科学至关重要。如果不懂化学的基本概念，又怎么能学好遗传学；同样的道理，只学名词不管动词，也无法掌握一门语言。

讲清楚科学相关的核心概念后，本书将重点介绍一些具体的科学领域——包括物理学、地球科学、生命科学。本书将会围绕各领域内的一般规律展开论述。比如，在地球科学部分，重点关注地球内部热能的变化与地表形态之间的关系等规律。这些具体的规律能够帮助我们理解地球的相关知识，也就是前五章所讨论的核心概念。学完这 19 个原则后，你不但掌握了这个世界运行的一般法则，而且能够深入思考某个具体现象所蕴含的基本原理，比如刚才提到的地球地表形态是怎么形成的，以及 DNA 链是怎么回事儿等。

从核心概念入手理解科学还有另外一个优势。当我们需要更好地去理解当前的热点事件时，比如微生物的耐药性、生物克隆，核心概念的理解能够帮助我们构建自己的知识体系，也可以帮助我们更好地理解未来。2006 年，本书作者讨论《读懂科学》再版的时候，全球变暖问题依然停留在政界激烈争论的阶段。一年后，由于高温天气再次创造了历史纪录，北极冰帽加速消减，公众才开始广泛接纳全球变暖的现实。争论的关注点也开始转移到，全球变暖在多大程度上是由人类活动引起的？各国应该采取哪些必要的措施来减缓全球变暖的进程？

像禽流感的传播、干细胞研究的伦理问题、核武器扩散等当前突出的问题，再过几年很可能不再是需要讨论的问题。虽然我们无法预测哪个科学话题将会占据新闻头版，但是我们能够肯定科学话题一定会出现在头版。同样能肯定的是，未来所有的科技进步都将源于本书所涉及的观点和法则。因此，掌握了它们，我们不仅能更好地理解当下，更有能力看懂未来。

我们常常会不自知地用一种严肃、僵化、数理化的方式呈现复杂的自然科学。这正是本书要尽量避免的。原因如下：这种方式并不能准确地表达科学的实际。真正的科学与其他人类活动一样并不总是那么精确。更重要的是，科学素养往往需要大杂烩一样的知识。

我们需要了解事实，掌握一些基本概念，了解科学是怎么运作的、科学结论是怎么得出的、科学家又是什么样的人。

所有这些将会影响你对当前新闻话题的理解。所以等你看出来这本书像个科学知识大杂烩的时候，千万不要太意外，因为它就是科学本来的样子。

这本书还想传达另一个人们不太关注的信息——了解科学不只是“为了什么”，科学可以很简单，很好玩。科学是祖祖辈辈观察日常的结果，他们不仅仅是为了科学而观察，同样也是在享受着、体验着生活的乐趣。除了增长知识，希望大家能够偶尔停下来感受两位作者是如何在探索世界、研究世界中获得乐趣的！

关于再版

《读懂科学》最初创作于 1989 年。当时，作者在书中总结了自然界与科学相关的 18 个法则。由于历史条件所限，作者无法预测未来世界会经历怎样的巨变——纳米科技、古生菌、LED、克隆、暗能量、古微生物化石、深海微生物、水存在于火星上的证据、“泰坦”星球存在液态甲烷的证据、核糖酶、碳纳米管、太阳系外行星等等。但这些未预知到的科学发现均适用于现有的科学分析框架。科学的核心概念并不会发生巨大的改变。

本书作者认为他们总结的 18 条法则依然能够解释 20 世纪 90 年代和 21 世纪初的科学现象。因此，再版仅仅更新了每个章节的内容，新增加一章专门用来介绍生物科学快速发展的情况。值得强调的是，过去多年的实践让作者更加确信，从核心概念入手介绍科学是提高科学素养极为有效的方式。

目　录

第一章

了解世界

大部分人每天过着按部就班的生活——头一天晚上设好闹钟，早晨按时起来洗澡、刷牙、吃早餐，按时办结账单，系上安全带开车出门。我们日复一日重复着同样的事情，规律的生活为我们带来足够的安全感。如果头一天晚上忘记定闹钟，第二天很有可能会迟到；如果早上没洗漱，可能一天都会觉得自己哪里不对劲儿；如果开车没系安全带，可能会遭遇不幸的交通事故，威胁生命安全。

人们努力建立秩序以应对生活中各种不确定性。因此，我们应该探求规律以更好地应对现实问题。科学家的工作正是如此，遵循着总的原则且不断观察自然。总的原则即：

宇宙是有规律的、可预测的。

宇宙不是随机的。太阳每天早上升起，星星每天晚上挂在天空。宇宙以规律的、可预测的方式运转。人类有能力去发现宇宙的规律，以及产生这些规律的基本法则，我们将其称为“科学”。

了解世界的方式

科学是了解世界的一种方式。科学家遵照着一个心照不宣的前提来进行科学研究，即人类发现的一般规律是客观存在着且决定着物质世界。科学以数学语言存在，是一种高级的存在，社会大众并不能很好地理解。但是实际上，数学语言跟其他语言一样可以被翻译成简单易懂的表达。同样，当科学被翻译成简单易懂的表达，我们每个人就能够更好地理解科学定律的美妙之处。

但是，科学并非我们理解周围世界的唯一方式，也并非最佳方式。宗教和哲学并不需要实验或者数学，但它们依然能够帮助我们理解生命的意义。艺术、音乐、文学给予我们美的享受，而我们真的不需要用微积分去论证一首交响乐、一首诗的绝妙之处。科学只不过是了解世界的一种方式，为我们提供一个有趣的视角来理解宇宙。

自然的规律性

我们很难理解人类的祖先看待宇宙的方式，甚至会感觉有些奇怪。过去几百年的时间里，不少人坚信宇宙的运转没有什么规律可言，万物皆因上帝心血来潮抑或偶然。后来有人观察天体的运动轨迹，渐渐觉察到自然界可能存在某种秩序或规律。

太阳的位置、月相的变化、星座的运动遵循着一定的规律，日夜按照规律轮回着。我们可能并不懂得到底是哪种规律在发挥作用，但是我们确实能够在每天清晨看到太阳从东方升起。

大多数科学史家一致认为应该创立可靠的历法用来规范农业生产，这些研究后来发展为“天文学”。早期天文学是人类正式记录时间的一种方法，它可以为人们提供何时适合

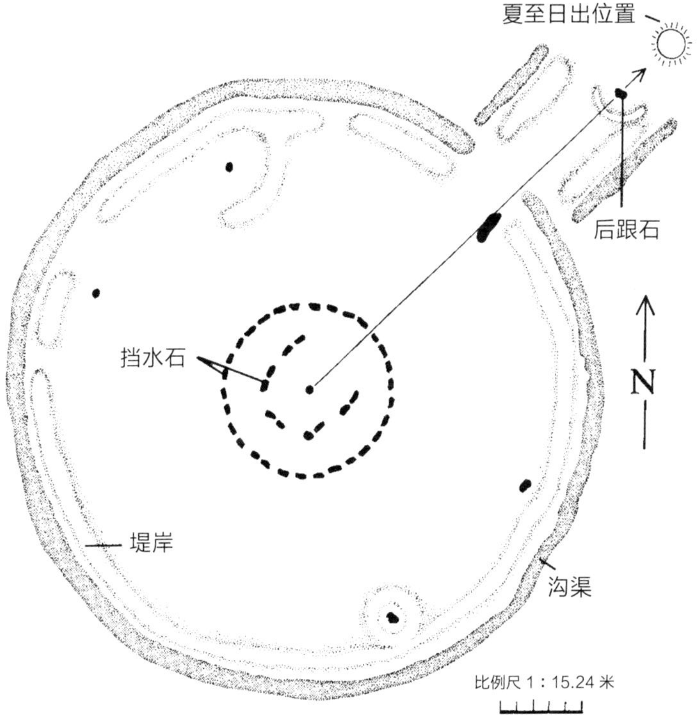

人们利用太阳、月亮、星星运动的规律性和可预测性建造了巨石阵，用于天文观测。在夏至、冬至、春分，以及秋分时刻，太阳或月亮的光线与巨石位于同一条线，人们依此记录时间。

耕种的参考。英国南部距今 4000 多年的巨石阵可能是世界上能够说明人类已经意识到这个世界是有规律的、可预测的一个最著名的例证。

巨石阵中的标记物分别指向四季的分界线，夏至、冬至、春分、秋分时刻太阳升起的方位。巨石阵很有可能是早期人类用来预测日食、月食的工具。因为人们建造巨石阵的时候文字还未诞生，如今的巨石阵遗址更像是人类对自然规律的探索和人类渴望改造自然的无声的纪念碑。

科学的诞生

世界上最早的科学是天文学。纵观历史，人类从未停止探寻星空的奥秘。由此产生的理论有一个共通点——天文学研究的前提是：地球是宇宙特别的存在，天上发生的事情跟地球上产生的现象并没有关联。比如古时候很多人认为宇宙中的恒星、行星围绕巨大的水晶球不停地转动。星球的运动跟苹果掉下来等地球上稀松平常的事儿没有任何关系。持这种观点的天文学家经过长时间的观测，能够准确记录下天体的位置变化。但是，这群天文学家的观测和研究却忽略了同样在推动科学不断发展的另一个群体——工匠和手工艺人。

当天文学家仰望星空的时候，另一群人也在致力于探索地球万物的奥秘。他们的动机更加实际：研究金属加热后的特性是为了获得更加坚硬的合金，研究液体流动是为了开凿运河，试验不同的食材组合是为了制作更美味的食物、开发出更有效的药物。这些人埋头苦干，从未把他们平淡乏味的工作和天上的繁星联系在一起。

最先“出圈”的是力学，它终于在仰望星空的天文学家和追求实际的工匠、手艺人之间建立了联系。力学是研究运动的科学。一切自然或者人造的系统均处于机械运动状态，例如行星绕轨道运行、体内血液循环、化学品爆炸、人类行走等。力学是一门超级实用的科学，它探索台球撞击、汽车碰撞、炮弹爆炸、导弹发射的奥秘。人类利用力学原理可以建造更加坚固的建筑，可以创造出更快的汽车，可以展现更多精彩的运动，可以制造更加先进的武器。从现代科学诞生的角度来讲，力学为科学家后续的研究开辟了道路。在研究力学的过程中，科学家开发并完善了科研方法，让人们以崭新的角度探索宇宙的奥秘。

如钟表般规律的宇宙

英国人艾萨克·牛顿（1642—1727）被认为是现代科学的奠基人。牛顿把宇宙比作机械钟表。钟表指针的转动实际上是其内部机械运动的结果。同样的，世界上所有自然现象均是事物表象下自然规律作用的结果。因此，牛顿用研究得以证明：

一套法则可以用来解释所有运动。

牛顿认为，运动是力相互作用的结果。连接力和运动的“装置”是牛顿三大运动定律。牛顿三大运动定律可以用来解释所有运动。星球爆炸时喷出气体、足球被踢到前场、人体动脉血液流动等运动的发生都遵循三大定律。

运　动

匀速运动和变速运动

研究运动的前提是把自然界中的运动进行分类。科学家把所有的运动归为两类：匀速运动和变速运动。宇宙万物要么处于匀速运动，要么处于变速运动。

处于静止状态或做等速直线运动的物体可以认为是处于匀速运动。比如，桌子上静置的书本；在定速巡航模式下，以 65 英里 / 小时速度行驶在高速公路上的汽车；在外太空以 1000 英里 / 秒飞行的宇宙飞船。这些都是匀速运动。

速度大小改变或方向改变的运动称为变速运动。试想开车时踩油门、遇上红灯制动、转弯时身体跟着倾斜。这些时候，汽车是在做变速运动。

牛顿定律和牛顿力学

艾萨克·牛顿在几个世纪物体运动研究的基础上，总结出一套简洁的法则用来描述所有运动的本质。这些法则适用于各种各样的情境，进一步表明自然是有规律的、可预测的。牛顿三大运动定律是物理学的基础，为其他自然学科树立了科学研究的基础模板。

牛顿三大运动定律告诉我们已知作用于物体上的力，是如何准确预测物体的运动状态。如同钟表内部紧密相连的齿轮结构，牛顿三大运动定律由三条独立的定律构成，但三者互相依存、缺一不可，构成了一个能够用来解释运动现象的完备体系。牛顿三大运动定律和其他自然学科基本法则有一个共同点——简单。人类最深邃的智慧往往都是以最简单的方式展现出来。一代又一代的物理学者反复证明着同一个真理——简单的真理背后往往蕴含着深邃的思想。寥寥数条法则完全可以用来解释，从海王星卫星的运行轨道到汽车引擎中爆炸气体的运动轨迹等世间万物。

第一定律：

任何物体都会保持匀速直线运动或静止状态，
直到外力迫使它改变运动状态为止。

在这个看似不言而喻的表述中，牛顿隐藏了两个重要概念。第一个概念是惯性，即物体保持自身原有运动状态或静止状态的性质。滚动的球保持滚动的状态，行星环绕恒星运动，静止的书保持静止的状态。

第二个概念是力。力使物体的运动状态发生改变。在外力的作用下，滚动的球会慢下来，静止的书会动起来。

牛顿第一运动定律的重点在于运动状态不是自然发生的，必须是有外力的作用。铅笔掉下来，风吹起来，爆米花砰砰响。日常生活中每天都会遇到很多这样的例子。如果一个物体改变了运动状态，那么它一定是被施加了外力。每一个动作背后都有力的作用。

牛顿第一定律并没有告诉我们：力是什么？力是如何产生的？力有哪些类型？牛顿之后，物理学家花了两百多年的时间才发现了将原子聚合在一起的力。时至今日，我们还在研究形成稳定原子核的力。牛顿第一运动定律告诉我们力是如何作用的，以及力在何种状态下存在。

第二定律：

力等于质量乘以加速度。

牛顿第二运动定律明确了物体质量、运动加速度和外力的关系。这条定律有两个重点：第一，外力越大，加速度越快。比如，投手投球的力量越大，球的速度就越快；汽车马力越大，加速就越快。

第二，牛顿第二运动定律引出了质量的概念。质量是量度物体惯性大小的物理量。我们经常把质量和重量的概念相互混淆。重量是指物体受到的重力大小，比如在月球上引力变小，物体的重量也随之变轻。质量仅由数量决定，即原子的数量。这里我们仍可以用常识加以说明。物体质量越大越难移动，冰箱、巨石、橄榄球队前锋要分别比冰块、鹅卵石、四分卫更难移动或者推动。

牛顿第二运动定律可以被量化，用等式表示即 $F=ma$。已知质量、作用力大小，就可以把具体的数字代入等式中计算出标枪、炮弹、太空飞行器的运动速度。

在典型的力学问题中，我们常常能够知道物体的质量（如台球或行星）和作用力的大小（如球杆的推力或重力大小）。这时，运用牛顿第二运动定律和数学的基础分支微积分，我们就能够预测物体的运动状态。

牛顿告诉你为什么要系安全带

设想一下我们以大约 100 公里 / 小时的速度开车行驶在高速公路上，突然另一辆车把我们挤出车道，汽车迎头撞上路边的大树，这时候会发生什么？牛顿运动定律将会告诉我们答案。

人和车都具有惯性，在撞击的那一刻会受到巨大的外在冲击力。大树对汽车施加了一个力，迫使车停下来。如果车里的人没系安全带，那么则没有力作用于司机，在惯性的作用下，司机将继续运动，用牛顿的话说，司机将保持“匀速运动”，直到有一个外力让司机停下来。那么司机受伤的程度取决于所受外力的大小。如果不系安全带，车里的司机和乘客将分别撞上方向盘和挡风玻璃。

安全带和安全气囊通过施加一个相对较小的外力，延长冲击时间，减缓冲击速度，起到保护司机和乘客的作用。是否系安全带，安全气囊是否打开可能会使运动状态发生改变，可见安全科技手段极大降低了撞击的伤害力。

第三定律：

相互作用的两个物体之间的作用力和反作用力总是大小相等，方向相反。

第三定律是三大定律中最经常被引用的定律，但是这是一则仅凭直觉无法理解的定律。我们能感知到投手给球施加了一个力，但是很难看出球对投手施加的大小相等的反作用力。当我们站着的时候，鞋子给地球施加了一个与地球重力方向相反、大小相等的作用力。在我们拧瓶盖时，左手和右手分别向不同的方向用力。触摸爱人的时候我们也会感觉到他们在触摸我们。

根据牛顿第三运动定律，作用力和反作用力总是相互的，方向相反的，大小相等的。需要注意的是，这种相互的作用力施加的主体不同。坐在椅子上时，我们会对椅子向下施加压力。第三定律告诉我们，这时椅子也对我们施加一个向上的、大小相等的力。

牛顿第三运动定律可以解释为什么火箭能在太空飞行。道理是这样的：火箭发动机加热燃油，将热燃油从发动机喷嘴喷出。根据第一定律，要想让燃油加速运动，必须施加一个外力。当然，这个外力需要由火箭施加。根据第三定律，燃油需要将方向相反的、同等大小的力反作用于火箭。这样火箭就飞起来后，火箭在太空中飞行的状态与站在轮滑鞋上开枪的状态类似。也就是说，当我们向一个方向施力的时候，同等大小的力反作用于施力方向。

重　力

牛顿三大运动定律告诉我们力作用于物体上时会发生什么，但是并没有告诉我们力到底是什么。在以下的章节中我们会讲述不同类型的力。有的容易理解，比如电力和磁力；有的非常神秘，比如所谓的强作用力。牛顿更关注的是自然中最常见的力——重力。

在牛顿之前，科学家对重力的认识表现出一种类似于“精神分裂症”的状态。他们认为各大行星在各自轨道上运行的力（我们称之为“天体引力”）与让物体掉在地球上的力（“地球引力”）是完全不同的。也就是说，在牛顿以前的一个多世纪，人们已经在不同类型力的研究领域取得了一定进步。

炮　弹

在大教堂可能倒塌、炮弹可以击沉舰船的年代，研究地球引力是必然的。17 世纪科学家的工作与之前时代的差别在于“实验”这种方式的出现——这就让探究引力对下落物体作用的对照实验具有可行性。17 世纪最著名的科学家要数伽利略·伽利雷（1564—1642）。伽利略因传播地球绕着太阳转的观点而遭受宗教审判，被指控涉嫌传播异端邪说罪。本书作者认为，伽利略对科学最具革命性的贡献就是他精心设计的科学实验能够让人们更好地理解宇宙的本质。因此，他被后世称为“近代实验科学之父”。

伽利略研究地球引力的方法并非追问重力的本质，而是通过大量的实验观察重力对物体的作用。在实验中，他观察球从斜面滚下的运动轨迹（用他的话说，斜面是用来“稀释”重力的，这样他就可以用钟表测量球滚下斜坡所需的时间）。根据球从斜面上滚动不同的距离所需时间的差异，伽利略发现了球在运动过程中速度的变化规律。由于地球引力的作用，所有物体无论质量大小下落速度均相等。凭借着这些简单的观察结果，伽利略与他同时代的科学家弄懂了石头下落和炮弹运动的轨迹。它们都是理解地球上自由落体现象的基础。

但讽刺的是，伽利略可能从未做过著名的比萨斜塔自由落体实验。假如伽利略真的做过比萨斜塔实验，空气阻力会导致重量大的物体比重量小的物体下落的速度相对较快，那么他就不可能得出他最著名的理论！

行 星

在伽利略研究地球引力的时候，欧洲天文学家对行星运动的研究取得突破性进展。德国天文学家约翰尼斯·开普勒（1571—1630）借助丹麦天文学家第谷·布拉赫（1546—1601）精密的天文观测数据成功发现行星沿轨道运动的规律。比如，开普勒发现所有行星包括地球的轨道都是椭圆形的，而不是人们之前所认为的圆形。和伽利略一样，开普勒把他的发现总结为简洁的语言，即著名的开普勒行星运动定律。

伽利略和开普勒在各自的研究领域运用了相似的研究方法。他们二人非常重视观测和实验数据，二人都不是不切实际的哲学家。为弄懂世界的真实模样，他们不像其他人那样待在家里空想，而是走出去亲自观测自然。二人将自己的研究成果总结为数学定理和公式，方便后人用来研究自然世界。

开普勒行星运动定律和伽利略自由落体定律分别是天文学和物理学最重大的发现之一。二者表面上看起来互不相干，分属不同领域。只有像艾萨克·牛顿这样的天才才能看出来开普勒和伽利略二人研究的是同一件事儿。

苹果和月亮

据说，牛顿受苹果落地的启发发现了万有引力定律。牛顿知道苹果落地是因为有个力施加于苹果上（牛顿第一运动定律）。他在看到苹果落地后突然意识到使苹果落地的拉力也可能同样作用于月球。从地球上观测，月亮的位置不断发生变化，背后的原因一定是有个力作用于月球。正是因为这个日常生活中的简单事件引发的猜测弥合了尘世与天堂的人为区分；也正是因为这个猜测赋予了人类一个全新理解世界的方式（科学），并诞生了一个全新的比喻（如钟表般有规律的宇宙）。

牛顿知道，在地球重力的作用下，树上的苹果会垂直落在地面上。同样由于重力，被扔起的苹果会沿着抛物线落地，力气越大，苹果扔得越远。如果力气足够大，理论上苹果可以绕地球运动。完成一圈运动后，如果不考虑空气阻力，苹果会继续运动，并无限循环。但是只有月球或其他卫星才会不停地绕地球运动。这个不断作用于月球让月球绕地球运动的力就是重力，它也是让苹果落地的力。正是这个观点，牛顿打破了人们几个世纪以来对天堂与尘世的认知，向世人证明地球和天体可以作为科学研究的对象。

牛顿进一步推导出计算重力的数学公式。重力由三个物理量决定：两个物体的质量以及两者之间的距离。这就是著名的万有引力定律：

任意两个质点由通过连心线方向的力相互吸引，
该引力大小与它们质量的乘积成正比，
与它们距离的平方成反比。

万有引力定律推导出很多有趣的结果。显然，质量越大，引力越大。无论质量大小，引力都存在。地球对苹果施加引力，苹果同样也对地球施加引力。实际上，这两个力的大小是相等的。苹果之所以落在地球上是因为它比地球质量小很多，因此在运动过程中它的加速度更大。苹果向地球方向每下落 4.6 米，地球就会朝着苹果运动大约一个原子核直径的距离。

万有引力定律告诉我们，宇宙中引力无处不在。地球对你本人施加着引力，站在你旁边的人，还有最遥远的星球和星系也同样对你施加着引力。但事实上除了太阳和月球这类质量更大的天体，我们平时是无法感受到周围物体比如说建筑物对我们的引力。这也就是为何科学家认为占星学这一套并不靠谱的原因之一。

如钟表般有规律的宇宙

万有引力定律的提出标志着牛顿科学体系的形成。根据牛顿的观点，重力无处不在，主导力背后的规律是牛顿三大运动定律。这给科学家提供了一个看待宇宙的全新角度，人们第一次意识到宇宙是一个有序的、可预测的系统。有了牛顿提出的方程式和数学语言，科学家就可以描述和预测不同系统的特性。在牛顿之后的几个世纪，哲学家把牛顿的宇宙观比喻成一座钟表。人们可以观测到的现象就如同钟表的指针，在看不见的传动装置（自然规律）作用下运动。太阳系中的行星按照万有引力定律、三大运动定律运行着。各大行星如同一座钟表在有规律地嘀嗒运转着。信仰牛顿学说的人把宇宙比喻成钟表还有另外的理由：上帝一旦启动宇宙，宇宙必然按照既定的轨迹运行。这样看来，人类完全有能力去预测未来。

牛顿提出了一个伟大的理论体系，但是像所有科学观点一样，牛顿的理论需要被证实。其中最引人注目的实验就是牛顿的英国同胞埃德蒙·哈雷（1656—1742）完成的。根据牛顿定律和相关历史记录，哈雷推算出彗星的轨迹，并准确预测了彗星再次出现的时间和位置，这颗彗星因此被命名为"哈雷彗星"。1758 年圣诞节当天，这颗彗星如约在天空出现的事实有力地证明了宇宙如同钟表般有规律地运行着。它表明牛顿的理论不仅可以用来解释已知的世界，而且可以准确地预测未来。如今，量子力学和复杂混沌系统研究的兴起正在改变科学家对如钟表般规律宇宙的看法。按照现代科学的观点，宇宙按照简单的一般规律运行，但是这些规律并不能够让我们直截了当地预测未来。不管怎么说，牛顿的很多观点在现代科学中仍占据了一席之地。

科学方法

牛顿提出的如钟表般规律宇宙的观点，是运用科学方法解释世界的最早的经典案例。科学方法的运用即观察（实验）和理论的相互作用。科学家通过观察构建新理论，并通过实验验证进行理论的修正。伽利略和开普勒分别记录了一些观察和实验结果，两人不断重复着“观察—理论化—论证—再观察—再理论化—再论证”的循环，直到对研究对象有足够的了解。牛顿吸收了开普勒和伽利略的科学研究成果，而科学家根据牛顿的相关理论准确预测了哈雷彗星的再次出现。只有经过这样多轮的论证，一个理论才能被科学家接纳。

科学方法并不要求研究者没有偏见地观察自然。在开展一项实验之前，科学家脑中往往已经有了一个预想的理论。但科学方法要求科学家必须根据观测结果和实验数据，修正或改变自己的预设理论。牛顿从多个方面推动了现代科学的发展。他是第一个使用科学方法的研究者，也是第一个证明科学理论无须颠覆原有规律也能取得进步的科学家。

开普勒提出的行星运动定律破除了关于太阳系错误的旧思想。这是一个颠覆性的变革，因为新的理论证明旧思想是错误的，应该被打破。而牛顿的理论证明开普勒行星运动定律来自万有引力定律和牛顿三大运动定律。牛顿的理论并没有否认，而是进一步完善了开普勒的理论。同样，牛顿把伽利略的研究放进了自己的理论框架并证实了伽利略结论的正确性。事实证明，这是科学研究中一个常见的现象。在阿尔伯特·爱因斯坦提出广义相对论的时候，他涵盖了牛顿、开普勒和伽利略的理论。而未来理论物理学家构建最终的统一场论时，也很有可能吸收了爱因斯坦的理论精华。事实上，不管新闻标题怎样哗众取宠，真正颠覆性变革在成熟的科学领域极其罕见。

科学家

宇宙非常庞杂，人类不可能一下子把它完全搞明白。经典科学方法能够让我们依次探知世界的未知领域。事实上，宇宙可以看作由物质和能量构成的子系统的集合。它可能是单个旋转的亚原子粒子，也可能是整个星系。无论大小，这些都是值得研究的对象。天文学家探索星球和太阳系的奥秘，化学家研究原子组成的子系统，地质学家研究矿物或山脉，生物学家研究细胞、蚁类和森林。每一个子系统或是可感知的，比如一块石头；或是其他物体的一部分，比如身体的神经系统。

科研事业包含成千上万个分支学科，涵括氟化学、马来西亚的海龟、年轻的大质量的恒星、艾滋病病毒的演变以及激光、夸克、金刚石、黏液菌等。科学家专注于某个分支学科，并创造出一整套术语体系。各个分支的不同点主要在于研究对象的大小和研究内容的不同。但不管研究对象是星球、昆虫、原子，还是哪个子系统，背后的自然规律都是一致的，只不过研究对象的描述方法和研究方法有所差异。

美国全国拥有大量的专职科学家，大致可以分为四类：物理学家、化学家、地质学家、生物学家。科学好比一张由知识织成的大网，人们在其中创建各自的专业领域。其中，四大主要的科学门类发展出各自独特的风格和组织体系。

物理学家主要研究科学的核心概念——物质、能量、力、运动。物理学家常常自豪地说他们研究的是最重要的科学，因为从化学到宇宙学，再到矿物学、分子生物学等其他领域的研究都必须依赖于基本的物理法则。物理学家可谓是科学家中的通才。近些年，分子生物学、野外生态学等边缘研究领域吸引了大批物理学家，因此这些领域得到了长足发展。物理学的一部分抽象为基本的科学理论。关于十维空间、夸克、统一场论的讨论常常主导物理学相关大型会议的讨论。出于某种原因，物理学家，特别是大学里的物理学家似乎喜欢以不修边幅的形象示人。如果大会上有个不戴领带的参会人，那么他一定是物理学家。如果你想恭维一位物理学家，请告诉他你还以为他是一位忙碌的修理工。

总部位于华盛顿特区的美国物理联合会由 10 万多名物理相关领域的科学家组成，他们中有天文学家、晶体学家、地球物理学家。美国物理联合会下属 10 个专业学会，其中最大的是美国物理学会，成员包括 5 万多名“硬核”物理学家。各专业学会职责包括举办专业研讨会、争取物理学研究和教育支持、出版《物理评论》《今日物理学》等顶尖学术期刊。

化学家是实用主义者，他们将不同的原子组合在一起，目的在于发现新的有用的化学品。即使是深藏于学术圈的化学家也与化学产业保持着密切的联系。化学研究与研究成果的应用常常紧密相连。化学家是科学家中拥有专利最多的一个群体，我们经常看到身着精致正装的化学家，这一点与朴实的物理学家截然不同。美国化学学会总部位于华盛顿特区，会员包括理论化学家和化学工程师。独特的产学研融合使美国化学学会成为了美国最大的科学学会，会员总数超过 16 万人，超过了美国科学促进会。美国化学学会的职责包括举办学术会议、支持化学教育、出版《化工新闻》等期刊和书籍。同时，它还是一个游说组织，肩负着协调环保主义者和大型化工企业关系的重要责任。

地质学家是另一种类型的科学家，他们常常穿着旧牛仔裤和长皮靴出现在讲台上，好像随时准备出发去野外走上几公里。地质学吸引着热爱户外不怕吃苦的人，但实际上地质学不只是户外的重峦叠嶂，地球科学需要化学和物理实验室的高端精密仪器去帮助破解岩石、矿物质、海洋、大气等起源和本质的奥秘。

美国大部分地质学家同时也是美国地球物理学会的会员。该学会总部位于华盛顿，会员总数达 5 万人，研究领域广泛，涵盖行星地质学、物理学、气象学、海洋学。美国地质学领域还有一家学术组织是美国地质学会，总部设于科罗拉多州风景秀丽的博尔德市。会员涵括 2 万多名理论地质学家和野外地质学家。美国地球物理学会和美国地质学会在国际舞台上非常活跃，这是因为地球科学是一门国际化的科学，需要进行广泛的全球合作。

生物学家研究生命，而生命是宇宙中最复杂的系统。生物学研究的门类繁多，小到分子、细胞、有机物，大到整个生态系统都是生物学的研究对象。动物学家和遗传工程学家、医学研究院所关注的问题是截然不同的。因此，美国没有统一的生物学学会，生物学研究领域也没有在华盛顿特区形成强大的游说势力。美国科研项目的支持资金大部分来自联邦政府资助（也就是我们工作缴的税）。2007 年，美国研发预算约为 1300 亿美元。除国防以外，大部分研发集中在与人类健康相关的项目上。因此，美国国立卫生研究院获得联邦政府研发资助最多，高达 300 亿美元。美国国家科学基金年预算约为 50 亿美元，用于支持各个科学门类的科研和教育。受联邦政府研发基金资助的其他机构包括美国能源部、美国国家环境保护局、美国国家航空航天局。另外，国会也会额外拨款资助特殊研发项目。

大部分科学家的实验室依靠联邦政府研发基金资助。科学家首先向联邦政府主管部门提交资助申请，说明科研项目计划及其重要性。主管部门邀请由独立科学家组成的专家委员会按照科研项目的重要性给申请项目打分，根据打分结果拨发科研基金。研究领域不同，获得资助的成功率也不同，一份科研资助申请的成功率在 10% 至 30%。联邦政府资助主要用于购买实验设备、计算服务，支付科研人员工资，补贴硕博研究生等。如果没有联邦政府资助，那么美国大部分科研项目将被迫终止。

科学前沿：复杂的混沌系统

三百多年前，牛顿发表了著名的牛顿三大运动定律和万有引力定律，他的经典力学理论如今已经成为物理专业大一新生的必修课。虽然宇宙的规律性和可预测性已成为科学界根深蒂固的理论假设，但近年来对心脏和天气等复杂系统的研究正促使科学家重新定义可预测性。这些新的研究领域被称为混沌系统或“复杂理论”。按照传统观念，日常生活中的各类系统是可预测的。汽车、网球落地、大摆钟按照我们预期的方式运动。从腰部向下扔网球，网球以一个速度撞击地面；从腰部以上更高的位置往下扔网球，网球下落的速度会稍稍加快。网球下落运动就是一个经典的牛顿力学系统。然而，自然界中并非所有的系统都遵循着规律性。打开阀门，水龙头会有缓慢的水流；阀门开大，水流将会变大变急。用物理学术语讲，水流的状态取决于初始参数。不具备这个特性的系统则被称为混沌系统，常见的例子有湍急的溪流、飞舞的雪花、跳动的心脏等等。

在混沌系统中，我们无法准确地测量系统的初始参数以预测它未来的行动轨迹。虽然在某一段时间里，我们能够做出正确的预测，但是假设和实际终将偏离。测量结果内在的误差在所难免，再加上混沌系统对初始参数的高度敏感性，这实际意味着混沌系统的不可预测性。

天气是一个常见的混沌系统。为了预测天气，气象学家成千上万次地测量风速、气温、气压。根据测量结果，气象学家能够相对准确地预测 24 小时或 48 小时内的天气，有时候也能准确给出七天的天气预报。但是即使测量和计算机模拟做得再精准，他们也不可能预测一年后的天气。大气运动的混沌本质常常被戏称为“蝴蝶效应”。对“蝴蝶效应”的常见阐述是：新加坡一只蝴蝶扇动几下翅膀可能在美国得克萨斯州引起一场大雨。

如今，科学家普遍接受混沌系统存在的观点。现阶段对混沌系统的研究主要集中在哪些系统是混沌系统、混沌系统如何运转、我们如何利用混沌系统，比如，我们是否能够运用已知理论去预测一个月后的天气，预测股票市场的走势。

第二章

能 量

真正的过山车爱好者崇尚老式木质过山车。如果你曾经体验过，一定不会忘记木质过山车带来的“震颤”刺激感。这场历险从平稳的爬坡开始，当你坐在座位上缓缓抵达最高点时，耳边是木质齿轮嗡嗡作响，你完全无法预料接下来会变得多狂野。突然，过山车骤然悬空停住，接着在重力的作用下开始自由落体运动。

自由落体的过山车速度越来越快，下落到 30 多米的时候，到达最低点，紧接着“嗖”一声弹回比最高点略低的第二个高峰。过山车再次戛然而止，还没等你喘口气，又一次陡然下落。接着是急速环形的疯狂穿梭把乘客带到最后一个高峰，再缓缓落地。短短几分钟将会给乘客带来几小时意犹未尽的冒险体验，过山车是宇宙的缩影。坐在过山车上爬坡，陡然下落，急速大回环的一系列运动完美诠释了能量转换的一般规律。

每一个动作都需要能量，能量总是遵循两个基本法则：

能量是守恒的。

能量总是从一种有用的形式转化为另一种相对无用的形式。

这两条法则有好的一面也有不好的一面。能量，即做有用功的能力，以多种形式出现。能量在不同形式之间相互转换。就像把钱从一个账户转到另一个账户一样，我们可以把能量从一种形式转化为另一种形式。在不同账户之间转账不会增加或减少财富。也就是说，能量在不同形式之间转换并不影响能量的总量。能量不会凭空产生，也不会凭空消失，一个独立系统的能量总量是保持不变的。这就是热力学第一定律。这是它是好的一面。

不好的一面是，能量总是从有用的形式转化为无用的形式。根据自然法则，煤或气燃烧的时候，燃料里的化学能一定以热能的形式释放到大气中，这些热能无法做有用功。这种能量利用的局限性我们称之为"热力学第二定律"。

热力学两大定律同样适用于热能和能量的其他形式。

功　能量　功率

热力学有三个核心概念：功、能量、功率。在物理学中，这三个概念与我们日常生活中所理解的稍有差别。当一个力作用于物体上，并使物体在力的方向移动一段距离，这就是对物体做了功。功的大小由力的大小和物体移动的距离决定（功等于力乘以距离）。我们从超市买好东西提在手里，或者开门、投球的时候，我们对物体施加了力并移动了物体，那么我们做了功。力越大，距离越远，总功越大。但当我们施加了力却没能移动物体，比如用力推汽车或墙，汽车和墙并没有移动，那么这时我们就没有做功。物体仅受力而没有移动，则功为零。所以，物理学家能够证明砖瓦匠比律师做的功要多得多。

能量是做功的能力，或者说施加力的能力。

功率是用来描述物体做功快慢的物理量。功率等于单位时间内所做的功。同样一段楼梯，跑上去和走上去所做的功相等，但跑上楼梯的功率更大。在体育运动中，功率大的运动员投掷得更远、跑得更快。

能量的类型

能量有多种类型。一种类型的能量可以转化为另一种类型的能量。但所有类型的能量有一个共同点：它们处于一个可以施加力的系统。

势 能

处于悬崖边上的巨石具备做功的潜能。如果让石头落下来，那么石头下落砸地的时候就会施加一个力。因此，当石头静止于悬崖边上的时候也必然拥有能量，我们称它为势能。其中“势”表示该系统有能力做功，但目前没有做功。我们可以想象成石头正在储蓄能量以备未来之需。

当我们在河流上筑坝，水库里蓄满的河水拥有重力势能。能量被储存起来以备未来大坝放水产生水电。水力发电在美国西北地区非常普遍。

势能的种类有很多。被抻拉开的橡皮筋或压缩的弹簧在弹回时会产生一个力。我们可以说橡皮筋拥有弹性势能。煤、汽油等可燃物在燃烧时释放能量，具备做功的能力，因此拥有化学势能。能量可以被储存在磁体里、电池里、鼓膜和皂膜等表面，以及多种自然系统中。

动 能

所有运动的物体都拥有能量。飞向本垒板的棒球、转动的水车、高速行驶的汽车、从树上落下来的叶子均在做功。任何一个运动的物体停下来的时候我们会发现这样一个现象。飞行的棒球往接球手的手套上施加力，撞击力在手套上留下一个凹痕。高速行驶的汽车撞上大树后突然停下时，汽车的冲击力撼动大树。山石崩塌和雪崩可以摧毁一座城。因此，可以说能够做功的、运动的物体具备动能。

物质中的原子处于永不停息的运动中，或无规则运动（如气体中的原子），或振动（如固体中的原子）。原子的动能与热现象相关。原子运动越活跃，物质的热能越大。这说明，热是一种特别形态的动能，这种动能与运动的原子相关。热是能量的一种形式，是 19 世纪最伟大的科学观点之一，也是热力学的奠基石。虽然这是一个看似简单的观点，但是我们确实很难把一壶烧开的水和山顶的岩石联系在一起。

其他类型的能量

电流在电线中流动的时候，电子随之运动。电子的运动是电能的一种，它可以点亮电灯，可以开启立体声音响系统，还可以为我们制作美食。

声音是一种由原子有规则的运动所形成的特殊的动能。我们之所以能听到声音是因为我们的耳膜随着运动的空气分子在振动。可见，光携带与电和磁相关的能量。无线电波和 X 射线等辐射也同样携带着能量。

20 世纪，科学家发现质能也是一种势能。科学家用爱因斯坦著名的方程式表示质量与能量的关系：$E=mc^2$，即能量等于质量与光速平方的乘积。这说明质量可以转化为不同类型的能量，反之亦然。

好的一面——热力学第一定律

能量最重要的一个特征是它很容易从一种形式转化为另一种形式。骑自行车的时候，我们体内细胞的化学能转化为腿的蹬力，最终转化为动能驱动自行车向前行驶。爬山的时候，我们身体能量的一部分转化为重力势能；下山的时候，重力势能又转化为动能。

不管能量多么频繁地从一种形式转化为另一种形式，能量总和保持恒定。能量既不能凭空产生，也不会凭空消失，只是从一种形式转化为另一种形式。能量总量恒定即热力学第一定律——能量守恒。它是影响最深远、适用范围最广的科学法则之一。大到超星系团，小到身体里的细胞，甚至物质最小的组成单元夸克，都遵循能量守恒定律。

热力学第一定律是游乐园园主的快乐之源，却是节食者的烦恼之源。根据热力学第一定律我们知道过山车爬得越高，俯冲的速度越快；我们吃进去的食物转化为化学能量（卡路里），要么用来做功（锻炼），要么被储存起来（脂肪）。有的人每年制订节食计划，每年减肥目标都以失败告终。它证明了热力学第一定律的威力，也证明了任何企图抗拒第一定律的努力都是徒劳的。

坐过山车的过程形象地说明了热力学第一定律的作用过程。过山车从地面出发，在强大的马达推动下爬上陡坡来到设备的最高点。这一阶段，电能转化为重力势能。到了最高点，过山车在重力的作用下，笔直下落。这时，重力势能转化为动能。随着过山车的下落，速度越来越快，所有的重力势能全部转化为动能。飞速的过山车到达最低点的时候开始新一轮爬坡，到达第二个高点。过山车飞上飞下的过程就是动能和势能交替转化的过程。

如果没有摩擦力，那么势能和动能相互转换的过程将永远不会停下来。过山车上上下下过程中势能和动能的总量是相等的。能量不会凭空产生，也不会凭空消失。这个过程就像把 500 块钱在两个账户之间转来转去一样。

在现实世界中，过山车的能量还会转化为其他类型的能量——比如过山车车轮摩擦的热能，压力作用下过山车设施具备的声能，过山车设施和地面具备的震动能，转化成这些形式的能量不会再转化为势能或动能，而是过山车运动过程中的自然损耗。因此，每爬一个坡，过山车的势能就会减少一点（这也是过山车的第二个最高点总是比前一个低的原因）。摩擦力可以比作在银行间转账时收取的手续费。当然，手续费没有消失，而是给了银行，但由于手续费，我们账户里的钱一点点减少，最后归零。同样的，即使没有刹车，过山车最终也会停下来。能量并没有消失，只是从过山车上转移到了其他地方。

生命系统与过山车的运动方式有许多相似之处。我们以食物的形式摄入化学能，储存在体内细胞中。身体调动体内的化学势能给我们保暖，以此来保证肌肉的运动。如果没有能量，那我们什么也做不了。即使是思考和睡觉，我们也会消耗能量。可见，生命就是不断收集和消耗能量的过程。

热量转移

能量不仅可以从一种形式转化为另一种形式，还可以从一个地方转移到另一个地方。热量尤其如此，比如热量从火炉转移到食物，从饮料转移到冰块。热量的转移在自然界中发挥着至关重要的作用。地壳运动、植物生长都包含着热量的转移。热量转移包括三种形式：传导、对流、辐射。这三种形式在日常生活中随处可见。把金属勺放在一碗热汤里，因为金属导热的特性勺柄几钟就会变热。我们可以用高倍显微镜来观察金属勺的内部变化。你会发现热汤附近的金属原子运动速度非常快，这是因为它们和热汤中快速移动的水分子发生了碰撞。金属勺中快速运动的原子们和缓慢移动的分子发生碰撞，这些分子与更靠勺柄的原子发生碰撞，以此类推。最终，勺柄末端的原子也快速运动，此时勺子会让我们感觉发烫。可见，传导是原子运动和碰撞导致的热量转移。

对流也是一种能量转移形式，常见的例子有火炉上烧开的水、柏油路上空的热空气。烧开水时，炉子释放的热能首先引起水壶底部水分子的快速运动，热量通过传导作用往上转移，但仅靠传导，进入水壶里的能量是无法快速完成热量转移。在热量的作用下，底部水的温度上升，体积膨胀，向上运动，把顶部的冷水带到壶底。壶底的热水到达顶部后，水冷却下沉，再由底部的热水带到水壶的顶部。水壶里的冷热交替形成了"对流室"现象。对流是受热物质整体运动而产生的热量转移。

烤火的时候我们把手伸到火苗上，这时候没有热传导也没有热对流，辐射的作用让我们感到手渐渐温暖起来。火散发红外辐射温暖着我们的双手，很明显这个过程带有能量的转移。宇宙万物散发热辐射。在真空空间，比如卫星或星球，辐射是散热的唯一途径。

热、温度、绝对零度

虽然日常生活中人们经常把"温度"和"热"互换使用，但是科学家认为它们存在本质区别。"热"指物质中原子动能和势能的总量。两升水拥有的热能是一升水的两倍。

“温度”是一个相对概念。如果两个物体之间没有热能移动，那么两个物体的温度相等。把一块金属放在冰水里，过一段时间它们的温度就会相等，都是 32 华氏度。但金属和冰水各自热能总量并不相等，这是因为水原子振动需要消耗更多的能量。

世界各国采用不同的温度计量单位，最常用的是华氏度和摄氏度。我们可以自由选择温度单位。先选择两个容易赋值的温度参考点，给每个点赋值，两个参考值的差即温度的“度数”。比如，摄氏度的两个参考点是冰点和沸点，冰点即 0 摄氏度，沸点为 100 摄氏度，则摄氏的 1 度定义为二者之差的 1/100。华氏度也是同样的道理。它以丹尼尔·华伦海特命名，两个参考点分别是华伦海特 1717 年在实验室测出的最低温度和人体温度，即 0 华氏度和 100 华氏度。如今，华氏度温度计上一般标出冰点和沸点，分别是 32 华氏度和 212 华氏度，正常人体温度为 98.6 华氏度。

科学家一般采用开氏温标，又称热力学温标，它是由热力学奠基人威廉·汤姆森和开尔文男爵（1824—1907）提出的。开氏温标刻度单位与摄氏温度的单位相同。但与其他不同的是，开氏温标以基本的物理过程为基础。开氏温标的零度被称为绝对零度，是理论上能达到的最低温度。19 世纪，科学家认为当热力学温度为绝对零度时，原子停止运动，一切物体凝固。如今，量子力学稍微改变了绝对零度的定义。当一个系统中无法再提取热量，那么它的温度为绝对零度。不管哪个定义，绝对零度是一个非常低的温度，等于 –273.16℃或 –453° F。开氏温标的单位为 K。根据开氏温标，水的冰点为 273.16K，室温在 300K 左右，燃点温度约为 650K。

不好的一面——热力学第二定律

热力学第一定律告诉我们，能量可以从一种形式转化为另一种形式；一个封闭系统内能量的总量是固定的。但是它没有告诉我们储存的能量能否被用来做有用功。比如说，海洋的水体拥有巨大的振动能量。根据热力学第一定律，理论上，海水的能量能够推动船运动。但是根据热力学第二定律，人们无法利用海洋蕴藏的巨大能量来驱动船运动。第二定律告诉我们，热能做有用功是有条件的，它真实地呈现了关于宇宙进化的悲观画面。

和其他的基本法则一样，热力学第二定律看似简单，但却蕴含着深奥的物理学逻辑。与我们遇到的大部分法则不同，热力学第二定律有不同的表述方式。尽管表述方式不同，但是它们的逻辑本质是一样的。

第一种表述：

热量总是自发地从热的物体转移到冷的物体。

如果把冰块放在桌子上，那么热量将从温度较高的桌子和空气中转移到冰块里。冰块的温度不会因为热量的转移而变得更低。这个生活中常见的例子便是热力学第二定律的例证。

值得注意的是，热力学第二定律并没有说热量不能从温度低的物体转移到温度高的物体，在冰箱里制冰就是这个道理。根据热力学第二定律，如果想违反常规，让热量从低温物体转移到高温物体，那么我们必须往系统里加入能量。能量从电源线进入冰箱。这就是热力学第二定律的第二种表述：

冰箱只有插上电才能做功。

用更加科学的语言表述，即：

不可能制成一种循环永动的热机，从单一热源取热，使之完全变为功而不引起其他变化。

热机是指各种利用内能做有用功的机械。比如汽车引擎利用储存在汽油里的化学能产生动能从而驱动汽车前进。但是，热力学第二定律告诉我们，世界上不会有效率为 100% 的热机。

这个结论并不会让人感到惊讶。拿现实生活中的机械来说，机器部件运动时一些能量必然以摩擦热的形式被损耗掉。由于热能总是从温度高的物体转移到温度低的物体，因此摩擦热将转移到机器周围环境中，被损耗的能量并不能给机器做有用功。开车的时候，汽油的一部分势能会以发动机热量、轮胎磨损、摩擦甚至声能的形式损耗掉。

热力学第二定律告诉我们，即使机械摩擦为零，热能转化为有用功的效能也必然是低于 100% 的，因为一部分能量必然被损耗。每一种机械，无论它的设计是什么样的，在完成一个循环后必须回到原始状态。比如汽车，通过燃烧气缸里的油气混合物驱动活塞向下运动。再经过几个中间步骤，最终驱动车轮前进。理论上，这个过程的效率可以达到 100%，即燃料的能量全部转化为汽车的动能。但问题是，一个循环完成后活塞的位置到达气缸的底部。但是如果要让汽车继续运动，活塞必须回到气缸的上部。让活塞回到气缸的上部就必须让气缸的温度降下来，这样在一个循环结束时，气缸里压缩空气的温度就不会高于循环开始时的温度。在这个过程中，汽车里的热量通过冷却系统从气缸中被带走，再由散热器释放到空气中。

根据热力学第二定律，设计再巧妙的机械也必须从它储存的原始能量中取出一部分放在低温库，只有这样才能让机械回到原始位置。多数情况下，这个低温库就是大气或者海洋。放进低温库里的能量不能被再次使用。想要利用它们，我们则需要再设计一种机械能够把它的废热储存在温度更低的低温库，但这只是一种理想状态。如果质疑这个观点，相当于告诉人们可以制造出不需插电就能运转的冰箱。

由热力学第二定律推导出一个直觉上合情合理的观点，即各种各样的能量形成一个层级结构，高等能量产生高温并把热量排放到低温库，低温库再把热量释放到温度更低的地方，如此循环，废弃的热量最终释放到环境里。

这是一个影响巨大的观点。热力学第二定律告诉我们，即使煤燃烧得非常充分，我们也只能利用煤炭三分之一的能量，把它转化为电能去点亮千家万户。煤炭里剩余的化学能会进入大气中，这也就解释了大型发电厂需要建设巨型冷却塔的原因。考虑到摩擦力等因素，发电厂实际生产效率比我们刚才说的还要低。不过电力工程师功不可没，在他们的努力下，现代发电厂的发电效率已经提高到第二定律允许的最大程度。

过去两个世纪，每过几年就会有激情满满的发明家站出来声称他们造出了永动机—— 一种不需要外界输入能量就可以永远做功的神奇机器。迄今为止，真正的永动机从未出现过。科学界一致质疑永动机的说法并不是因为科学家过于保守或者不愿意接受新思想，而是所谓的永动机违反了热力学第二定律。如果说有永动机，那么冰箱不插电就可以工作。

第三种表述：

孤立系统的熵永不自动减少。

如果我们在一个大罐子里先放上 100 颗黑色弹珠，再放上 100 颗红色的，再放 100 颗绿色的，然后使劲摇晃罐子，大家猜结果会怎样？短时间内，黑色、红色、绿色的弹珠全部混在一起。即使我们继续摇上一千年，弹珠也不会回到原来的排列顺序。

这个例子说明自然界的一个重要特征。孤立系统倾向于从有序走向无序。换句话说，时间永远向固定的方向运动，无序的系统发生在有序的系统之后。在我们的日常生活中，到处可见热力学第二定律的例子。倒着播放一段视频，看看里面有多少不对劲儿的地方。把生鸡蛋做成炒鸡蛋要比把炒鸡蛋还原成生鸡蛋容易；刮花车漆要比补车漆容易；弄乱房间要比整理房间容易；等等。所有这些例子说明了时间具有方向性。

“熵”是科学家测量一个系统混乱程度的度量。根据热力学第二定律的第三种表述，孤立系统的熵要么增多，要么保持不变，混乱程度从来不会减少。但是必须承认的是有些系统的确会越来越有序，它的代价必然是其他地方混乱程度的增加。我们可以用吸尘器把房间打扫干净，但是我们必须为此支付电费。水在冰箱里变成冰块，水这个系统变得更加有序。这是因为冰箱并不是孤立的系统，外界的发电厂在给冰箱持续供电。热力学第二定律表明，水原子有序性增强的代价是发电厂周围环境无序性的增强，即发电厂发电过程中排放的废热。

生命系统是我们目前所知的最有序的系统。即使最小的细胞也是数字惊人的原子有序排列的结果。神创论者经常用热力学第二定律质疑进化论，称生命的出现是自然现象；根据热力学第二定律，像生命这样有序的系统不可能源自无序状态。我们可以借用水在冰箱里变成冰块的例子来反驳这个观点。必须把生命系统放在整个系统里看待，充分考虑整个系统的能量和随机性。这个系统不仅包括地球，还包括地球的能量来源——太阳。地球表面生命系统相对有序性的增加是以给太阳提供能量的核反应堆的无序性增加为代价的。整体来看，地球—太阳系统的熵量是在不断增加的。

热力学第二定律告诉我们，得到什么就得付出什么。天底下没有免费的午餐！

科学前沿：新的能量来源

21 世纪人类面临的最主要问题是寻找化石能源的替代能源。化石能源包括煤炭、石油和天然气，它是几百万年以前太阳光照射到地球表面，把死去的动植物转化为化学能量储存在地质结构里的能源。在 20 世纪末以前，人类消耗的 90% 以上的能量来源于化石能源。这并不奇怪，因为化石能源是一种容易获得、容易使用的高级能源。

但是，以化石能源为基础的能源消费策略有两个严重的缺点。第一，化石能源不是永不枯竭的。许多分析人士认为一半以上容易开采的石油已经被消耗殆尽，21 世纪石油供应将大幅下降。第二，燃烧化石能源会产生二氧化碳，导致全球变暖等环境问题，我们在第 15 章将详细讨论这个问题。因此，寻找其他替代能源已经成为当今科学研究的主要目标之一。

许多有价值的替代能源并非化石能源。我们将在第 8 章讨论核裂变和核聚变两种替代能源。在这里，我们讨论一下美国储备丰富的两种替代能源——风能和太阳能。

风能是人类最早的能源之一。在地球自转的作用下，照射到地球的太阳光携带能量产生风能，推动风车叶片转动并产生电能。美国达科他州、科罗拉多州以及东西沿海地区拥有丰富的风能资源。到 21 世纪初，随着风力涡轮机技术的成熟，风力资源开发成本大幅降低，已经可以与化石能源开发相媲美。美国未来非常有可能将风能作为重要的能源来源之一。

美国的太阳能资源也非常丰富，特别是美国西南部沙漠地区。半导体二极管的应用使太阳能转化为电能成为可能（详见第 7 章），目前太阳能利用所面临的是如何降低太阳能发电的成本，使它和煤发电的成本一样可负担等问题。比如在 20 世纪 80 年代，太阳能发电成本是煤发电成本的 20 多倍。到了 21 世纪初，两者相差仅 5 倍多。如果太阳能发电的成本可以进一步降低，它也将成为另一种重要的替代能源。

第三章

电和磁

清晨6点，收音机响起，开始播放当天的新闻和天气预报，你躺在床上听着收音机，集聚身体的能量开启新的一天。起床、开灯、冲咖啡、叫醒孩子、收拾妥当。打开冰箱从里面拿出橙汁，关冰箱时发现冰箱门上贴着一张便条，提醒今天放学后孩子有篮球训练。塞一口面包，来两口麦片，走出家门去上班。大约7点钟时，你已经开启新的忙碌的一天。

在日常生活中，我们频繁体验到的不仅仅有重力。从早上起床到出门短短一小时内，我们就与电和磁相遇了十几次。关冰箱门时，冰箱门的磁体可以克服由地球施加给冰箱门向下的重力，并克服摩擦力，把冰箱门送回原位。我们的衣服会因静电黏在一起，必须施加外力才能将它们分开。这些现象并不仅仅是由重力产生的。电场力和磁场力是自然界中常见的力。自然界中电磁现象可以用麦克斯韦方程组来解释。其中最重要的表述是：

电和磁始终交织在一起，在自然界中无处不在。

闪电、静电、摩擦、无线电广播、把便条贴在冰箱上的小磁体，这些现象背后都是电磁作用。

麦克斯韦方程组

在艾萨克·牛顿证明了科学方法对力学研究的重要作用后，其他研究领域也开始对科学方法给予重视。比如 18 世纪著名科学家亚历山德罗·伏特和安德烈·玛丽·安培用科学方法在实验室中研究电磁现象。他们制作电池，观察电火花现象，用各种各样的材料导电……在好奇心的驱动下，这些科学家用科学方法研究自然现象。当时的他们可能从未想到有朝一日电会带给人类社会翻天覆地的变化。用今天的话来说，这些科学家当时做的只是基础研究。

伏特和安培的实验结果可以总结为几条规律。1861 年，苏格兰物理学家詹姆斯·克拉克·麦克斯韦在这些规律的基础上提出四个方程，即麦克斯韦方程组。我们经常看到物理系文化衫上印着这四个方程式来当装饰。

麦克斯韦方程组相当于电磁学的牛顿三大运动定律和万有引力定律：它总结了电磁学的所有内容。

电荷和库仑定律

当我们把一大摞文件放进复印机复印时，有些可能会黏在一起。把一张张文件黏在一起的就是电场力，能够对电场力做出反应的物体是携带电荷的。通过简单的实验我们得知自然界存在着两种电荷。拿两把塑料材质的梳子梳头，再把两把梳子放在一起，我们发现梳子相互排斥。用皮毛来回摩擦玻璃，把塑料梳子放在玻璃附近，我们会发现玻璃和梳子相互吸引。这是因为梳子和玻璃这两个带电物体分别携带着两种电荷，即正电荷和负电荷。

携带电荷的是亚原子粒子——原子的组成单元（详见第4章）。原子内部大点的原子核携带正电荷，重量小一点的电子携带负电荷，围绕着原子核运动。原子内电子携带电荷过多或过少都可以让物体带电。如果原子内电子过多，那么原子带负电；电子过少，那么带正电。大多数情况下，原子核缓慢地运动，而电子则非常活跃。因此，电子数量的增加或减少通常使物体携带电荷。比如，当用梳子梳头时，头发里的电子被转移到梳子上，梳子携带负电荷，因此可以吸起灰尘或碎纸屑（选一个干燥的天气试一试这个实验）。梳子和头发摩擦后，我们发现梳子能吸起头发，而一缕一缕的头发则会相互排斥，有的甚至“站起来”。摩擦的频率越高，头发相斥现象就越明显。

法国物理学家查尔斯·库伦（1736—1806）发现了两种电荷之间相互作用力的规律：

同名电荷相互排斥，异名电荷相互吸引。

两个带电物体间存在相互作用力，与它们电荷量的乘积成正比，与它们之间距离的二次方成反比。根据库仑定律，如果两个物体内电子数量过多，物体携带负电荷，它们就会相互排斥；如果两个物体中一个携带电子数量过多，一个携带电子过少，它们就会相互吸引。静电力方程式与万有引力方程式在形式上惊人相似。

库仑定律适用于描述静止电荷之间的力，即静电。静电力在现实生活中随处可见。化学键正负相吸，让材料牢牢地结合在一起。所有物体都是由原子组成，原子里的负电子与正电荷的原子核相吸。就像重力让地球和其他行星按照一定的轨迹绕太阳运动一样，静电引力让负电子按照一定的轨迹绕带正电的原子核运动。

另一方面，由于电荷相互排斥的作用力，一个物体是不能穿过另一个物体的。比如，我们的手不能从书中穿过，这是因为手上的电子与书上的电子是互相排斥的。我们不会穿越地板，是因为鞋子的电子与地板上的电子相互排斥。每次摸东西的时候，我们利用的就是静电力。

工作中常用的复印机是根据静电力设计的。金属硒制成的光导鼓能够让电荷长时间保持住。当灯亮起时，电荷从光导鼓逃逸。静电复印术的关键就在于在带电光导鼓上投射光影。当电荷离开有亮光的区域时，光导鼓上形成由带电和不带电区域组成的光影。在静电力的作用下，复印机里的黑色塑料粉末依附在光导鼓带电区域，接着与复印纸接触、融化，完成复印过程。

磁

人类早在几千年前就已感知到磁体的存在了。在古代社会人们就已经开始探索天然磁石的奥秘。最早的指南针是一种能指南北的长条石头。冰箱门上贴的便条磁体就是验证磁力存在的最简洁的方法。

磁体有一个共同点：无论是原子大小的磁体，指南针的指针，还是地球本身这个磁体，每个磁体都有南北两极。当磁体静置时，指向地球北极的一端是北极，另一端是南极。磁极与电荷特性相似，同极相斥，异极相吸。

但是根据麦克斯韦方程组第二个方程，电荷和磁极有一个本质上的不同。不管你怎么努力，也不可能创造出南北磁极之外的新磁极。电荷能以独立的正电荷粒子或负电荷粒子存在，但是磁极永远以南北两极存在。如果把一块磁铁分成两半，就会产生两块拥有南北两极的小块磁铁，而不是一块有南极，一块有北极的磁铁。继续分割磁铁，我们将得到更多拥有南北两极的小块磁铁。由此，麦克斯韦第二个方程可以表述为：

世界上不存在磁单极子。

麦克斯韦第二个方程没有告诉我们磁场是如何形成的。表面上，静电和磁力是两个不同的现象，复印机和冰箱贴二者没有明显关联。麦克斯韦第三个和第四个方程就回答了磁力的本质，磁和电之间的关联。

同一个硬币的两面

电和磁的关系可以简单表述为：磁场因电荷的运动而产生；电场因磁场变化而产生。电和磁是同一现象不可分割的两个方面。

如果我们能看到或者能感受到电场和磁场，那么二者的紧密联系就会比较容易理解。但是在日常生活中，我们使用磁铁时，感受不到电场效应；用电的时候，也感受不到磁场的存在。因此，必须用实验仪器才能证明电和磁的紧密联系。

发现电和磁的关系还有一个有趣的故事。丹麦物理学家汉斯·奥斯特（1777—1851）在一次公开演示过程中发现，电流开关打开时附近的指南针发生了转动。奥斯特注意到这个问题并继续通过实验深入研究这个现象，最终他发现电流通过导线的时候会产生磁场。这就是麦克斯韦第三个方程的内容：

运动的电荷产生磁场。

电磁铁是该法则的典型应用。电磁铁是一种简单的装置，通有电流的线圈像磁铁一样具有磁性。与冰箱贴的磁铁不同，电磁铁的磁性在通电时才有磁性，断电后磁性随之消失。

一个简单的线圈可以产生南北两极的磁场。我们可以把带电的线圈想象成一块条状磁铁，磁铁的北极也是电流产生磁场的北极。唯一不同点在于线圈的磁极可以通过改变电流

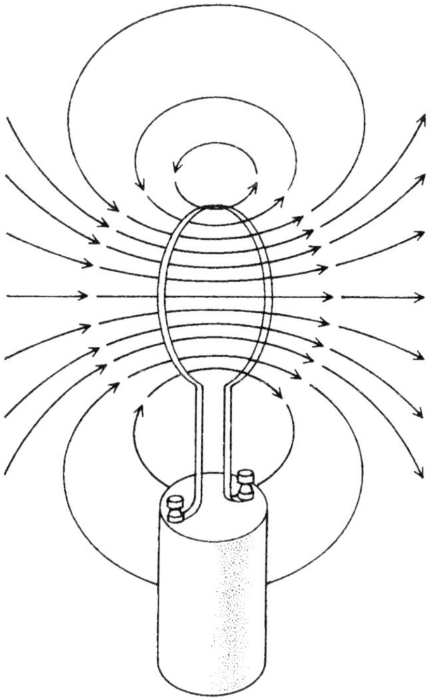

通过线圈的电流产生电磁。电磁是电机的重要部件。

的方向而颠倒。电磁铁的应用非常广泛，比如家家户户安装的门铃，在汽车废品场里把汽车吸起来的大型磁铁。如果把电场 / 磁场比作一枚硬币，那么硬币的另一面则是磁场产生电的能力。通过线圈的电流产生电磁，电磁是电机的重要部件。

带电线圈的磁场发生改变（比如在线圈附近放一块磁铁），即使看不到线圈里有什么东西，里面的电子也已经开始运动。这个现象被称为电磁感应，也是麦克斯韦第四个方程式的内容：

磁效应加速电荷运动。

奥斯特、约瑟夫·亨利、法拉第、麦克斯韦等物理学家无法预料到他们的研究成果有朝一日会被用来大规模发电。他们根本无法预料到我们21世纪的科技社会是什么样子。麦克斯韦第三、第四方程简单而实际的应用就是电机、发电机的发明。

电机和发电机

每个家庭都能找到很多台电机：电扇、吹风机、剃须刀、搅拌器、开瓶器等等。可以说在几乎所有家电里面都有电机。电机会把电转化为磁场，从而产生有用的旋转运动。如果我们切断电源会发生什么？

一台简单的电机包含一块普通磁体和一块电磁铁。固定电触头并通过旋转的线圈导电，把每一个线圈变成大小相等的条状磁体。电磁铁的南极和北极分别指向普通磁体的北极和南极，使之相吸。

接下来的结果是：线圈按照同极相斥、异极相吸的原理开始旋转。线圈转到半圈时，电流改变方向，电磁铁南北两极随之互换。旋转的电磁铁南北两极再去找普通磁铁与它相吸的极点，这样线圈就会不停地转动下去。大部分电机比我们刚才所描述的要复杂得多。通常情况下，一台电机由多个普通磁体或电磁铁组成。基础部件的不同组合让电机转动的速度不同，转矩不同。不管哪种情况，基本原理是一样的：

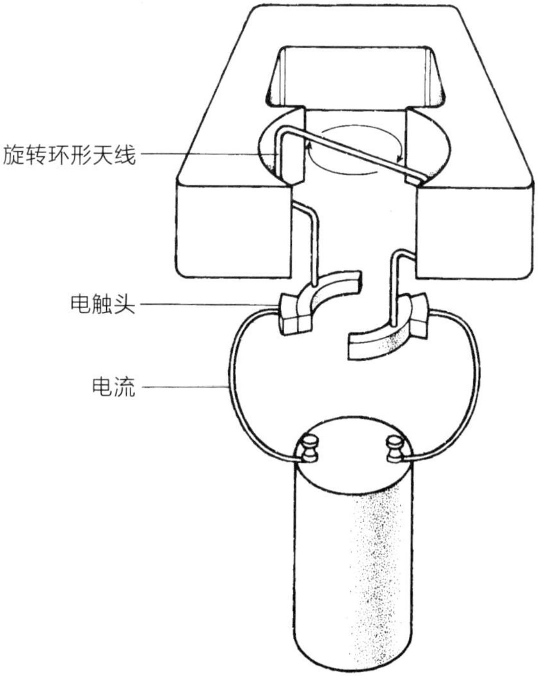

永久磁铁和电磁铁可以构成一台简单的电机。磁力驱动电机转动。

电场转化为磁场。发电机与电机的原理正好相反：发电机将旋转运动转化为电能。

托马斯·爱迪生发明的发电机就是一个在磁场里旋转的线圈。由于线圈在不停地旋转，线圈的磁场也在不停地发生变化，电线里的电流也随之来回流动，这个过程中产生的交流电可以接通电路。美国大部分地区都是在用这种方式发电的。能转得动轮轴的东西就可以驱动发电机。流动的水、增压的蒸汽、风、汽油引擎均能驱动铜线圈让涡轮发电机运转起来。在大型发电厂，使用大功率电磁铁缠绕线圈。铜线圈穿过磁力线，推动电子向前向后来回运动并产生频率为 60 赫兹的交流电（此处指美国交流电的频率，在我国一般为 50 赫兹），点亮城市的千家万户。

电 路

电路是日常生活中最常遇到的、涉及电和磁的。电路是可供电荷流通的线路。最常见的电路是由铜线圈制成的。电荷的流动就是电流。正电荷和负电荷均可以形成电流，日常生活中我们提到的电流指的是电子的运动。比如说，家家户户用的烤面包机、灯泡能量都是来自供电子运动的电路。

电流的单位是安培。它是测量通过导线某一横截面电流强度的单位（我们可以把它想象成导线里坐着一个微型交通流量测量员。电子通过的时候按一次按钮，每秒钟的电子量强度即为安培）。通常家用电流强度为 1—50 安培。100 瓦的灯泡正常工作电流值为 1 安培（美国家用电压为 110 伏，100 瓦灯泡工作电流约为 1 安培。我国电压为 220 伏，电流值约 0.45 安培），电烤箱调到最高温度工作时电流值为 50 安培。每条电路必然有一个电源。电源可以是电池，也可以是发电机，它能够提供能量驱动电子在电路中流动。电池储存的化学能转化为动能驱动电子在电路中流动。从电池里流出的电流通常只流向一个方向，被称为直流电。发电机里的电流流动方向不固定，被称为交流电。

电子在电路中承受的压力叫电压，也被称作电势差，国际单位制为伏特。电势差越高，电压越高，电路中流动的电子越多。日常生活中常见的电压值：手电筒电池——1.5 伏；汽车电池——12 伏；家用电流——115 伏；高压线——50 万伏。

电磁辐射：光的本质

读者也许会疑惑，既然我们上面讨论的四个方程都不是麦克斯韦发现的，它们为什么被称为麦克斯韦方程组呢？原因有三：1. 麦克斯韦是第一个发现四个方程式有所关联的科学家；2. 麦克斯韦进一步提升了第三个方程式，他证明了某种人们以前没发现的电流的存在（位移电流）；3. 最重要的是麦克斯韦发现这四个方程预示了一种新型能量波的存在——电磁辐射。

麦克斯韦第三、第四方程表明电场和磁场的存在。变化的电场产生磁场，变化的磁场产生电场，二者互为因果，永无止境。麦克斯韦发现电场磁场相互转化的过程会产生一种能量波。如同向湖面投一颗石子，从湖中心荡起涟漪一样，这种能量波从能量源中心向四周扩散。

能量波有三个紧密相连的特征：速度、波长、频率。能量波有波峰和波谷。波长是两个相邻波峰之间的距离，波速指波峰移动的速度，频率指每秒时间内通过某个点的波峰个数。最常用的频率单位为赫兹，它以德国物理学家海因里希·赫兹（1857—1894）而命名。波峰每秒钟振动一次为

1 赫兹。家用电器上一般标注工作频率为 60 赫兹（国内家用电器工作频率一般为 50 赫兹），这说明家用交流电每秒钟改变 120 次方向。麦克斯韦意识到能够用四个方程表明电磁波的存在后，他做的第一件事就是计算这种能量波运动的速度。他发现神秘波的速度取决于一个电荷或电磁对另一个电荷或电磁的力。麦克斯韦在实验室里准确测量了这些力的大小，并准确测算出了波速的快慢。他算出的结果是：波每秒移动 186000 英里（约为 30 万公里）。只是麦克斯韦并不知道他算出的波速就是我们今天的光速。光就是神秘的电磁波。

光速是物理学中一个十分重要的概念，物理学家用专门的符号 c 表示光速。它是唯一一个符合自然规律的速度，是相对论等很多基础理论的重要组成部分。

相对论质能方程：$E=mc^2$ 中的 c 即是光速。它还可以表示其他类型的辐射能，如 X 射线和无线波。根据测算，麦克斯韦发现神秘波是由电场和磁场构成的，电场产生磁场，磁场又产生电场，二者互为因果。电磁波的频率即产生电磁波磁场振动的频率。比如，拿一把带电的梳子在空中以每秒一次的频率挥动，我们便创造了频率为 1 赫兹，波速为 30 万公里每秒的电磁波。原子每秒振动 1 万亿次，产生波长为 1% 英寸（一英寸等于 2.54 厘米）的光波。电子每秒钟振动万亿次比每秒钟振动一次需要更多的能量，因此电子每秒钟振动万亿次产生的能量波更高。麦克斯韦方程组表明电磁波存在于不同频率、不同波长的波段，而不只是窄频段的可见光。

电磁波谱

想象海面的波浪，有微微泛起的涟漪，有长达几米的巨浪，还有席卷海面的潮汐效应。但本质上，它们都是一样的，不同之处在于大小、频率、海水运动所蕴含的能量。当我们坐远洋轮船旅行时，我们通常只看到让轮船上下起伏的波浪。但实际上还有其他类型的波浪同时存在，只不过我们无法感受到它们。电磁辐射也是一样。我们的眼睛只能感应到有限范围内的波长，也就是波长为几千分之一原子直径的电磁波（万分之一英寸）。但是实际上比它更长或更短的波段也存在于我们周围。所有的电磁波共同构成了电磁波谱，无论哪种类型的电磁波，它们的速度都是 30 万公里每秒，它们均由移动的电磁场产生的。

麦克斯韦的发现不仅揭示了光的本质，而且给物理学界带来了巨大变革。他发现可见光只是电磁波的一个窄频段后，立刻提出自然界存在长 / 短波的假设，包括我们现在所知的无线电波、微波、红外线、紫外线、X 射线、伽马射线。

理论上，电磁波波长没有上下限；波频可能为零也可能是无限大。但现实生活中，我们只能够探测到一定波段的电磁波，比如几千公里外的无线电波，波长小于原子核的伽马射线等。科学家按照电磁波产生的方式和检测方式将电磁波谱分为几个区域，这种区分存在一定的随意性。

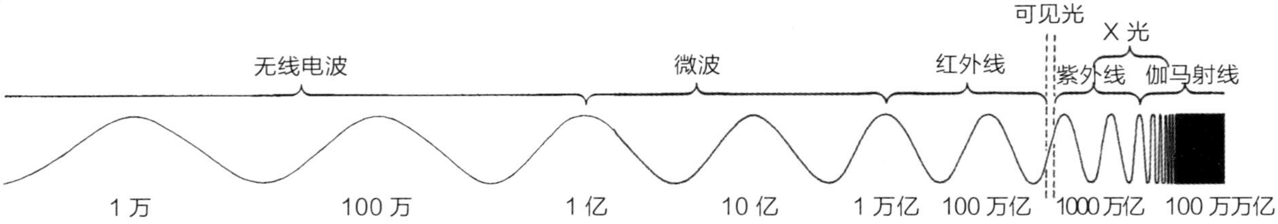

无线电波、微波、可见光、X 射线均属于电磁波，共同构成电磁波谱。电磁波无处不在，电荷加速运动产生电磁波。电磁波波频不同，单位有每秒千赫兹、兆赫兹。

无线电波

无线电波是最容易创造和检测到的长波。它的波长可能只有几米，也可能长达几千公里。无线电波能够在空气中传播而不被吸收，是一种用途广泛的电磁波。波长较长的无线电波随地球的曲度传播，是全球通信的理想媒介。电视、收音机接收信号靠的就是无线电波。

加速运动的电子在天线上产生电磁波，接着把信号传输给电视和收音机。每个基站都有载波频率，它就是我们打开收音机时输入的频道。音乐广播等节目被调制到哪个频段取决于信号的类型。各个调频电台会对频率稍作调整，调幅电台则调整信号强度。调频和调幅的区别类似于用手电筒发射信号。如果按照灯光的明亮度发射信号，那么手电筒就如同调幅电台；如果通过改变灯光的颜色发射信号，那么手电筒则是调频信号。

调幅电波的波长一般为 300 米左右，这个长度足够长，可以保证电波沿着地球的曲度传播。特别是在晚间时段其他电磁波干扰较低的时候，信号强的电台在几百公里就可以收听得到。调频电台使用的电波波长仅为几米，这些无线电波不仅沿着地球曲度传播，而且可以依靠视线进行传播。这就是为什么当我们从一座城市驾车开出 50 多英里后，调频电台信号会越来越差。

无线电波在电磁波谱上占据较大的区域，但是它只能容纳一定数量的独立频道。除了几千家电台和电视台，世界上还有几十万个海军、空军、业余的、公共安全等电台。如果国际社会不严格控制广播频率、无线电使用资质的颁发、电台的运营，那么大量存在的无线电广播发射器将严重堵塞空中线路，从而造成电磁混乱。因此，国际电信联盟以及各国电信部门的主要职责之一就是分配长波无线电波，保证任意两家电台不会使用相同频率的波段。

微 波

微波是波长为 0.25 厘米至 30 厘米左右的电磁波。微波与无线电波有很多相似之处，它可以在空气中传播并传递信息。但与无线电波不同的是，微波可以集中到某束电波，因此常用于高精度定向信号传输，它能把敏感信息从一束角状天线传播到另一束天线。另外，经过微调，微波可以产生比无线电多一百多倍的有用波频。

直线传播对微波非常重要，因此微波发射器通常放在高塔或山顶上。近年来，人们将微波用于地球表面和卫星之间通信，当微波把信号从地球传到卫星后，卫星则会把信号传回地球与发射点不同的接收点上。长途电话、卫星电视都是用微波传送信号的。

我们常常看到卫星电视接收器摆放在庭院里、屋顶上、停车场等位置。它的摆放位置是经过精心设计的，最利于接收固定轨道运行的卫星发射来的微波信号。手机的工作原理与卫星电视一样，微波把通话信号从发射器传到人们的手机上。为了避免信号通道杂乱无章，电子控制系统把一座大型城市分成多个小“蜂窝”单元，每个“蜂窝”单元指定一个固定的信号通路，把信号从一个“蜂窝”传递到另一个“蜂窝”，直到到达接收者的手机。

二战以来，微波一直被用于追踪空中飞行器。雷达能够利用反射空中物体的定向微波脉冲来追踪飞机。现代的精密雷达能够准确定位大约两公里外苍蝇的位置。

家用微波炉的工作原理则是基于电磁辐射的另一种用途。微波炉的核心元件包括磁控管和真空管。磁控管里的电子束每秒钟振动 10 亿次，产生波长约为 30 厘米的微波。微波被食物中的水分子（由两个氢原子加一个氧原子构成）吸收，辐射能转化为分子的动能，水分子剧烈地振动，分子的剧烈运动让食物的温度升高。

红外线

红外线是波长为 1 毫米至 750 纳米的电磁辐射。波长最长的红外线也是微波，波长最短的红外线即可见红光。暖色物体通常散发红外辐射。比如，在经典的牛仔主题电影里，侦查员宣布坏人还有一个小时就要来了的时候，手指着篝火的灰烬，快要熄灭的小火苗将残余的火光照在他的脸上，这时侦查员感受到的就是红外辐射。

我们日常生活中能够感受到的红外线是由分子振动产生的。当我们坐在火的前面，燃烧的木头里的分子剧烈振动，释放热能。热能以光速运动，被我们的皮肤吸收，皮肤里的分子随之振动，刺激神经系统，让我们感受到了温暖。

红外辐射很容易被大气吸收，因此它无法用于长距离通信。但是它被广泛用于电视机遥控器，或者信号只需传播较短距离的设备上。虽然我们无法用肉眼观察到红外线，但是实际上所有的物体都会发出和吸收红外线。每种物体都有它独特的红外“色”，因此很多夜行动物逐渐发育出红外感知能力。近地天体红外照相机就是利用这一原理，将红外辐射转化为可见影像。这些设备被广泛应用于军事领域，现在也被用于汽车夜间辅助驾驶系统。

可见光

可见光是电磁波谱中人眼可以感知的部分。一般人的眼睛可以感知的电磁波波长在 780 纳米至 400 纳米之间，大约是 5000 个原子排列起来的距离。可见光的频率不同，人眼对颜色的感觉就会不同，因此产生色谱：红、橙、黄、绿、蓝、靛、紫。紫色是波长最短、频率最高的可见光，红色则是波长最长的可见光。

紫外线

波长比紫色可见光短的电磁波即紫外线。紫外线又称不可见光，它的用途非常广泛。比如邮票上用荧光油墨印刷的标记，戏剧表演中运用的五颜六色的荧光道具，游乐场印在手上的通行标记。

波长较短的紫外线能够杀死细胞。生物体可以吸收任何波长小于 400 纳米的电磁波，并储存足够的能量去分裂分子，因此医院通常定期使用紫外线对设备进行消毒。

紫外线很容易被大气中的臭氧吸收。紫外线暴晒会引起晒伤甚至诱发皮肤癌变。从紫外线开始，我们进入电磁波谱的危险区域。

X 射线

X 射线是波长约为原子大小的电磁辐射。1895 年 X 射线的偶然发现给诊断医学带来了革命性变革，有了 X 射线，医生不再需要通过手术来检查人体内部的健康情况。

我们在医院或者牙科诊所会见到 X 光机。它体积庞大，样子奇特，颜色常为令人压抑的绿色调或灰色调。X 光机通常由两个核心元件和真空玻璃管构成。它的一端是灯丝，类似于生活中常见的白炽灯泡里的灯丝。灯丝加热到几千摄氏度后，释放出大量电子。电子在强电场的作用下，以高速向阳极金属板运行，撞击金属板，撞击后的减速过程释放大量能量极强的电磁射线，即 X 射线。

具有穿透力的 X 射线不仅被应用于医学，还被应用于材料学研究。比如，通过研究 X 射线是如何穿透晶体物质的，就可以推导出晶体内部原子是如何排列的。

伽马射线

伽马射线是人类发现的能量最强的电磁射线。它是一种高能宇宙射线，由恒星核心的核聚变产生。放射性原子核衰变，也能产生伽马射线。伽马射线的波长还没有单个原子大，却拥有极强的能量，能够穿透大多数固体物质。因其强大的能量可以击杀癌变细胞，所以被用来治疗肿瘤。另外，伽马射线还被用于先进的医疗检测。

科学前沿：无线世界

科学家对电和磁进行了长达一个半世纪的深入研究，相关基础研究已经不是当前电磁领域研究的重点。但这并不意味着相关研究已经停止。人们利用电磁波谱来创新通信方式，这无疑给人们的生活带来了翻天覆地的变化。

19 世纪以前，人们只能通过面对面或书信的方式进行交流。19 世纪电报和电话的发明改变了传统的通信方式。人类第一次能够与远在千里之外的人进行实时沟通。不过这种通信方式仍然需要物理连接，需要一条实实在在的铜线把信息发送者和信息接收者连接起来。20 世纪 80 年代出现了互联网的雏形——阿帕网络，不过那时候的网络仍然需要用高速电话线把一台台电脑连接起来。

从某种意义上来说，如今的无线技术可以追溯到意大利物理学家马可尼发明的无线电通信。不同之处是现代计算机技术（详见第七章）支持短时间内传输更多的信息，这是马可尼做梦都无法想象的。现代 Wi-Fi 网络通过发送和接收无线电波连接计算机网络。如前所述，短程无线通信（比如同一间屋子里不同电脑之间的通信）利用的是红外波。当通信所需覆盖面较大时则通过卫星以微波形式发射信号。研究人员已经做了很多工作用于提高无线传输性能，这一点和手机更新换代一样频繁、高效。另外，科学家正在探索如何采用无线传输电力，这样我们就不需要时刻携带充电器给手机、电脑充电了。

时至今日，我们可能已经忘记互联网出现之前世界是什么样子。那么接下来，我们能否预测未来无线世界是什么样子？

第四章

原　子

以下所列事物有什么共同之处？

大象

连裤袜

纽约帝国大厦

沙子

左耳

太平洋

空气

豆腐

木星

啤酒

我们这本书给出的答案很简单：

它们都是由原子组成的。

我们读的书、吃的食物、呼吸的空气，一切可感知的事物均由原子组成。原子是物质的组成单元。原子由三种更小的粒子构成：原子核里的质子和中子，以及绕原子核运动的电子。各色各样的原子——氢、铜、硫和铀等不同的化学元素——是由质子、中子、电子这三种粒子进行不同组合的结果。

我们怎么知道它们的存在？

原子是实实在在的物理存在，但是我们却无法用肉眼看见它。这是因为原子非常小，一百万个原子首尾相接排成一排也没有一个句号大。仅大头针的针尖上就有 1017 个原子。虽然每个原子的质量极小，但作为补偿，大自然却让它拥有了极其庞大的数量。

原子的概念可以追溯到公元前 5 世纪左右的希腊哲学家德谟克利特。他的论点大致如下：想象你有一把锋利的刀子和一块奶酪。用刀子切下一片奶酪，再继续把这片奶酪切割，一直切下去，直到不能分割。最后会有两个结果：要么得到一块小到不能再小的奶酪，也就是奶酪原子，要么就什么也没有。理论上，两种情况都可能发生。毕竟，砖和混凝土都可以建起一座房子。从远处看，我们能看见房子，却不一定看得出房子是用什么材料建成的。从哲学层面来讲，德谟克利特认为最小的物质单元一定存在，他把这种物理上不能再分的物质单元称为原子。现代意义的原子概念是由英国化学家约翰·道尔顿（1766—1844）在19世纪初提出的。道尔顿通过实验印证了原子的存在。科学家发现大多数物质能够以某种方式分解为原子，比如通过燃烧或者浸泡在酸性物质中。但是在少数情况下，有些物质无法被分解，比如氧、金、硫、铁，道尔顿称它们为元素。

元素按照特定的比例组合构成我们常见的事物。水，不管是北极冰盖融化的水，还是热带雨林的水，或是从生物体内提取的水，它都是由氢原子和氧原子按照1∶8（质量比）的比例组成的。道尔顿猜测每个化学元素对应一个原子，不同原子结合组成物质。比如说，水是由两个氢原子和一个氧原子组成的。

原子到底是真实的物理存在，还是只是一种有助于科学研究的概念？整个19世纪和20世纪初期科学界对此争论不休。换句话说，物质真的是由原子组成的吗？由于原子体积小到人们无法用肉眼观测到，所以这种争论好比争论远处已经粉刷好的房子到底是砖建的还是混凝土建的一样。

1905年阿尔伯特·爱因斯坦通过向世人解释布朗运动这一现象，结束了这场旷日持久的争论。当花粉颗粒等微粒子悬浮在液体中时，从显微镜下观察，花粉颗粒不停息地做无规则运动。爱因斯坦解释说，粒子的运动是它与原子碰撞的结果。如果原子只是一个假设的概念，那么粒子是不会运动的，因此原子一定是实实在在的物理存在。现在我们用一台被称为“扫描式隧道显微镜”的设备就可以清楚拍摄出单个原子的图像。因此，这个古老的问题已不再是问题。

科学家现在争议比较大的一个问题是原子内部的微粒是

否真的由更小的“夸克”，甚至更小的线状“弦”组成。还是“夸克”“弦”仅仅是假想的概念？

原子结构剖析

原子的结构与太阳系非常相似。中间是原子核，好比太阳系里的太阳，原子核周围是绕原子核运动的电子，好比绕太阳运行的星团。原子核携带正电，电子携带负电，原子核和电子之间的引力保证了原子结构的稳定。

原子核

原子核是很了不起的东西。原子核的体积只占原子体积的几千亿分之一，却集中了 99.9% 以上的原子的质量。原子核由质子和中子组成，质子和中子的重量几乎相等，约为电子质量的 1860 倍。从原子的角度来看，质子和中子质量非常大，但是实际上 600000000000000000000000 个质子和中子的质量才差不多和一丁点儿水的一样大。

质子决定原子的形态。一个质子携带一个正电荷 +1，原子核中质子的数量决定原子的带电特征。质子的数目决定原子核属于何种化学元素，即原子序数，也就是元素在周期表中按次序排列的序号。比如，金原子含有 79 个质子，氦原子有 2 个质子，碳原子有 6 个质子，氧原子有 8 个质子，铁原子有 26 个质子。原子内其他粒子的数目与它的原子序数没有关系。

从 1 号氢到 94 号钚之间的化学元素都能在地球上的岩石、水、空气中找到。这 90 多个化学元素中 50 个左右的元素构成我们日常生活中能接触到的所有物体。94 号元素以上序号的原子能够在特定物理实验室中制造出来，它们被称为重原子，极其不稳定，不能长久保存。比 94 号元素重的原子通常以相关的物理学家或地点来命名。比如 97 号锫元素以发现它所在的实验室劳伦斯伯克利国家实验室命名，99 号锿元素以爱因斯坦命名，100 号镄元素以物理学家恩利克·费米命名。

中子的质量和质子大体相当，但是它不带电，因此不影响原子的结构或原子与原子互动的方式。中子组成原子的一半质量，保证原子核紧紧结合在一起。实践中，科学家首先测量原子的总重量，减去质子的重量即可计算出中子的重量。

原子核里中子数目不一。大多数氢原子中子数为零，而最重的原子里中子数可超过 140 个。常见的原子包含大约同等数量的质子和中子。比如最常见的碳原子的原子核包含 6 个质子和 6 个中子，氧原子的原子核包含 8 个质子和 8 个中子。重元素原子核内的中子数通常稍大于质子数，比如铁原子通常包含 26 个质子和 30 个中子，铂原子通常包含 78 个质子和 117 个中子。

同一元素不同原子的原子核必定含有同等数量的质子，但中子数量不一定相同。比如，碳元素通常包含 6 个质子和 6 个中子。但有的情况下，碳元素可能有 7 个或 8 个中子。

6 个质子与 7 个或 8 个中子仍然组成碳元素，但其重量要比普通的碳元素大。质子数相同中子数不同的同一元素的核素被称为同位素。同位素的表示方法是在该元素符号的左上角标注质量数，即质子数和中子数之和。例如，普通碳元素称为 ^{12}C，碳元素的同位素有 ^{13}C、^{14}C。

电　子

在此之前我们已经提到过电子。它是负电荷的移动载体。电子体积非常小，重量仅为质子或中子的 1/1860。假如原子核是一个重 5 英镑的篮球，那么电子则是几英里之外绕篮球飞行的大黄蜂。组成固态物质的原子内部其实拥有巨大的空间，而质子、中子、电子的体积都非常小。

为了让原子整体上保持电中性，绕原子核运动的电子数目必须和原子核内的质子数量相等。在少数情况下，因撞击或其他物理过程，某个原子的电子数可能会多于或少于质子数。电子数和质子数不相等的原子被称为离子。比如日光灯泡中的气体，在发生撞击后电子会从原子上脱离，气体中的原子则会变成离子。

知识点总结

本书作者尽量避免使用专业术语，但是要了解基本的科学常识，我们的确需要明白一些术语的基本含义。下面是关于原子的一些常见术语。我们会在核废料、核聚变、超导电性、电子学新突破等相关新闻报道中经常碰到它们。

原子：物质的基本组成单元。

原子核：位于原子的核心部分，由质子和中子组成。

质子：原子核里带正电的粒子，质子的数量决定元素属性。

中子：原子核内部不带电的粒子。

电子：绕原子核运动的带负电粒子。

元素：化学手段不能再分割的物质单元；原子序数即原子所含质子的数量。比如，碳元素原子序数为 6。

同位素：中子数和质子数均确定的原子；比如，^{14}C 必定有 6 个质子和 8 个中子；同一元素的同位素化学特性一致。

离子：因失去电子或获得新电子而带电的原子。

玻尔原子

虽然携带负电荷的电子像行星绕太阳一样绕着带有正电荷的原子核运动，但是两种绕轨运行方式存在本质上的不同。比如地球，它绕太阳运行时与太阳的距离不需要那么精确，离太阳近 10 英尺或远 1 万英里都不会有太大影响，不会违反任何物理学原理。但是原子里的电子只能按照既定的精确轨道绕原子核运动。由于电子离原子核的距离不同，容许能级就不同，相应的能量也不同，因此电子能量必须具有精确的数值。

电子从一个“能级”经“量子跃迁”变成另一个“能级”，这种现象很难描绘。电子进行“量子跃迁”时，不需要从一个空间穿越到另一个空间，只是简单地从某个能级上消失。就好像上下楼梯时，我们从一级台阶上突然消失，再突然出现在另一级台阶上。听起来有些邪乎，但是宇宙里极小的、极大的、运动极快的物体的行为方式通常会与众不同。

原子内部很多现象是无法用我们日常生活中的经历来进行类比理解的。由于每种电子能级的能态不同，所以电子要完成量子跃迁时必须释放或吸收能量。如果新的电子态能级与原子核距离变小，那么电子释放能量，释放的能量即电磁辐射。这就是原子释放可见光的过程，释放的光能大小等于新旧能级电子能量之差。同样的道理，如果原子吸收能量（比如通过吸收光或与另一个原子发生碰撞），那么电子获得了新的能量，就可以移动到更高能级（轨道）。电子通过吸收或释放能量，在容许能级之间来回穿梭的现象被称为“玻尔原子运动”。它以丹麦物理学家尼尔斯·玻尔（1885—1962）命名。1912 年，玻尔提出这个理论的时候还是一名博士后研究员。

元素周期表

化学家在研究物质是如何构成时，得到了一个重大发现。任何物体比如木块、石头是能够被分解成更小的物质。木头燃烧时产生二氧化碳和矿物灰烬。用一定的方法，二氧化碳和矿物质又可以再次被分解成其他物质，如碳、氢、水。但是不管用什么方法，化学家发现碳、氧等物质已经无法再分解。这些组成复杂材料，本身无法再分解的物质单元被称为“化学元素”。18 世纪末，共有 26 个已知的化学元素，现在这个数字已经超过 100 。

元素周期表

原子序数 —— 92 U —— 元素符号（红色表示放射性元素）
铀 —— 元素名称（注*的表示人造元素）
238.0 —— 相对原子质量（加括号的数据为该放射性元素半衰期最长同位素的质量数）

金属元素　非金属元素

族/周期	IA 1	IIA 2	IIIB 3	IVB 4	VB 5	VIB 6	VIIB 7	VIII 8	VIII 9	VIII 10	IB 11	IIB 12	IIIA 13	IVA 14	VA 15	VIA 16	VIIA 17	0 18	电子层	0族电子数
1	1 H 氢 1.008																	2 He 氦 4.003	K	2
2	3 Li 锂 6.941	4 Be 铍 9.012											5 B 硼 10.81	6 C 碳 12.01	7 N 氮 14.01	8 O 氧 16.00	9 F 氟 19.00	10 Ne 氖 20.18	L K	8 2
3	11 Na 钠 22.99	12 Mg 镁 24.31											13 Al 铝 26.98	14 Si 硅 28.09	15 P 磷 30.97	16 S 硫 32.06	17 Cl 氯 35.45	18 Ar 氩 39.95	M L K	8 8 2
4	19 K 钾 39.10	20 Ca 钙 40.08	21 Sc 钪 44.96	22 Ti 钛 47.87	23 V 钒 50.94	24 Cr 铬 52.00	25 Mn 锰 54.94	26 Fe 铁 55.85	27 Co 钴 58.93	28 Ni 镍 58.69	29 Cu 铜 63.55	30Zn 锌 65.41	31 Ga 镓 69.72	32 Ge 锗 72.64	33 As 砷 74.92	34 Se 硒 78.96	35 Br 溴 79.90	36 Kr 氪 83.80	N M L K	8 18 8 2
5	37 Rb 铷 85.47	38 Sr 锶 87.62	39 Y 钇 88.91	40Zr 锆 91.22	41 Nb 铌 92.91	42 Mo 钼 95.94	43 Tc 锝 [98]	44 Ru 钌 102.9	45 Rh 铑 102.9	46 Pd 钯 106.4	47 Ag 银 107.9	48 Cd 镉 112.4	49 In 铟 114.8	50Sn 锡 118.7	51 Sb 锑 121.8	52 Te 碲 127.6	53 I 碘 126.9	54 Xe 氙 131.3	O N M L K	8 18 18 8 2
6	55 Cs 铯 132.9	56 Ba 钡 137.3	57~71 La~Lu 镧系	72 Hf 铪 178.5	73 Ta 钽 180.9	74 W 钨 183.8	75 Re 铼 186.2	76 Os 锇 190.2	77 Ir 铱 192.2	78 Pt 铂 195.1	79 Au 金 197.0	80Hg 汞 200.6	81 Tl 铊 204.4	82 Pb 铅 207.2	83 Po 铋 209.0	84 Po 钋 [209]	85 At 砹 [210]	86 Rn 氡 [222]	P O N M L K	8 18 32 18 8 2
7	87 Fr 钫 [223]	88 Ra 镭 [226]	89~103 Ac~Lr 锕系	104 Rf 钅卢* [261]	105 Db 钅杜* [262]	106 Sg 𬭳* [266]	107 Bh 𬭛* [264]	108 Hs 𬭶* [277]	109 Mt 鿏* [268]	110Ds 𫟼* [281]	111 Rg 𬬭* [272]	112 Cn 鿔* [285]	113 Uut* [284]	114 Uuq* [289]	115 Uup* [288]	116 Uuh* [292]	117 Uus* [291]	118 Uuo* [293]		

镧系	57 La 镧 138.9	58 Ce 铈 140.1	59 Pr 镨 140.9	60Nd 钕 144.2	61 Pm 钷 [145]	62 Sm 钐 150.4	63 Eu 铕 152.0	64 Gd 钆 157.3	65 Tb 铽 158.9	66 Dy 镝 162.5	67 Ho 钬 164.9	68 Er 铒 167.3	69 Tm 铥 168.9	70Yb 镱 173.0	71 Lu 镥 175.0
锕系	89 Ac 锕 [227]	90Th 钍 232.0	91 Pa 镤 231.0	92 U 铀 238.0	93 Np 镎 [237]	94 Pu 钚 [244]	95 Am 镅* [243]	96 Cm 锔* [247]	97 Bk 锫* [147]	98 Cf 锎* [251]	99 Es 锿* [252]	100Fm 镄* [257]	101Md 钔* [258]	102 No 锘* [259]	103 Lr 铹* [262]

每种化学元素都有自己的名字。比如，氢来源于法语词汇“水的生成物”，它解释了氢元素是如何被发现的。我们通常用一个或两个字母指代化学元素，H 代表氢元素、O 代表氧元素、Ca 代表钙元素等。

化学家把化学元素有规律地排列在一张表上，即元素周期表。每一个元素对应表上的一格，从左到右元素的原子数依次增加。纵向看，每组元素的化学特性相似，或者说每个纵列的元素化学反应相似，因此组成相似的化合物。

元素周期表如今是化学课堂的“常客”。它最早由俄国科学家德米特里·门捷列夫（1834—1907）于 1869 年制作。门捷列夫发现元素的原子序数依次增加与元素的化学特性有一定关系，但是他并没有搞明白到底是什么关系。门捷列夫的元素周期表上第 21 和 第 32 位是空的，它们分别是我们现在所知的 21 号元素钪和 32 号元素锗，这两个元素分别由瑞典和德国的科学家发现。钪和锗元素的发现证明了门捷列夫元素周期表是按照一定规则排列的。

现在我们知道，元素周期表上的各元素按照电子进入电子壳层的不同方式进行纵向、横向分类。玻尔容许能级不同，电子进入电子壳层的方式不同。现实中，电子分布不能太密集。好比两辆汽车不能共享一个车位，某个位置也不能出现两个电子。这种现象被称为（泡利）不相容原理。

根据玻尔理论，第一条电子能级只能容纳两个电子。氢原子（原子数为 1）和氦原子（原子数为 2），单个原子即可完成电子壳层闭合。接着是锂原子，因为它有三个电子，所以第三个电子必须放在第二条电子能级上。和氢原子一样，锂原子电子壳层的最外层有一个单个电子，这也是为什么氢和锂有着相似的化学特性。

第二条和第三条电子能级可容纳八个电子，这样一来，锂原子之后我们就可以把 7 个电子塞进第二条电子能级。接着是，另一个电子能级最外层仅有一个电子的原子即拥有 11 个电子的钠原子。从元素周期表上，我们发现，氢、锂、钠、钾、铷、铯、钫位于同一纵列，它们的共同特征是电子能级最外层仅有一个电子。

运用量子力学（本书下一章的内容），我们能够计算出每层能级上能容纳几个电子。元素周期表上各元素就是按照这样的规律排列的。

科学前沿：原子图像和超重元素

现代科学研究很大程度上得益于“显微镜”技术的快速发展。有了显微镜的帮助，科学家能够观测到材料中每个原子的模样。目前最先进的显微镜被称为“扫描式隧道显微镜”，它的工作原理是测量物体表面的原子和探针之间的电流，原子离探针越近，电流就越大。扫描式隧道显微镜可以让科学家更好地观察物体表面的原子图像。

随着科学技术的进步，“显微镜”的分辨率越来越高，科学家对材料的认识也越来越深刻。我们有理由相信，不远的将来我们将观察到更加清晰的原子图像。

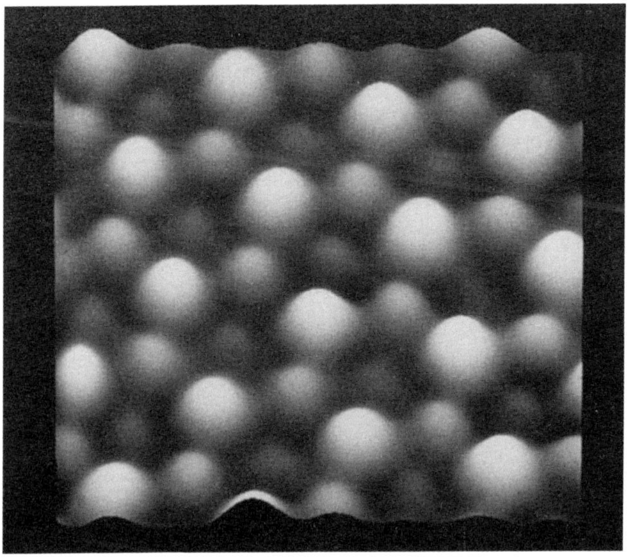

扫描式隧道显微镜下，涂在铂表面碘原子的位置。原子间的距离仅为十亿分之一英寸。（普渡大学布鲁斯 · 沙尔特供图）

超重元素

元素周期表上，94 号放射性钚元素之前的元素被称为天然元素。94 — 114 号（英文暂定名 ununquadium），甚至到 118 号的元素为超重元素。超重元素是在实验室原子碰撞过程中形成的合成元素。比如，俄罗斯杜布纳联合核子研究所的科学家用钙- 48 轰击钚-244 得到 114 号元素。

合成元素拥有大量的质子和中子，原子核极其不稳定，几秒钟内便会分解。

一些理论物理学家预测，如果科学家能够合成的新元素的原子序数接近 120 或 130，那么那时合成的新元素可能会更加稳定。如果他们的判断是正确的，那么 21 世纪末人们见到的元素周期表将会比现在大得多。

第五章

量子世界

“量子”是大家都很熟悉的一个词语。

我们常常看到它被印在车身上，出现在广告的显眼位置。权威人士和新闻主播也常常把“量子飞跃”挂在嘴边，不过他们口中的量子和物理学里的量子并没有任何关系。

大部分科学家在工作中不会直接使用量子力学。用到量子力学的科学家则是把它当作一个数学工具来辅助理解次原子世界。虽然量子力学的世界与真实世界可能不一样，但这并不影响它作为数学工具的有效性。

关于量子力学我们应该注意两点：

第一，不管量子力学多么奇怪，据说美国 GDP 的三分之一最终都要归功于量子力学；

第二，量子世界和我们的真实世界不同。

也许这是因为人脑构造比较特殊，不具备理解量子世界的功能。不管怎么说，量子力学的两个基本观点非常简单：

世间万物，不管是粒子、能量，

还是电子自旋速度，均以离散单元形式存在。

测量物质的前提是改变被测物质。

这两个观点共同解释原子、原子内部物质、原子内部物质的运行方式。

小原子里的大世界

量子力学是专门研究原子和原子组成物质的物理学分支。在拉丁语中量子是“很多”或“大量”的意思。量子力学的意思是研究一小撮物体运动的学科。

像电子这样的粒子必须以“量化”形式出现。可以有一个、两个或者三个电子，但是不能有 1.5 个或 2.7 个电子。光等连续存在的物体的“量化”可能不那么明显。光束在物理上被称为“光子”（可以联想电影《星际迷航》里的光子鱼雷）。不太明显的是能量、电子自旋速度等的量化，但实际上它们是可以被量化的。在量子世界，一切都是可以“量化”的，并且以离散的步骤增加或减少。

最初人们不明白量子是怎么一回事儿，想当然地认为电子就像一个个微型的小台球。实际上，量子世界和我们人类生活的世界大致相同。不过想象归想象，现实归现实。尽管量子世界和我们想象的不一样，但是这并不意味着大自然是奇特的存在或者神秘不可测的。它只是表明周围世界常见的规则放到微小世界并不适用。

测不准原则

测不准原则很好地说明了微观量子世界的特殊性。测不准原则又被称作海森堡原则，由德国物理学家维尔纳·海森堡（1901—1976）提出。如果用最简单的方法理解测不准原则，可以想一想“看见”某个东西是什么意思。比如要看见书上的字，某处的光源（可能是阳光，也可能是灯光）照射在书上，再反射到我们眼睛里。接着，视网膜经过复杂的化学过程将光能转为信号传到大脑。

想象一下光和书本的相互作用。打开书，光线照在纸上，这时我们并不能看到书对光线的反作用力。但实际上我们之所以能看到纸上的字是因为光子不停地反射。经典物理学思维方式与微观量子世界中物质的行为模式大不相同。经典物理学认为计量行为对受测物体没有影响。与挪动书所需的能量相比，光线的能量小到可以忽略不计，从这个角度来看，经典物理学看待世界的方式是合情合理的。毕竟，飞行中的棒球不会因为摄影师的拍摄而在空中摇晃，客厅的家具也不会因为我们开灯的动作而跟着晃动。

但是，经典物理学的观点是否适用于原子的微观世界呢？我们“看见”电子与“看书”的过程是一样的吗？

仔细思考一下这个问题，我们会发现两者存在根本性的差异。我们能看见书上的字是由于光线的反射作用，光线本身对书的作用微乎其微。但是，我们看见电子是因为另一个电子从电子上反弹出去。这样一来，被探测的物体和探测物本身需要被同时考虑进去，探测的过程必然改变原来的电子。换句话说，想要看到台球，必须有另一个台球撞击它才可以。

有一个类比可以帮助我们更好地理解微观量子世界。设想有一条又黑又长的隧道，你想确定隧道里是否有车，但是你不能自己进隧道去看看里面到底有没有车。唯一的办法是让另一辆车开进去，如果有撞击的声音，那么证明隧道里有车，反之则没有车。假如隧道里有车，这个证明的过程（也就是撞击的过程）会带来新的后果——隧道里的车已经不是原来的车了。如果再把另一辆车开进隧道，那么得到的结果跟隧道里原本的车也没有关系了，因为第一次证明的过程已经改变了隧道里原本的车。

同样，对电子进行测量需要破坏性的外力，或者说测量电子必然会改变电子。这就是测不准原则，也就是我们生活的宏观世界和微观量子世界的本质区别。

测不准原则实际上告诉我们由于测量行为本身破坏了量子粒子，因此我们不可能得到精确的测量结果。比如，我们不能同时既得到粒子的准确位置又知道它的运动速度。位置和速度是描述物体运动所需的重要数据。

进一步来说，当我们经过多次测量得到微小粒子的精确位置信息时，精确到与实际误差越来越小时，作为补偿，粒子运动速度的测量结果误差也随之越来越大。我们对某一件事情投入越多，在另一件事情上就会投入越少。

测量行为本身已经改变了被测物体，可以说我们永远无法准确地认识微观物质。

波函数

测不准原则引出另一个极其重要的结论。在如何描述微观量子世界时，假设飞机等大型物体的行为方式与电子一样。已知飞机在美国中西部某一位置起飞，你想计算出几小时后飞机所在位置。但根据测不准原则，我们既无法知道飞机在哪儿也无法知道飞机飞得多快。因此，我们只能做点妥协，比如测出飞机大致在 50 英里以内的某个位置，飞机的速度低于每小时 100 英里。

如果必须回答两个小时后飞机能飞到哪儿，我们只能说："看情况。"要是飞机的速度是每小时 500 英里，那么两小时后它将距离我们 1000 英里。如果它的飞行速度是每小时 400 英里，那么答案应该是 800 英里。我们并不清楚飞机起飞的准确位置，这无疑增加了预测飞机落地位置的不确定性。解决这个问题的方法之一是用概率描述飞机最终的位置：飞机有 30% 的可能性飞到匹兹堡，20% 的可能性飞到纽约。还可以把飞机的大致运动轨迹用图表形式呈现出来，这种飞机位置概率的集合被称为"波函数"。

一般情况下我们不太关注飞机位置的波函数，这是因为我们生活在宏观世界，测量飞机位置给飞机带来的影响小到可以忽略不计。这样的行为对于预测飞机位置和速度的影响也是可以忽略不计的。但是在微观量子世界，每一次的测量都会给被测物体带来巨大的改变，那么要描述微观世界只能用概率和波函数。正是因为微观量子世界的不确定性，阿尔伯特·爱因斯坦发出了世界闻名的感慨："上帝不会掷骰子。"（据说爱因斯坦的好朋友尼尔斯·玻尔回答说："阿尔伯特，你别再对上帝指手画脚了。"）

是波还是粒子？

我们试着将电子一类的量子可视化时，结果往往让我们很失望。我们的大脑一片空白，事实上我们更擅长联想宏观世界中的真实存在，比如我们所熟悉的物体形象。因为在我们的记忆卡片里并没有电子的模样，所以这让我们很难去想象微观量子世界里电子的具体形象，这简直是不可能完成的使命。

在宏观世界，能量可以通过粒子或波转移。比如在保龄球馆，要想把对面的球瓶打倒，就必须对球瓶施加能量。我们先给保龄球一些能量让它滚动起来，沿着赛道去撞击另一头的球瓶。在这个过程中，粒子（也就是保龄球）把能量从投球者传递到保龄球上。还有一个方法，就是先把球瓶排成一条线，用保龄球撞击最前面的瓶，第一个瓶子倒下后会撞倒第二个，第二个再撞倒第三个，就像多米诺骨牌一样直到最后一个瓶子倒下。在这种情况下，能量传播是通过被撞倒瓶子形成的波完成的，投球者和球瓶之间并没有能量的直接交换。

在科学家开始探索亚原子世界时，自然会问到一个问题："电子是粒子还是波？"电子可以转移能量，而能量只能通过粒子和波转移，电子要么是粒子，要么是波。然而，现实并非如此简单。科学家用电子做实验时发现，有的情况下电子发挥粒子的作用，而有的情况下电子则充当了波的角色。与之相似，比如光，我们通常认为它是一种波，但在某些特定情况下会表现出粒子的特性。20 世纪初，这个看似令人费解的现象被称为"波粒二象性"，科学家认为它解释了微观量子世界如此奇特的原因。

其实，"波粒二象性"并不是什么神秘的事情。电子和光的特性恰恰告诉我们在微观量子世界，"波"和"粒子"的概念并不适用于此。电子既不是波也不是粒子，而是一种完全不一样的物质。在不同的实验中，电子表现出波动特性或粒子特性。波粒二象性并不是一个自然问题，而是一个智力问题。假如你是一个火星人，由于某种原因能够收听到地球上的广播节目，不过很遗憾只有法语和德语，那么你非常有可能得出结论：地球人只会说两种语言，要么是法语，要么是德语。

再假如火星人在美国某个城市登陆来到地球，听到有人说英语，但是却发现这人说的单词有的像法语，又有的像德语。虽然你以前不知道还有英语，但是你能很快意识到除了法语和德语还有第三种语言的存在，这显然并不是什么难以理解的事情。但是，如果你并不知道有第三种语言的存在，往往很容易陷入一个哲学困境，甚至会提出“法德二象性”的理论来解释这个现象。同样地，当我们认识到原子世界物体的行为方式与我们熟知的世界不尽相同，那么物体到底是波还是粒子就不再是个问题。正确答案是物体既不是波也不是粒子。

当然，我们可以想象电子的样子，然后按照想象画出它。但是，对于视觉形象如此痴迷的人类来说，没有具体形象的事物确实令人有些头疼。从物理学家到普罗大众，人们试着想象出电子的模样。本书的作者也不例外，我们把电子想象为某个区域的“潮汐波”，它像粒子，但是有波峰、波谷。

“潮汐波”的长短各异。例如，电子的波长小于原子的波长，而普通可见光的波长大约为三英尺。这样看来像光一样的波和像电子这样的粒子都拥有相同的基本结构。很显然，经典物理学中波和粒子之间的区别在微观量子世界并没有任何意义。

量子力学：破解原子之谜

在科学领域，量子力学最重要的作用是解释原子是如何形成的。上一章我们讲述玻尔原子模型时提到了固定轨道（能级）的问题。固定轨道是量化电子能量的结果。电子只能拥有定量的能量，不同轨道间发生量子跃迁时，轨道能量增减一定相等。换句话说，当一个电子发生量子跃迁，必然要吸收或产生一个光子。

电子在轨道上的上下运行如同一个人在楼梯上爬上爬下：上楼梯时要施加能量，下楼梯时要释放能量。就像人要么在一个台阶上，要么在另一台阶上，但是不能待在两个台阶之间一样，电子只能待在某个特定轨道上。

普通人更容易把轨道上的电子想象成一个个有形的微小物体。但是，科学家一般考虑的是电子的波属性。作为波的电子在波峰状态下，意味着它被探测到的概率最高。

激 光

从超市结账台到摇滚音乐会，从激光唱片到最先进的武器，激光遍及世界每一个角落，它改变了人类使用光的方式。

在英语中，激光（laser）是受激辐射式光频放大器的缩写。它的工作原理如下：首先准备处于高能级轨道的电子，比如红宝石晶体里的铬原子，它可以用作产生红色激光。把与激发电子具有相等能量的光子对准铬原子，当光子靠近处于受激状态的原子时，原子中的电子受激从高能级轨道向低能级轨道跃迁，并释放光子。新释放的光子与原来的光子波长、轨迹完全相同。两个光子同时穿透物体，以同样的方式让更多电子受激，产生更多波长完全一致的光子。

首先，可以通过不同方式施加能量于激光系统，让原子进入受激状态，以及原子在释放光子后回到原始状态所需的能量。通常情况下，科学家通过将材料加热、高能电子束或强光（比如闪光灯或其他激光器）来“泵浦”激光。

科学家在激光材料两端放置了两个一模一样的反射镜，

光子在两个反射镜之间来回穿梭上百万次，每反射一次，一小部分光子就会逃逸，往返过程中反复逃逸的光子就会形成激光束。

量子纠缠

20 世纪 30 年代，阿尔伯特·爱因斯坦提出了一个悖论，用于说明基于概率的量子力学并不能用来描述亚原子世界。为此爱因斯坦做了一个简单的思想实验：假设一个原子连续释放两个粒子 A 和 B，已知其中一个粒子 A 向上自旋，那么另一个粒子 B 必定向下自旋。如果用波函数描述任意一个粒子，那么它只能是两个自旋方向概率的组合。根据量子力学，在做测量之前，每个粒子向上或向下自旋概率均为 50%。

但是爱因斯坦接着指出，把粒子 A 和 B 分别置于只能用光信号沟通的相距遥远的两个地方，并测量其中一个粒子 A 的自旋，如果得到粒子 A 向上自旋，那么粒子 B 一定会向下产生自旋。换句话说，对粒子 A 自旋方向的测量动作本身决定了粒子 B 的自旋方向。即使两个粒子之间没有光信号的传播，也没有对粒子 B 做出测量。这个悖论被称为“EPR 佯谬”，爱因斯坦因此称量子力学并不是解释物质的终极理论。

EPR 佯谬引发了一系列奇怪事件。1964 年，爱尔兰物理学家约翰·贝尔提出了贝尔定理，指出爱因斯坦的 EPR 佯谬可以用实验证实。20 世纪 70 年代，物理学家完成了检验贝尔定理的实验，证实了量子力学的完备性。大约是在这个时候，诞生了“量子怪诞性”的说法。

现在我们知道，两个粒子相互作用后，由于各个粒子所拥有的特性已经综合成整体的性质，无法单独描述各个粒子的性质，只能描述整体系统的性质，这个现象科学家称之为“量子纠缠”。由于量子纠缠现象，我们不能单独测量某个粒子，而只能测量整体。用理论物理学的话说，量子力学不同于牛顿经典力学，它绝不是一个局部理论。因为一些量子粒子无论相距多远，都只能构成一个整体。

科学前沿：量子隐形传态

虽然量子纠缠还没有通过实验得到证实，但是它已经被应用于实践中，其中之一是量子隐形传态，又称“量子遥传”。它的原理如下：假设我们有一对相互纠缠的粒子，为明确起见，我们称之为“光子”。把这两个光子分别给爱丽丝和鲍伯（物理学领域广泛应用的两个代入角色）两个人。

爱丽丝从外面拿一个新的光子，我们称它为“测试光子”。爱丽丝拿测试光子去测量纠缠光子，之后将测量结果告诉鲍伯。有了这个结果，鲍伯便可以通过实验用他自己的纠缠光子创造出测试光子。因此，爱丽丝实验室的测试光子被损毁，而鲍伯的实验室能够创造出一模一样的测试光子，我们称之为光子传态。也就是说并没有光子真正从爱丽丝的实验室传到鲍伯的实验室。

1997 年，维也纳大学物理学家安东 · 蔡林格第一次用量子隐形传态技术成功传输图像。（传输的是维伦多尔夫的维纳斯雕像的图片，该雕像在奥地利一座旧石器时代遗址内被发现。）量子纠缠是密码学领域的一个重要现象。上面提到的爱丽丝和鲍伯的例子中，光子传输过程是绝对安全的。即使窃听者拦截了爱丽丝和鲍伯的对话，如果没有相互纠缠光子中的一个，他们也绝不能创造出爱丽丝的测试光子。如果想要拦截相互纠缠的光子，根据测不准原理，拦截者必然改变光子本身。因此，量子纠缠将可能成为绝对安全通信技术的基础。

量子计算

当我们用波函数描述粒子时，粒子可能同时处于所有可能状态。（用术语说，波函数是“所有可能状态的叠加”。）量子计算作为一个全新的领域，其背后的核心思想是如果我们让每种叠加状态成为计算的一部分，把它们加起来就能够得出计算的结果。这样一来，我们便拥有了一个算力超强超快的系统，能够比所有现存计算机更快地完成复杂运算。

再做一个比喻：我们拿出这本书的一页，每人分一句话，让每个人把读到的信息拼在一起就得到了这一页所有的内容。这个方法绝对比一个人一句一句地读更快。那么量子计算机与此类似，我们让叠加状态的每一种状态完成整体的一部分，那么叠加状态将产生无与伦比的力量。

当然，现实中还没有真正可行的量子计算机，但是科学家已经成功地研制出量子计算机的部分元件，我们称之为逻辑门。未来很有希望出现真正的量子计算机。

第六章

化学键

似乎没有什么美味能够媲美苹果酱面包。它的做法却非常简单：

两杯中筋面粉

3/4 杯白糖

1 茶匙发酵粉

1 茶匙小苏打

1 茶匙肉桂

1/2 茶匙肉蔻

1 茶匙香草

1/2 杯起酥油

1 杯苹果酱

两枚鸡蛋

将所有材料放在一个大碗中搅拌成均匀的面糊，拿一个9 英寸 × 5 英寸的长条形烤盘，底部涂上油，倒入搅拌好的面糊，放入烤箱 180 度烤 55—60 分钟。关火后，用抹刀从烤盘边缘处把烤好的苹果派取出，放凉后切块上桌。

就像不断创新食谱制作美食一样，化学家创新发明的过程就是尝试组合不同化学元素进行实验的过程。早在1986年，两位科学家把铜元素、氧元素等物质按一定的比例混合研磨，放进烤箱烤出一个平平无奇的像阿司匹林药片大小的黑色晶片。但就是凭借着这个看起来没什么特别之处的黑色晶片，两位科学家获得了诺贝尔奖，创造了历史。这个黑色晶片是一种全新的超导体，拥有着极高的电学性能。

为什么面粉、鸡蛋、盐、苹果酱等完全不一样的材料混合在一起能做成美味的面包？为什么稀松平常的铜、氧元素能制造出价值连城的黑色晶片？这都是原子的功劳。原子是世界的组成单元。原子以无数种组合方式形成特性各异的物质，但不管以哪种方式组合：

原子均由电子黏合在一起。

不同材料拥有不同的特性。有的具有黏性，有的具有磁性，有的具有脆性，有的具有环保性。材料呈现哪种特性与原子组合或连接的方式有关。两个原子的电子重新排列使原子相互受引力作用，那么这两个原子形成一个化学键。正负电荷相互吸引让物体结合在一起。

元素的组合

我们可以用建筑学语言来描述多彩世界中的各种材料。

原子积木——元素——用化学键组成建筑单元。元素通过多种组合方式形成化合物，化合物的特性和用途与组成它们的元素截然不同。大自然和化学家们创造出上百万种不同的化学物质。有的是简单化合物，比如由两个氢原子和一个氧原子组成的水（化学式为 H_2O），一个氯原子和一个钠原子组成的氯化钠（食盐，化学式为 NaCl）。有的是极其复杂的化合物，一种化合物包含十几个或者更多的不同元素。

元素周期表上总共只有一百多位元素，数量似乎远远不够让化学家拿来组合新的化合物。事实并非如此。即使有上百万名化学家每天尝试一种组合方式，一百年后他们也不会用完这一百多位化学元素。用四种不同的元素按照 1∶1∶1∶1 的比例组合，共有 7000 万种不同的组合方式。若考虑到更多可能的比例，那么组合的方式将会更多。在某一种可能的组合方式下，还有上百种混合处理化学物质的方法，每种方法都能让同等数量的不同原子排列成不同形式，形成具有不同特性的物质。和烹饪一样，烹调的温度和时间不同，结果可能是美味佳肴抑或是黑暗料理。成功的化学家和顶级厨师一样，必定兼具技巧和天赋。

化学家的工作是把不同的原子混合制造出有用的新物质，创新已有化学物质的制备方法。这可不是份闲差，涉及吃、穿、出行、通信、运动以及娱乐，我们生活的方方面面都离不开各种各样的化学发现。

电子胶

化学首先是一门研究电子和电子互动关系的学科。这个定义看似很奇怪，因为人们一般认为化学是和试管、烧杯打交道的学科。但实际上，在各种各样化学实验背后都是原子之间电子的运动。

当两个原子彼此靠近时，原子最外层的电子近距离接触，负电荷相互排斥。大多数情况下，这个过程和大气中气体碰撞是一样，原子会迅速弹开并寻找下次碰撞的机会。不过少数情况下，相互碰撞的原子会被电子黏合在一起。

要理解我们周围世界物质的多样性，首先可以看看两个及两个以上原子是如何结合在一起的：原子由化学键结合在一起。化学键有很多种类，每种化学键都会产生截然不同的物质特性。决定两个原子靠近并结合的原则非常简单：两个原子系统经过不断调整，最终达到能量最小的状态。从山上滚下来的球最终会到达某个位置，这时球的重力势能最小。原子系统与此类似，原子里的电子会不断重新排列直到原子系统达到势能和动能的最小状态。

离子键、共价键和金属键，这三种化学键方式可将物质结合在一起。每种方式对应一种排列电子的策略。大多数化学键形成的秘密在于全充满电子层结构的超级稳定性。拥有 2、10、18、36 个电子的原子（分别对应 1、2、3、4 个全充满电子层结构）比拥有 1、11、17 个电子的原子要“稳定”。因此我们称 2、10、18、36 为化学键的神奇数字。

观察化学元素周期表我们不难发现，不“积极”参加化学键结合过程的元素均位于元素周期表最右侧一栏，它们分别是 2 号、10 号、18 号和 36 号元素，元素的最外电子层充满了电子，被称为惰性气体，其中有比空气轻的氦气和做彩色霓虹灯充装气体的氖气。

离子键

当一对原子中的原子 A 释放出一个电子，另一个原子 B 接受电子，两个原子最外层电子数就变成为 2、10、18 或 36，这时形成离子键。比如普通食盐，一个拥有 11 个电子的钠原子把最外层的一个电子送给拥有 17 个电子的氯原子，这时，钠原子变成 10 个电子，氯原子变成 18 个电子。在这个过程中，钠原子变成正电离子，氯原子变成负电离子，两个原子形成强大的静电引力，即离子键。

观察化学元素周期表我们发现，有些原子会参与离子键的过程，它们位于化学元素周期表左侧两栏，这些元素最外电子层仅有一个或者两个电子。它们非常愿意摆脱最外层的电子变为带正电的离子。而位于化学元素周期表右侧两栏的元素，其最外电子层缺少一个或两个电子才能组成充满的电子层结构，所以它们非常愿意得到新的电子，从而变成带负电的离子。当想要摆脱电子的原子碰上想要得到电子的原子，正负相吸，离子键就形成了。

日常生活中很多物质由离子键结合在一起，其中最经典的例子就是食盐。而最常见的离子化合物是由地壳含量最丰富的硅元素和氧元素组成的化合物。海滩上的沙子是由一种被称为石英的矿物质组成的。石英的主要成分是二氧化硅，形成过程如下：当拥有四个电子的硅原子与两倍的氧原子结合，每个氧原子接受两个电子，硅原子和氧原子最外电子层均被充满，硅原子和氧原子之间形成强大的静电引力，并结合在一起。这也是为什么石英会如此坚硬，甚至能在钢铁表面划出痕迹的原因。硅元素和氧元素以类似的离子键方式结合还能形成坚硬的钢化玻璃、瓷器、陶器，以及常见的石头和矿物质等。

金属键

通常金属原子中有填充满的电子壳层和只填充一个或几个电子的最外壳层。每个金属钠原子拥有 11 个电子，最外电子层拥有 1 个电子；第 12 号镁元素最外层拥有 2 个电子；第 13 号铝元素最外层有 3 个电子等等。当两个金属原子结合时，这些多余的电子离开原来的原子到处游离。这时，原来的原子里变成了带正电的离子，在负电荷形成的“海洋”里四处游动，原子核如同带正电的小岛，在静电引力的作用下整个金属系统紧紧结合在一起。我们可以把金属键想象成所有原子共享最外层电子的原子系统。与此不同，离子键需要一个原子永久地放弃一个电子送给另一个原子。

金属键与离子键截然不同。离子晶体一定有两种不同的原子，一些带正电，一些带负电。每个离子均被电极相反的离子围绕。因此，单一原子不可能产生离子键。而金属中，原子与周围原子的作用一模一样。每个金属原子被相似的金属原子围绕，这也就不奇怪四分之三的已知金属，像铁、铝、铜、金等元素，能够形成金属键。冶金专家通常混合几种金属元素制成具有某种特性的合金，比如铜和锌合成黄铜；铜和锡合成青铜；铁、碳和不同的金属元素合成合金钢。

共价键

当两个碳原子靠近时，会产生一个奇怪的困境。每个碳原子拥有六个电子，其中最外电子层有四个电子，比 2 多但比 10 少。那么碳原子的最外电子层会放弃或接受电子以达到神奇的数字吗？答案是不会。实际上，两个碳原子将共享最外层电子，由此产生两个碳原子共享单一充满的电子层结构。这个电子层上的电子在两个碳原子之间来回穿梭，但并不属于其中任何一个碳原子。共享电子层把两个碳原子结合在一起的力，即共价键。共价键在碳原子间是最为常见的，但也存在于硅、硫、氮等元素中。

共价键是生命之基。它把人体组织结合在一起，保证我们 DNA 的完整。塑料、尼龙、钻石、超效黏合剂等都有共价键的作用。看看我们周围，除金属、水、玻璃和陶瓷外，碳碳组合是世界物质最重要的组合方式。研究碳碳组合所形成化合物的科学家被称为有机化学家，全世界有几万名有机化学家致力于碳化合物的研究。共价键在自然界中如此常见的主要原因是共价化合物很少以一对原子形式存在。比如，我们有共享一对电子的两个碳原子，这个结构将继续共享最外层电子给第三个、第四个碳原子，以此类推形成愈加复杂的碳结构。

我们周围的世界到处都是巨大的碳原子结构，长长的原子链向四面八方延伸着，形成环环相扣、错综复杂的系统。世界上拥有无限种类的有机化合物，不管它们的存在形式是什么，每对相邻的碳原子一定是共享几个电子形成共价键。

化学键和真实的世界

许多材料中化学键并不一定完全符合离子键、共价键或金属键的定义。电子永远处于运动状态，我们无法准确地给出某个粒子的特定位置。如果外层电子靠近离子，那么结合方式就是离子键；如果外层电子共享是来自一对原子同等数量的电子，那么结合方式就是共价键；如果电子在晶体中是处于游离状态，那么结合方式为金属键。然而在很多物质中，电子在两个或更多原子内停留的时间并不是均等分配的。在这种情况下，物质的结合方式是多种结合方式的混合体。

黄铁矿常常被错误地认作黄金，又被称为“愚人金”。它是一种铁硫化合物，原子的结合方式融合了共价键、金属键和离子键。1849 年美国“淘金热”时，“愚人金”亮泽的外观迷惑了成千上万名新手淘金者。细细观察会发现黄铁矿石呈现离子键或共价键物质的特点，边缘粗糙、易碎。

范德瓦耳斯和氢键

与离子键、金属键和共价键不同，有些原子结合成化合物时并不会放弃外层电子。这种情况下，原子结合的力是电子间相互排斥的力引起电子云扭曲而产生的。两个扭曲原子之间的电子引力是：

1. 两个原子核的相互排斥力；

2. 一个原子的电子与另一个原子的原子核之间的引力；

3. 电子间的相互排斥力。

虽然这个力非常微弱，但足以将不同的原子结合在一起。这个力以荷兰物理学家约翰尼斯·迪德里克·范·德·瓦耳斯（1837—1923）命名，被称为范德瓦耳斯力。蜡烛是蜡、滑石粉等软材料以范德瓦耳斯力结合在一起的，所以这些物质具有范德瓦耳斯键物质的特性。

生物体常见的结合方式——氢键是范德瓦耳斯键的一种变体。拥有一个中子和一个电子的氢原子通常每次只和一个氧原子或碳原子结合。氢原子里唯一的电子转移到与它结合的原子上，剩下的中子好像分子上鼓出的带正电的包。这个带正电的鼓包具有足够的电力吸引其他原子，原子以这种方式结合被称为氢键。我们可以把它想象成为一个扭曲的氢原子产生的胶合剂并将其他原子粘在一起。

比如水分子是由两个氢原子和一个氧原子结合而成的。它的外形很像米老鼠的头，不过耳朵小一点。氧原子是米老鼠带负电的头，耳朵是带正电的中子。当在氢键作用下水结成冰时，分子重新排列，正负电极相互转换。氢的这种特性解释了为什么盐、糖等多种物质能融入水的原因。水分子正电和负电两个电极可对离子施加强引力，这足以分解食盐等离子晶体。带正电的钠离子聚集在水分子氧原子的一端，带负电的氯离子则集中在氢原子周围。

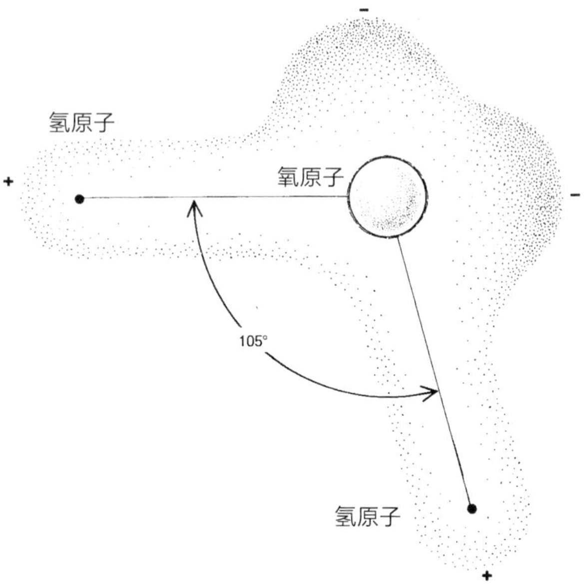

回旋镖形状的水分子（化学式：H_2O）中间是一个氧原子，两边是比氧原子小的氢原子。

导电性和化学键

材料最重要的电性能是导电的能力，即让电子通过的性能。当今科技社会依赖于具有不同导电性的材料：负载电流的导体，保护用户的绝缘体，微电子产业的支柱半导体。半导体是能够在特定条件下导电的材料。

材料是否导电取决于电子运动的方式。因此，导电性与化学键的紧密关系也就不言而喻了。原子的结合方式决定了材料的导电性。

通常来说，电子结合不紧密的材料导电性能较好。如果材料的电子连接松弛，那么在外力的作用下（比如电池施加的力），电子很容易脱离原来的位置并开始运动，运动的电子形成材料里流动的电流。相反，如果电子连接非常紧密，外力是很难让电子运动起来的，也就不会产生电流。

绝缘体

绝缘体能够阻挡电子的流动，具有防止短路，保护电力消费者的重要作用。原子以离子键结合的材料是理想的绝缘体。在离子化合物里，电子从一个离子到另一个离子只转移一次，完成转移后，电子与某个特定原子核紧密结合在一起，外力无法轻易将其分开。硅元素和氧原子由离子键结合而成的玻璃或陶瓷常被用作高压绝缘体。由长碳键组成的共价化合物如塑料等材料，可以作为便宜可靠的绝缘体。以共价键组合的电子很少会脱离原本的原子四处游离。因此共价化合物与离子化合物一样也是极佳的绝缘体材料。因为软塑料比易碎的陶瓷更容易制作，所以插座和照明开关一般会采用塑料材质。

导 体

“金属”和“导体”可以说是同义词。金属内部电子极易受外力影响，大量的能够自由移动的电子保证了导体的导电性能。银是室温下的最佳导体，虽然铜稍逊于银，但是很显然铜要便宜很多；金常被用作接触面的抗腐蚀涂层；而铝因为重量较小、价格较便宜，常常用于负载高负荷电流的电线。

半导体

半导体是一种可以导电，但导电性能不如导体好的材料。从是否具有可移动电子的角度来讲，半导体介于导体和绝缘体之间。性能良好的半导体需要具备一定数量的电荷载体。

地壳中含量最丰富的硅元素几乎是所有半导体设备的必选原材料。硅元素的最外层电子结构处于半充满状态，它的特性和碳元素非常相似。双硅键是共价键的一种，纯正的硅元素共价电子结合得非常紧密，因此导电性能较差。但是在原子振动的作用下，一些电子松动，在某些特定时刻，离开原始位置游离在硅晶体中。结果是：硅具备了一定的导电性，虽然不如金属导电性能好，但远远优于绝缘体。因此，硅是应用广泛的半导体材料。

半导体能导电并不是因为电子在原子振动下松动并离开原始位置。电子松动离开后，留下一个空位，物理学家称之为“空穴”。空穴像电子一样可以导电。要理解为什么空穴可以导电，我们可以想象早晚高峰交通拥堵时车辆走走停停的情况。当车的前方有空隙（也就是穴）时，你会往前挪一挪。大多数人会说车往前移动，但反过来想也可以说空穴向相反的方向移动。

作为普通人没有必要在乎空穴运动，但是作为物理学家就会去担心电荷的净运动，这时移动电子或空穴会起到不错的效果。你可以通过向一个方向移动负电子来移动电荷，或者向相反的方向移动正电荷——空穴。

微小杂质就可以改变硅等半导体材料的性能。比如，用一个磷元素代替几百万个硅元素中的一个，即可制成半导体。

磷元素最外层电子数比硅元素多一个。除了这一个电子外，其他电子形成共价键并将晶体结合在一起，剩下的电子可以自由游离。这样一来，被改变的硅晶体不再依靠共价硅上偷来的电子导电。往硅晶体里加入少量磷的过程被称为晶体掺杂，稍微过量的负电子会形成 N 型半导体（N 代表负电荷）。

往硅元素里加入铝也可以产生类似的结果。铝元素最外层电子数比硅元素少一个。加入铝元素后，硅材料里的电子逃逸并产生带正电的空穴，形成的掺杂晶体被称为 P 型半导体。

微电子

电视机、收音机、汽车点火装置、家庭安全系统、洗碗机、便携式计算器等等，日常生活中常见的电子设备其核心都涉及微电子技术。这些电子设备依赖于半导体。用科学术语来讲，设备是两个或两个以上 N 型和 P 型半导体组合而成的具有有特定用途的器件。

最简单的半导体器件是由一个 N 型半导体层和一个 P 型半导体层组成的二极管。二极管发明后，电子和空穴彼此突破边界向对方扩散。当自由移动的电子碰到空穴，电子掉进空穴并返回原位成为普通电子，并与其他电子形成共价键。在这个过程中，因为自由电子和空穴不再有移动电荷的作用，我们可以说自由电子和空穴已经“消失”。位于自由电子和空穴边界两边的杂质元素（比如我们例子里的铝元素和磷元素）失去了自由电子和空穴来平衡它们所携带的电荷。其结果是：带电的离子层出现在自由电子和空穴边界的两侧，正电离子在 N 侧，负电离子在 P 侧。

这两个带电离子层被锁定在半导体原子结构上。一旦形成电荷便永久固定。自由电子与正电离子层相互吸引，与负电离子层相互排斥，于是在交叉处加速运动。带电离子层为自由电子运动创建了“正确”的路径，自由电子可以从 N 侧轻松到达 P 侧，但很难再从 P 侧返回 N 侧。现代微电子产业的兴衰取决于这小小的离子层。

二极管常被用作整流器。整流器把家庭线路的交流电转化成只朝一个方向流动的直流电。当电流向正确的方向流动时，界面（耗尽层）处允许电子通过。当电流转换方向时，电子则不能强行通过带电离子层。因此，从整流器中出来的电流只能朝一个方向流动。

观察家里的电脑或电视机，我们会发现从电线里流出的交流电进入电脑或电视机内部时，首先遇到的很可能就是一个升级版本的整流器。它的作用是把发电机传送的交流电转化为下游电子设备工作所用的直流电。

二极管还是一些太阳能系统的核心部件。当太阳光照射在光伏板 N 型半导体材料上，足够的能量把电子震得松动（高能量的光子激发产生光电子）。在静止的空间电荷（内建电场）——本质上可以被看作原子级电池——的作用下，被震得松动的电子（光电子）加速通过边界（耗尽层）。如果光伏板与电路相连，那么在太阳照射的情况下，光伏板就会向电路源源不断地输送电力。太空中的卫星使用太阳能运行各类设备，大型太阳能设备能代替传统的燃煤或核能发电站。虽然现如今太阳能利用的经济效益不佳，但科学家和工程师们有充足的理由认定太阳能的利用一定会在 21 世纪发挥重要的作用。

也许最重要的半导体器件就是晶体管。最简单的晶体管是由三层半导体组成的三明治结构，可以是两个 P 型半导体中间夹一个 N 型半导体，也可以是两个 N 型半导体中间夹一个 P 型半导体。和二极管一样，晶体管三明治结构的每个界面都会拥有带电离子层。晶体管具有放大、检波、开关等多种功能，效率高、速度快。只需要较低的外部电压就可以克服带电层的引力，让电子逆向流过边界。外加电压切断后，带电层立即阻挡电子流动。因此如果将晶体管用作开关，就可以实现用很小的电压快速控制强电流。所以晶体管制成的开关是电脑的关键组成部件。如果将外部电压重新排列，晶体管则可以用作电流放大器，把较弱的电流（比如汽车收音机天线传输的电流）放大为强电流（比如驱动扬声器的电流）。以上只是晶体管广泛用途中的几个例子，可以说晶体管是人类发明的用途最广泛的电子元件之一。

微芯片堪称当代微电子革命的核心，它是一个集合了大量二极管和晶体管等元件的硅片。通过多种先进的技术手段可以在硅片上产生必要的 N 型或 P 型半导体层。比较常用的方法是，把芯片放在含有理想的硅基混合物的蒸汽上使混合物的物质凝结在芯片表面。用这种方法制成的集成电路由多层并行的 N 型半导体层和 P 型半导体层组成，相当于许多晶体管。每一个集成电路发挥一种特定的功能，比如电压调节、逻辑功能或计时。邮票大小的芯片是计算器和家用电脑的核心元件。

电　脑

迄今为止，电脑是对当前社会影响最大的微电子设备。未来的历史学家将会记录电脑普及并引发深刻社会变革的伟大历史。电脑无处不在——它能够帮助我们预订机票、控制交通、记录超市账单、监测汽车工作状态。不管是办公室的个人电脑还是实验室的超级计算机，其核心就是一张布满晶体管的芯片。芯片上晶体管相当于开关，晶体管以每秒几百次的速度开关往复，驱动电脑正常工作。

晶体管一开一关，周而复始，电脑则完成了信息储存处理的工作。每存储一个字母，晶体管开关八次，开关顺序不同，存储的信息也不同。比如连续八次开代表存储字母 A，连续七次开、一次关代表字母 B。

电脑工程师以“比特”为单位计量计算机存储的信息，它代表一次开关所存储的信息。一个“字节”等于 8 比特。普通个人电脑能够储存几百万甚至上亿比特的信息。

超导体

普通导体中，移动的电子撞击原子，并转移能量。在这个过程中，导体越来越热，对流动的电流产生阻力。电流移动过程中没有电阻的现象称为超导性。仅有某些材料在低温条件下具备超导性。物理学中低电阻和零电阻的概念与现实世界的理解迥然不同。超导体具有重要的科学意义，它代表着一种与正常物体截然不同的物质状态。其技术开发潜力让它成为备受关注的科学研究对象。

超导体有着广泛的商业用途。它可以负载强电流，且不会升温，因此常被用来制造大功率电磁铁。传统铜线圈制成的电磁铁需要成吨的金属和几条河的冷却水，才能完成中等大小超导体电磁铁一天的工作量。医生使用磁共振成像技术无须手术便可以了解人体的内部情况，磁共振成像技术就是利用超导体产生的强大磁场。工厂、机场等地也利用类似的成像设备检查关键金属部件是否有裂缝或其他故障。高能物理学家必须使用超导电磁铁让亚原子粒子加速运动，才能精准观测亚原子粒子并开展研究工作。

磁悬浮列车是超导电磁技术的一项令人惊叹的应用。列车内部超导电磁铁磁场切割金属铁轨两侧的铝环，使铝环产生感生电流，同时形成极性相同的反磁场，让列车离开地面悬浮在空中。传统金属轮列车最高行驶速度为 150 英里每小时，而飞在地面上的磁悬浮列车则与飞机一样快。

科学前沿：特殊导电材料

几十年前人们已经了解化学键的基本类型以及由此产生的电性能。在此期间，科学家不断发现拥有特殊导电特征的新材料。时至今日，寻找拥有特殊电性能仍然是科研工作者的首要任务。他们几乎每年都会公布一些重大新材料的发现。

新型超导体

1987 年以前，超导体工作环境必须是在绝对零度附近。商用超导体通常由金属铌合金制成。价格昂贵的液态氦可以作为超导材料必要的冷却剂。超导技术在全球医学、军事和科研设备等领域的市值高达每年 10 亿美元。1987、1988 年超导体成为各大媒体的头版头条。科学家发现了一系列可以在更高温度下工作的超导新材料。超导材料不断突破温度的极限，达到 125 开氏温度（大约零下 150 摄氏度）。这个温度几乎是液态氮冷却剂的两倍。

尽管新兴超导材料的研究热度与 20 世纪 80 年代相比有所降低，但现如今全世界仍有很多科研工作者专注此领域。他们的梦想是找到能在室温环境中工作的超导材料，但大多数物理学家认为这个梦想实现的可能性依然存在。

新型半导体

有些材料学家把合成新型半导体、制造微型电子设备作为研究方向。这个行业现如今的主导材料是硅。不过砷化镓等新型材料将来有可能制造出更加高效的电子线路。

新型导体

电在我们生活中的重要性不言而喻。任何能更加高效利用电的新发现必然受到产业界的追捧。新材料的价值在于它生产利用的便捷性，也在于它制造全新导电控制设备的潜能。

碳分子链和金属原子可以形成有机导体。金属可以把绝缘的塑料变成导体。根据这个理论，科学家有可能用塑料制造电路，那么这将会给整个电气工业带来革命性的巨变。

还有一系列的新型材料，其内部的原子排列让电子无法在材料内部自由流动，只能在二维平面或一维通道上移动。比如，其中有些材料如同交替排列的普通纸和锡纸，电子只能在锡纸上移动。另一些材料是由被锁进绝缘结构的长链金属原子组成，电子移动只能局限在单维通道上。相比普通铜线导体，这两种材料能让我们更好地控制电流。因此，工程师认为他们可以利用这种特性制造全新的电子器件。

量子线

半导体里的量子线也可以像上面提到的新型材料那样控制电流。掺杂半导体的以三明治结构制成的细细的导线就是量子线。先放一层 N 型半导体材料和一层磷元素，上下各加一层 N 型半导体材料和砷元素。用这种方式组成的三明治结构能够很好地把电子限制在中间层（中间层仅有一个原子的厚度）。将三明治结构切分成一根一根的细线就得到了量子线。虽然目前这个技术还处在纯实验阶段，但是它代表了现代半导体技术的光明未来。

第七章

原子结构

我们再看一次下面的列表：

大象

连裤袜

帝国大厦

沙子

左耳

太平洋

空气

豆腐

木星

啤酒

这本书

以上物体是不同原子组合的结果，但它们为何如此不同？

答案就在铅笔的笔芯和手上戴的钻戒里。很难想象还有什么固体比铅笔笔芯和钻石如此的不同。颜色上，笔芯是黑色；钻石则没有颜色。硬度上，笔芯较软，便于书写；钻石则硬度极高，可轻松划破物体。外观上，笔芯表面平滑且没有光泽；钻石则光彩夺目。价格上，制造笔芯的天然石墨三四千元就能买一吨；小小一块钻石售价却可能高达几百万。尽管如此不同，石墨和钻石却都是由碳元素组成的，不同之处在于原子的排列方式。对石墨、钻石等上万种材料原子结构的研究揭示了这样一个共同规律：

材料的特性取决于原子的排列方式。

不同的原子组合方式造就了光怪陆离的大千世界。常见的原子只有几十种，但它们以无限种方式组合在一起，形成了气体、液体、固体等不同的物质形态。

物质形态

我们所了解的原子大部分是组合在一起的原子，很少是单个原子。组合在一起的原子被称为分子，分子与分子结合组成了我们所熟悉的世界。我们穿的衣服，开的车，吃的食物，呼吸的空气均由分子组成。即使组成分子的原子相同，如果组合方式不同，分子形态也会大相径庭。科学家将原子的组成方式称为物质形态。气态、液态、固态为最常见的三种物质形态。

气 体

充满气体的气球可以飞向天空；子弹依靠气体产生击发的动力；形成地球的大气层的气体。许许多多的气体，我们呼吸的空气等气体是看不见摸不着的，但是风的吹动却能够证明气体的存在。可变形、可流动是气体的显著特征，这一特征反映了气体的原子结构。

气体颗粒可以是原子，比如氖气和氦气，也可以是由两个或两个以上原子组成的分子，比如氧气、二氧化碳、甲烷。假如我们将气态原子或分子放大几亿倍，那么它们看起来就像彩票摇奖箱里飞舞的乒乓球。气体颗粒碰到另一个气体颗粒不会相互吸附在一起，而是在碰撞后迅速弹开。无数个加速运动的气体颗粒在封闭的空间里相互碰撞，形成冲击力，进而形成汽车轮胎里的气压。往固定的密闭空间里加入气体颗粒，比如高压锅，或像挤气球一样释放空间已有的气体颗粒，那么气压将增大或减小。气体受热导致分子加速运动，分子撞击强度变大，压力也将增大。高压锅利用的就是这个技术原理。

当高密度固体或液体快速转化为膨胀的热气，会引起化学爆炸。子弹、炮弹、火箭的加速运动靠的就是化学爆炸产生的能量，其本质是原子撞击的累积效应。

当温度达到太阳内部温度时，气体会呈现出不同的特性。这时，气体原子丢失电子。当温度较低时，每个原子只能分离出几个电子，但温度升高到十万度时，气体分子的电子全部丢失，转化为等离子体。等离子体的特性与普通气体完全不同。比如，等离子体具备导电性；特殊磁场构形的磁瓶能够约束等离子体。

也许我们从未能感受到等离子体的存在，但是等离子体是宇宙中最常见的物质形态。太阳等恒星主要由富含氢原子和氦原子的等离子体构成。地球等行星外层大气也含有少量的等离子体，甚至日光灯的灯泡里也含有等离子体。

液　体

液体和气体一样没有固定的形态，但是与气体不同的是，液体的体积是固定的。在原子层面，液体如同盛满玻璃球的碗。液体分子像玻璃球一样相互碰撞，其可以轻松地改变形状但保持体积稳定。由于分子与分子粘连得不够紧密，液体可以轻松地改变形状（或被洒到地板上）。

固　体

固体物质的形态相对固定。固体物质的原子紧密地结合在一起，不会轻易离开它们原有的位置。晶体、玻璃、塑料是固体最重要的三种类型，它们的不同之处主要源自原子排列的规律。

金属、宝石、骨骼、电子芯片等均由晶体组成，它们是由一层又一层原子在三维空间有规律地排列组成的。我们可以把晶体想象为一大堆箱子，每个箱子大小相同、形状相同，且原子结构相同。只不过每个“箱子”的实际大小通常只有一英寸的千万分之一，里面包含几十个原子。晶体的结构具有规律性，相同的原子按照一定的规律排列组成晶体；

站在这堆“箱子”里向任何一个方向出发，你会发现路过的每一个“箱子”竟然是一模一样的。

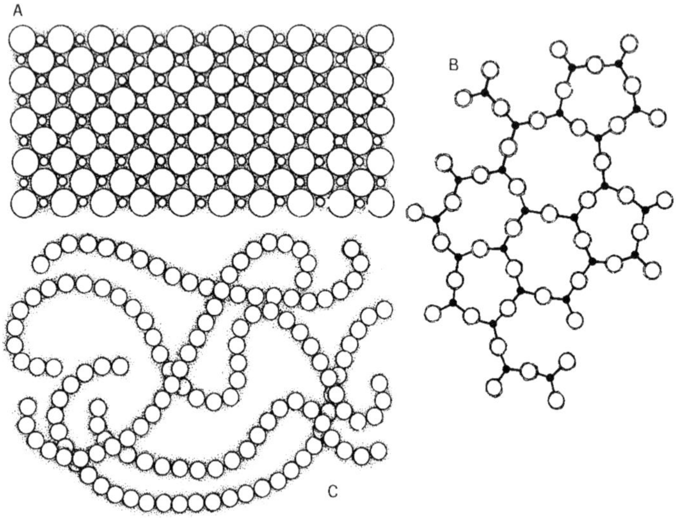

原子排列方式不同，固体物质种类则不同。

晶体（A）由多排一模一样的“箱体”原子结构排列而成；几万亿个“箱体”原子结构叠堆形成小小的晶体。玻璃（B）原子结构排列没有规律；在玻璃结构中，很难确定某个原子移动后的位置。塑料（C）是一种聚合物，本质上是碳原子组成的链条结构，由原子朝同一个方向无规律地排列而成。

塑料是 20 世纪的重大科技发明，它是我们日常生活中最常见的固体物质之一。日常生活中使用的塑料是由碳原子组成的长链条分子制成的一种化合物，在自然界中并不存在。链条的方向是确定的；沿着链条方向走下去，你会遇见一个又一个的碳原子，它们如同穿在一起的珠子。不同的链条结构毫无规律地缠绕在一起形成塑料化合物，也因此让塑料的韧性增强。塑料受热后，链条结构逐渐分离，这时塑料软化可以被挤压、揉搓，并重新塑形。常见的塑料多种多样，比如做衣服的尼龙和聚酯纤维，雕塑里的人工树脂，地板和家具里含有的乙烯基塑料以及水泥和胶水里的环氧树脂。

玻璃的结构与晶体和塑料的结构完全不同。玻璃里的原子几乎是混乱地堆在一起，但又有一定的（短程）规律性。比如常见的窗户玻璃主要材料为硅和氧，大体上每个硅原子周围环绕着四个氧原子，而每个氧原子与两个硅原子相邻。但整体上这些氧原子和硅原子并不是像“箱子”那样有规律地叠放和排列。从任意一个点出发，我们找不到任何规律，只能猜出下一个原子是氧原子还是硅原子。超出相邻的原子层面，整个玻璃结构原子的排列呈现出随机性。

相 变

当冰块掉到地上它会融化，变成一摊水。在火炉上烧水的时候，水壶上方会形成蒸汽。用完的画笔没有清洗就直接晾干，那么画笔就会变干甚至不能再使用。以上几个例子讲的都是物质相变。第一个例子里物质从固态变成液态；第二个例子里物质从液态变成气态；第三个例子里物质从液态变成固态。相变前后，物质的原子和分子并没有发生改变，改变的只是它们之间的关系。

比如水处于冰块的固态时，晶格里的水分子随着外部空气的进入，振动速度越来越快，最终分子脱离分子结构，进入游离状态。这时，冰块融化成液态水。同样的方式，水在沸腾过程中，分子运动速度越来越快，最后脱离分子结构进入空气形成气体。而颜料变硬时，原来四处游离的分子形成链条状分子结构。因此，物理学家将融化、汽化、凝固称为相变。

相变的过程也是能量转化的过程。物质融化或沸腾时吸收热量，但温度保持不变——吸收的能量用于分解原有的原子排列结构。这也是我们用冰块冰镇食物的原理。当我们从冰箱里拿出冰块，冰块的温度处于零度以下，放入饮品后，冰块开始吸收热量，让饮品迅速变凉。当达到 32 华氏度时，冰块的温度不再升高，继续吸收的热量将会分解水分子的晶体结构。当冰块完全融化成液体后，饮品的温度才会再次升高。

化学反应

化学远不止化学键和相变那么简单。如果没有化学反应，世界将会变得十分无聊。化学反应是原子和小分子结合形成大分子，或大分子分裂成小分子、元素的过程。诸如咬东西、点火柴、洗手、开车等都会产生化学反应。每时每刻，从食物消化到血液凝结，化学反应保证了人类生命细胞的生存延续。

重新排列原子和改变原子最外层电子形成新的化学键可以引起化学反应。因此当柔软、银白色的金属钠与具有腐蚀性的氯气接触，两种元素将引发剧烈的化学反应从而产生氯化钠，也就是常见的食盐。当金属铁暴露于空气中的氧气时，将引发缓慢的化学反应，形成铁锈。

氧化与还原

我们的世界每时每刻都在发生着无数个化学反应。有些是自然现象，有些则是人为引发的。有一些化学反应在日常生活中反复出现。地球最大的化学特征是它的大气中拥有大量活性气体——氧气，它可以引发日常生活中很多常见的化学反应。氧化是氧原子与其他元素结合时接受电子而引发的化学反应。铁生锈是一种常见的缓慢氧化反应。在这个过程中，铁和氧结合形成氧化铁。燃烧则是一种较为剧烈的氧化现象，在这个过程中氧气和富含碳原子的燃料发生化学反应并产生二氧化碳。

还原反应是氧化反应的逆向过程，即通过给原子新加电子引发的化学反应。在科学家发现氧元素的几千年前，古代的金属匠人早已懂得熔炼金属矿石。铁匠把氧化铁矿石和生石灰（氧化钙）混合在一起，高温加热。生石灰使混合物的熔点降低，引发化学反应，产生金属铁并释放二氧化碳。

氧化与还原反应是生命不可或缺的化学反应，它们决定了植物和动物的本质区别（参见本书第 15 章）。动物摄取富含碳元素的食物，通过细胞氧化反应，获得延续生命的能量，并释放二氧化碳。植物则通过吸收二氧化碳，在光合作用下以还原反应的方式将二氧化碳还原为氧气。

酸碱反应

酸是常见的腐蚀性化学物，其遇水会产生带正电的氢离子。柠檬汁、橙汁、醋等是日常生活中常见的弱酸物质。汽车电池用的硫酸、工业清洗用的盐酸都是强酸物质。碱也是一类腐蚀性化学物，其遇水产生带负电的氢氧根离子。镁乳等抗酸剂是弱碱物质，氨水清洁剂和管道清洁剂等是强碱物质。酸碱相遇将发生酸碱反应。当我们吞下一片抗酸剂，胃酸（含大量氢离子）和抗酸剂（含大量氢氧根离子）产生化学反应，氢离子和氢氧根离子结合成过氧化氢（也就是水），此时胃酸被抗酸剂中和。

聚合与解聚

生物大分子的结构很复杂，但其基本的结构单元并不复杂。例如简单的糖和氨基酸(见第 15 章)，最多也仅由几十个原子组成。但是蛋白质、DNA 等生命不可或缺的分子要大得多，一个单元的原子个数就高达几百万个。小小的分子单元是怎么让生物结构具备生物特性的呢？我们可以在聚合过程中寻找到答案。

聚合物是许多小分子组成的大分子结构。蜘蛛网、瘀血、肌纤维等各种生命系统擅长通过聚合反应将小分子组成长链大分子。塑料、油漆等合成聚合物最初通常是液体，它们的小分子处于自由游离状态。当分子与分子相连，液体中便开始形成聚合物。

聚合物不易分解，对环境有一定的影响。不过，聚合物在长期解聚作用下是可以降解的。常见的解聚反应发生在家家户户的厨房。由于聚合作用，生肉的肉质有韧性，蔬菜纤维较多。我们腌制、烹煮食物的过程就是分解食物中聚合物的过程。

但是，并非所有的解聚反应都是人类所需要的。博物馆馆长最怕的就是解聚反应。解聚分解将破坏皮质、纸质、织物等有机材料制成的文物。将物体存放在干燥凉爽的环境中可以延缓解聚进程。有些文物材料一旦解聚就不可能再复原。

物理特性

我们去超市买菜通常会选一选，西红柿挑硬一点的，肉选颜色新鲜的，生菜挑新鲜的，面包选暄软的。我们挑选的标准其实就是物体的物理特性。物理特性是物质能够被测量的性质。测量需要具备三个必不可少的条件：样本、能量来源、检测仪器。样本是我们要测量的物品。样本可以是各种各样的物品，比如单个亚原子粒子，也可以是水果、地球、银河系或银河系里的任何物品。测量是依靠样品和能量源的相互作用。识别颜色是物质和光相互作用的结果。具备导电性是物质和电场相互作用的结果。材料的脆度可以通过测量物体和移动锤的相互作用力而得到。没有能量，我们无法测量物体的物理特性。

检测仪器用来测量样品和能量源的相互作用。眼睛、耳朵等人类感官本身就是灵敏便携的检测仪。但是，科学家还是发明了很多用来记录物质和能量相互作用的检测仪来拓展人类的感官能力，比如胶片、里程计、温度计、无线电广播设备。我们的周围有各种各样的材料，每种材料特性不同，功能不同。轻薄洁白的纸张印上黑色的字，再用强力胶水装订就组成了一本书。胶合板、有弹性的塑料、轻盈的金属合金、混合纤维等可以做成一把舒适的椅子。半导体集成电路、超薄液晶显示屏、柔韧的铜线、彩色的塑料绝缘体等可以组成一台电脑。

柔韧的、强力的、轻盈的、彩色的等刚才使用的形容词，描述的是物体的物理特性。科学家把几十种物理特性进行了简化分类，概括为机械性能、磁性能、光学性能。物体的性能由原子和原子组合方式来决定。

机械性能

机械性能是描述材料承受压力的特征。一种材料是否容易产生划痕？受到挤压是否容易变形或延展？机械性能是日常生活中十分重要的材料性能。我们希望拥有强韧耐用的地板，柔软舒服的床。材料学家花费大量的时间寻找机械性能更好的新材料，让生活变得更加舒适和便捷。

弹性和强度

有些材料强度高，有些则相反；有些树枝有韧性能弯曲，有些则容易被折断。不同材料展现的不同特性背后其实是原子结构的不同。当两个物体接触，比如脚接触地板，那么有两个相互作用的力：把人往下拉的重力和与重力大小相等、方向相反的静电力。当两个大块物体被迫放在一起时，两个物体必然发生一定程度的变形，即使有时候我们肉眼无法察觉到。比如，脚和地面接触的时候，脚变平，地板变弯曲。在微小压力的作用下，大部分固体发生弹性变形，比如脚和地板接触的例子；压力释放后，变形物体迅速弹回，恢复原状。但是当外力过大时物体的弹性达到极限，那么物体就会发生永久变形：金属变形，纸被撕破，玻璃被碰碎，水果被压扁等。

物体之所以有弹性和强度，原因在于物质的原子结构。在讨论不同化学键相对强度那一部分时，我们已经对此进行了初步的解释。显然，如果所有的化学键都非常弱，那么一种材料的强度不可能很高。但是，即使形成化合物的化学键很强，原子如果没有按照一定方式排列，那么这种化合物的强度也不会太高。化学键用哪种方式排列成三维结构决定了材料的机械特性。要理解这一点，我们还要拿钻石和石墨做例子。同样是碳原子组成的物质，钻石是已知硬度最大、强度最高的材料；石墨则质地较软。在钻石晶体中，强共价键把一个碳原子和它周围的四个碳原子相结合，形成三维原子结构。

石墨主要是碳－碳双键结构，每个碳原子与三个相邻的碳原子紧密结合组成层状结构。范德华力将层状结构结合在一起，不过这个力非常弱，因此石墨的质地比较软，其是目前已知质地最软的矿物之一。铅笔之所以能写字是因为我们的手给铅笔施加了力，这个力虽然很小，但是足够打破范德华力，让石墨的颜色留在纸张上。石墨的特性再次印证了那句平凡而伟大的箴言：链条的坚固程度取决于它最薄弱的环节。

碳－碳双键把已知最强韧的纤维结合起来。蜘蛛网、尼龙纤维、树木、塑料等各式各样材料的基本结构是碳原子组成的长链条分子。长链条分子又称聚合物。当碳－碳链条表现为折叠或之字形的时候，长链条分子将形成弹性极佳的橡皮圈。

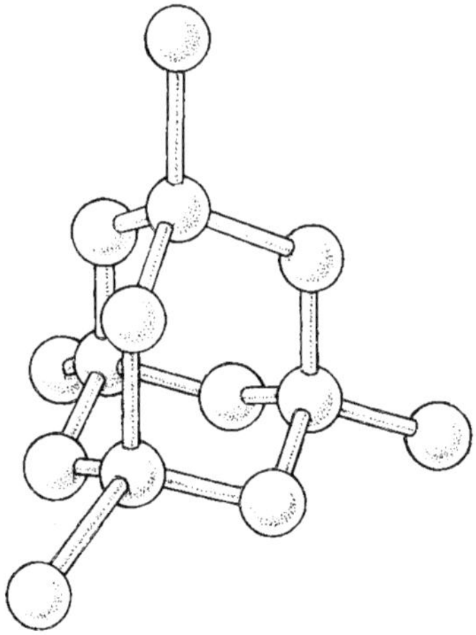

钻石

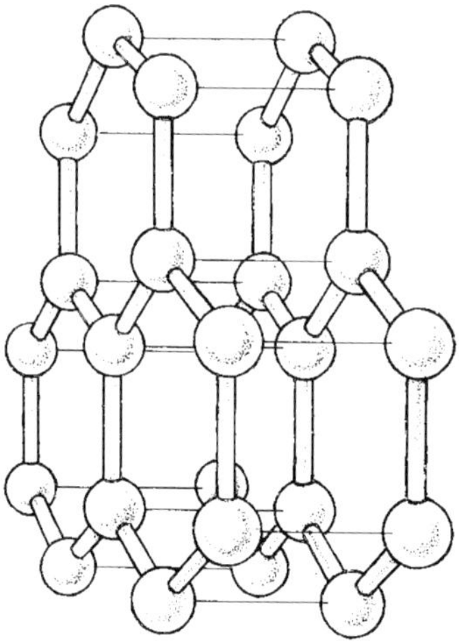

石墨

钻石和石墨均是完全由碳原子组成的晶体，但是它们的原子结构却完全不同。当碳原子按照一个碳原子和它周围四个碳原子结合的方式构成三维原子结构，那么碳原子形成钻石。当每个碳原子与三个碳原子组成层型结构，那么形成的物质就是石墨。

延展度和脆度

拿把锤子，使出全身的力气砸向一件上等的瓷器。结果可想而知，瓷器碎成了渣。同样拿锤子朝着一堆铅砸下去，铅只会变形，而不会碎。这两个例子反映了原子键的多样性。瓷器材料的原子结合方式为离子键，其规律是一个正离子和一个负离子朝一个固定的方向交替排列。相互吸引的力沿着每对原子以完全相同的方式排列。离子晶体就好似用球和棍子以某种严谨的方式建构。一旦某些棍子松了，结果通常是灾难性的。如果弯曲度过大导致棍子折掉，也就很难再恢复原状。

金属材料的电子是自由移动的，原子的键合方式不需要固定在某个方向。金属原子好比装在盛满糖浆碗里的玻璃球。每个玻璃球在阵列里有固定的位置。糖浆如同电子构成的海洋，起到黏合玻璃球阵列的作用。让碗倾斜，那么碗里的玻璃球也跟着滑动，总体的阵列不会改变，但是单个玻璃球将移动到不同的位置。这就是金属被锤子砸或者弯折时，金属内部原子结构的变化。一层一层的原子跟着阵列一起滑动，使得金属材料形状发生了变化，但阵列的键合却不会被破坏。

橡皮球遇到外力重击时又是另一种情形。橡胶材料的碳－碳共价键强度非常高，但在方向性上有很大的回旋余地。在外力的重击下，橡皮球变形，原子与原子的距离瞬间靠近。这个过程和我们用力挤压弹簧一样：我们的手做功，给弹簧系统施加了能量，转化为弹簧的弹性势能。尽管共价键会弯曲，但它不会断。储存的弹性势能在共价键弹回变直的瞬间就会转化为动能，这时，橡皮球恢复原形并迅速弹开。想象一下如果橡皮球是金属的或者陶瓷的，游戏就没有那么好玩了。

复合材料

我们在家自己动手做东西的时候，很可能要用上复合材料。复合材料是现代材料学研究的主题之一。通过将不同的物质结合在一起，复合材料克服了某种物质的缺陷。汽车抗震挡风玻璃、集成电路、钢筋混凝土等都是现代材料学最新技术的代表。

胶合板是一种典型的复合材料。它是多层薄木片用胶粘剂挤压胶合而成的板状材料。制作胶合板时，要把每层薄木片按照纹理相反的方向摆放，这样一来胶合板的强韧度远超同等厚度的普通木板。从尺寸较小的木材上刨出薄木片能够胶合出尺寸较大的板材。

以环氧树脂为材料的复合纤维具有轻薄强韧的优点。像头发丝一样的玻璃纤维是最常见的复合纤维材料。它的原材料包括玻璃丝和树脂黏合剂。目前，碳纤维复合材料被愈加广泛地应用于飞机设计、网球拍网线、高尔夫球球杆等产品的制作。

磁学性能

所有磁场都是由移动电荷形成的，但是当我们观察冰箱贴时并没有看到任何东西在移动。这是因为包括冰箱贴在内的所有材料的磁学性能均体现在原子层面。

电子绕原子核运动。假设我们站在电子运行轨道上去观察，我们偶尔能看到电子经过。单个运动的电子产生微小的电流。和电流一样，做轨道运动的电子产生磁场，它的作用只是为原子提供磁场。也就是说，我们可以假设用一块拥有南北极的条形磁铁代替材料里的每一个原子。大多数材料的原子磁场方向是随机的，它的磁场效应和与其相关的磁场相互抵消，因此原子磁场并不会产生磁力。

但是在某些材料中，尤其是铁、镍、钴等化合物，原子和绕原子做轨道运动的电子方向并不是完全随机的。原子磁场按照一定方向排成直线。当几千个原子排列时就会形成“场域”。在“场域”里，每个微小的原子磁场就能够起到增强整个“场域”的作用。在永久磁体里，相邻“场域”也会排成直线以增强整体的磁力，这时材料便能够产生较大磁力。但是当材料受热时，“场域”的排列就会被打乱，即使每个“场域”原子仍然保持直线排列，磁体也将丢失磁力变回普通的铁。

铁的磁性在原子层面的情况解释了为什么永久磁体有且只能有南北两极、为什么磁极不能单独存在的问题。即使我们把磁铁折断，每一个小块也只有南极和北极。这是因为原子轨道上的电子好比电流回路，它总是产生偶极磁场。但是如果把原子拆开，那么磁场也就消失了。这个规律在磁力的基本单元——原子层面同样适用。

光学性能

我们人类仅仅能够感知可见光（电磁波谱中非常窄的一部分）。可见光与电磁波谱上其他波段的电磁波本质是相同的，我们可以通过认识可见光与物体相互作用的方式，来认识物体与无线波和伽马射线的相互作用。可见光的特别之处在于我们人类拥有一双复杂的光探测器——眼睛。

眼睛让我们能够感知光泽、清晰度、颜色等一系列光学特性。我们的眼睛对红色、黄色、绿色、蓝色较为敏感，这并不是偶然的。太阳辐射在可见光附近达到能量峰值，地球外层大气对可见光的波长是透明的。非常巧合的是光的能量与多种键合电子相似。当我们观察物体颜色和光泽时实际上也在探究原子键的世界。

光与物体有许多种相互作用的方式。有些光波穿透晶体时如同轮船随海浪漂浮，几乎感知不到。有些光波和原子产生相互作用力，光波被吸收后又再次释放出同样的光波。这两种情况下，光能量穿透物体，我们称之为光的传播。光一般可以通过玻璃、水、大气等进行传播。

光在物质中的传播速度低于光在真空中的传播速度。因此在传输过程中，部分光波在界面上偏离原路线，这就是折射现象。折射现象十分常见，比如天气炎热时柏油路面泛起的热浪；再比如人站在泳池里看起来有些走形；再比如透镜能够会聚光束。显微镜、望远镜、眼镜、相机等生活中常见的光学器材，其必不可少的元器件就是折射光线的透镜。有的光波射到物体上后反弹出去，就像船划过后留下的水波纹，这种现象称为散射或反射。光照射在光滑物体表面的角度是光的入射角。但实际上大部分物体的表面是不光滑的，因此光照射在物体上的每一束光波会向不同的方向散出。当光线照射在光滑的金属或镜子上时，散射（反射）方向会相对一致。

有的光波照射在晶体上，给晶体带来能量但自身却会消失不见，这种现象称为光的吸收。太阳光（或称白光）包含不同波长的光，即不同的颜色。有颜色的物体对某个波长的光更加敏感。比如说，吸收红光的树叶呈现在人眼前是绿色的；吸收蓝光的彩色玻璃窗看起来是橘色的。当物体吸收所有波长的光时，它看起来则是黑色的。

每个微小的光子要么通过物质传播，要么在物体上被反射，要么被物体所吸收。这三种过程代表了三种光和原子相互作用的方式。当我们站在商店玻璃橱窗前，能够看到我们的身影，这时就发生了光的反射现象。但同时，由于一些光线穿透玻璃照射到物体再返回我们的眼睛，这就让我们能够看到货架上摆放的商品。大部分波长的光能在水中传播，但当水深超过 100 英尺后，水下则一片漆黑。这是因为光照在水中，每深一米则被水吸收一部分，直到所有光被水吸收。光遇到染过色的布料、海报纸张、花等不透明的物体时发生散射现象，但不会被吸收。

彩色玻璃、宝石、混合的饮料等透明物体能够传播没有被吸收的光。我们的身体会吸收一部分光，同时身体的表面和皮肤表层也会反射一部分光线，因此健康的皮肤通常看起来散发着“光芒”。光的传播、吸收、散射的共同作用让物体表面产生独特的光泽：有的油腻腻，有的散发金属光泽，有的像蜡一样光滑，有的则暗淡无光。可见光的每一种光子都有可能被传播、吸收或散射，继而形成变化万千的颜色和光泽。

为什么物体被光线照射后会呈现某种颜色呢？这个问题的答案很复杂，但问题的核心实际上是关于原子和电子的结合方式。我们可以这么理解：当光波照射到电子上时，电子好像海面上的浮木遇到波浪一样进入加速运动状态。电子将光传递的能量转化为另一种形式的电磁波，电磁波从电子向四周辐射开来，如同无线电信号从天线向四周发射。光的能量有多少被吸收、有多少被散射，取决于被照射物体将电子固定在某个位置上的力，因此光对物质结构的细微变化极其敏感。

明亮的颜色

鲜艳的色彩很容易被创造出来。彩色宝石中最珍贵的红宝石、翡翠、蓝宝石等都是普通无色矿石的变体。按照千分之一的比例加入一些新原子，则有可能把一块平淡无奇的石头变成价值连城的珍宝。深红色的红宝石只不过是普通的氧化铝加入少许的铬元素形成的。铬最闻名的用途是汽车保险杠涂层。因为红宝石里的铬元素吸收大量绿光，我们的眼睛和大脑把这种绿色的缺失感知成了红色。我们周围大部分颜色鲜艳的物体都是由于类似光的吸收作用，通常眼睛看到的是被吸收颜色的互补色。

特殊情况下，另一种过程也可以产生鲜艳的颜色。在所谓的荧光材料里，电子能吸收辐射光能量（通常是紫外线或黑光辐射），跃入更高能级。获得能量的电子随之降入低能级，并在此过程中释放等同于可见光的光子。这些被释放的光子集中在某一个或较窄范围内的波段，因此让物体呈现出更加鲜艳的颜色。常见的例子有蓝色霓虹灯、荧光涂料、幻彩荧光漆等。

科学前沿：相变

自然界中的相变并非只有融化和沸腾两种情况。铁在高温状态下形成磁体或金属在低温环境下产生超导性都是更加复杂的相变形式。当前很多理论物理学家都在研究这些形式的相变。他们研究发现，尽管相变的形态看起来各异，背后却有一套普适的规律。它说明当物质变得更加有序（比如零度以下）或更加无序（比如融化）时，物质遵循的某些尚未被发现的普遍规律发生着相变。如果我们能够了解这个规律，那么将能够理解原子是如何按照某种规律构成物质。

探寻新材料

科学家的职责是探寻自然界的规律。这些规律有助于我们了解宇宙，改造自然。材料研究人员合成出成千上万种不同的复合材料，研究原子构造如何决定材料的物理特性。需要高强度纤维时我们有碳原子链；需要灵活的导电材料时可以选择金属；需要坚固的绝缘体时可以选择陶瓷。有了这些知识，我们能够设计出新的颜料、新的塑料、新的材料，制作高尔夫球杆、窗户玻璃和电脑芯片等。看一看四周，我们家里、办公室里、学校里用的物品都是材料研究的具体结果。没有人能够预测未来，但可以确定的是，在不远的未来，科学家还会继续发现改变世界的新材料。

第八章

核物理

下次按电灯、电视开关的时候，停下来想一想电灯、电视用的电是从哪来的。美国 20% 的发电量来自核反应堆，核反应堆的核心是原子核的超级能量。

在世界各地的医院里，有的医生将核能用于治疗癌症；有的将放射性物质注入人体，观测病人体内的分子运动，为诊断提供依据。

实验室的科学家通过测量衰变原子核的微弱信号来预测原子核最初形成的时间。下次去博物馆看木乃伊或者听别人讲恐龙化石时，记住科学家告诉你的知识是他们通过研究原子核的秘密获得的。

不管核能的用途是什么，其基本原理都是一样的：

核能源自质量守恒定律。

我们知道质量是能量集中的一种形式。原子核的密度高、质量大，几乎构成了原子全部的重量，但是原子核的体积却非常小。原子核独立于分布广泛的电子。电子主要控制化合键，而原子核产生核能和放射性。大部分原子的原子核非常稳定，只有一部分会分解并释放出称之为辐射的高能粒子。在原子核分解过程中，一部分质量转化为能量。原子核裂变和聚变均可以产生能量。通过裂变或聚变获得的能量都是原子核的质量转化而来的。

原子核

原子大部分空间是空的。假如铀原子的原子核是我们面前的一个保龄球，那么沿轨道运动的电子就是散布在大约一座大型城市面积里面的 92 粒沙子。尽管原子核非常小，但是它几乎占据了原子所有的质量。我们可以大致说电子决定了原子的大小，而原子核决定着原子的质量。既然巨大的质量被锁定在微小的空间，那么原子核所蕴含的能量就是巨大的。这也就是为什么原子弹的破坏性远远大于普通化学爆炸的破坏性。原子弹爆炸的原因是原子核内部的重新排列，而化学爆炸的原因则是电子在运行轨道上的重新排列。

原子核和原子在大小上的差异解释了物质的另一种重要特性：原子核的变化与电子的变化无关。同样，电子的变化与原子核的变化也无关。像沙粒一样散布在大城市各处的电子完全不关心市中心的原子核在干什么，原子核也不关心郊区的电子是什么情况。由于化学涉及原子的外层电子，因此原子核与化学反应没有任何关系。同样的，远离原子核的电子不会影响到原子核。这些事实具有非常重要的现实意义。

带正电的质子和不带电的中子是原子核的主要组成部分。质子的数量决定原子轨道上电子的数量以及原子的化学特性。例如，碳原子的原子核一定有六个质子。然而，原子核中子数量的改变并不会影响原子的化学特性。例如，原子核有六个质子和六个中子的原子为碳 –12，而原子核有六个质子和八个中子的原子为碳 –14。碳 –12 和碳 –14 是碳原子。质子数量相等而中子数量不等的原子核互为同位素。每种已知的化学元素均有多个同位素。

核　能

质子和中子这两种主要的核粒子被牢牢锁在原子核结构上。改变原子核结构需要巨大的能量。原子外层的电子从一个轨道跃入另一个轨道会释放可见光；而在原子核内部，质子或中子运动时会释放出能量比可见光高几百万倍的伽马射线。原子核蕴含的能量远远高于原子的其他位置。

核能由质量转化而来。原子核的质量通常小于构成原子核的质子和中子质量之和。例如，碳 –12 原子核的质量比六个质子和六个中子的质量之和小 1% 左右。当六个质子和六个中子形成碳 –12，多余的质量按照 $E=mc^2$ 公式转化为能量，这个能量就是固定原子核的力。

利用核能的方式有两种：裂变和聚变。经过裂变或聚变后原子核的质量转化为能量。裂变或聚变后，核系统最终状态下的原子核质量小于原子核最初的质量，由此产生可以被利用的能量。

裂 变

裂变是原子核分裂成两个或多个碎片的过程。通常分裂的碎片加起来的质量大于原子核原来的质量。裂变反应需要有新能量的加入，这就像伐木工需要用力举起斧子伐木一样。特殊情况下，分裂的碎片加起来的质量小于原子核原来的质量。这时，裂变反应释放出的能量被称为核能。

通过裂变反应产生能量的原子，最为熟悉的是铀原子的同位素——铀 –235（原子核包含 92 个质子和 143 个中子）。铀 –235 的质量比天然铀（最常见的是铀 –238）小 1%。当慢速运动的中子与铀 –235 碰撞时，原子核分裂成两个大致相等的碎片，以及两个或三个中子。碎片的质量小于原子核最初的质量，二者之差转化为能量。转化而来的能量最终以热的形式释放，被核反应堆用于发电。你坐在灯下读这本书所用的电也许就是来自核裂变。反应堆的铀原子在为我们供电的同时也在发生着衰减。

堆芯是核反应的心脏。它是一座装有几百个燃料棒的巨大不锈钢容器。燃料棒像铅笔一样细长，里面是铀的同位素——铀 –235。液体（通常是水）中的原子撞击铀棒的中子，将原子核分裂成两个或更多的小原子核。当一个燃料棒发生裂变反应时，运动速度较快的中子从燃料棒逃逸，并在水中减速，之后进入另一个燃料棒引发更多裂变反应。每个裂变过程产生两个或三个中子，新产生的中子可以引发更多燃料棒发生裂变反应。科学家将如此持续进行的裂变称为链式反应。需要通过调低中子控制棒调节链式反应的速度。

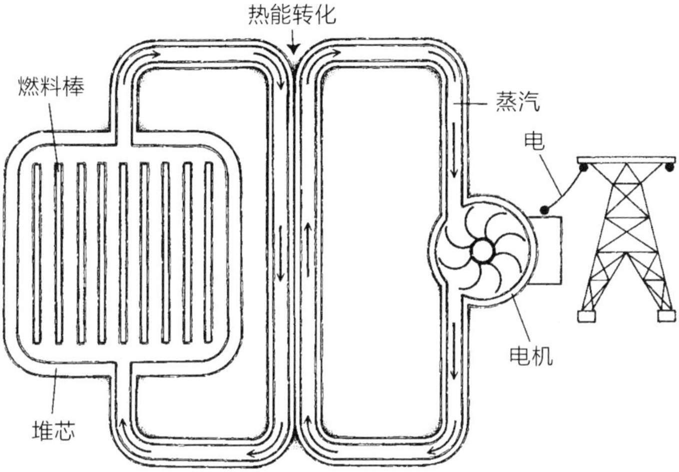

堆芯装有放射性核燃料棒。燃料棒发生链式反应并释放热量，通过加热循环水隔离罩产生蒸汽，进而驱动电机。

原子核裂变释放的能量将堆芯泵出的循环水加热。发电站另一个部位将热能转化为水蒸气，驱动发电机发电。从本质上讲，核反应堆和燃煤燃油发电站的区别在于热能的产生方式，而热能转化为蒸汽之后的发电步骤是完全一样的。

公众通常最关注核反应堆的安全问题。一提到三里岛和切尔诺贝利，浮现在人们脑海中的会是灾难性的核反应堆泄漏画面。最严重的反应堆安全事件通常由堆芯失水引起（事故的概率在现实中很低）。三里岛事件就是堆芯失水导致放射性物质部分外逸的安全事故。核反应堆不能像炸弹那样爆炸，这是因为起调节作用的慢化水流失后，高速中子的速度无法降下来，链式反应只能终止；但这时，堆芯的温度依然很高，会导致堆芯的燃料熔化。有部电影用“中国综合征”描述了燃料熔化导致的可怕后果：它会把地球烧穿，从美国烧到地球的另一面——中国。不过这只是一种夸张的说法，在现实中核燃料不可能达到能熔化地球的高温。美国的核电站，例如三里岛核电站，核反应堆外面建有钢筋混凝土保护罩，即使有部分燃料熔化，产生的放射性物质也不会逃出反应堆，不会对公众健康造成不良影响。但是切尔诺贝利核电站的保护罩是玻璃制成的，因此放射性物质泄漏可以引发巨大灾难。

事实上，重大核泄漏事故发生的概率非常低，人类社会面临的更紧迫的问题是能否接受伴随核能利用而产生的安全风险（这种风险极低）。这不是一个科学问题，而是一个价值问题，即成本与收益的取舍问题。为了做出理性决策，全体民众都应该了解核反应堆和放射性相关的基本知识。

20 世纪 70 年代，美国社会认为建造核反应堆的风险高于收益，因此从 20 世纪后期开始美国没有再建造一座新核反应堆。而如今，煤炭等化石能源发电引发的全球变暖问题日益引发全球关注，人类社会正在重新思考核反应堆成本与收益的关系。有些公司已经开始申请建造新的核反应堆。

聚　变

两个小原子核聚在一起组成一个较大原子核的过程被称

为核聚变。和裂变一样，新组成的较大原子核质量有时会小于组成它的两个原子核质量之和。这种情况下，核聚变产生能量。太阳与恒星的能量通过核聚变产生，在聚变过程中四个质子（氢原子的原子核）经过一系列步骤组合形成氦原子核，并产生一些多余的粒子。

自 20 世纪 50 年代以来，世界各地科学家进行了大量的研究工作，想要弄明白如何才能利用核聚变发电。当时，普遍采用的策略是利用强磁场将原子核牢牢固定在一起，接着调高温度模拟恒星内部环境。遗憾的是，科学家并没有在实验室完成受控核聚变，更不用说去建造经济可行的核聚变发电厂。在这一章的科学前沿部分我们将详细介绍核聚变的研究现状。

1989 年春天，美国犹他州大学两名科学家自称已经成功完成了核聚变桌面实验，当时在全球引发了一阵骚动。“冷聚变”又称“瓶子中的核聚变”。因其可能为人类提供取之不尽的低廉能源而引起公众关注。但由于后来科学家无法复制冷聚变反应，这一概念逐渐淡出公众视野。

核武器

核链式反应很可能会失控。拿出 25 英镑铀 –235 放在地上，它将释放热能和中子。但是把两堆 25 英镑重的铀 –235 放在一起，它们喷涌而出的中子将形成一股势不可当的洪流，即核爆炸。原子弹利用的就是这个原理。用传统化学爆炸物将两个经过加工的大小完全一样的半球形铀 –235 包裹。首先引爆氢原子，经核聚变反应产生氦原子的过程又将引发更具破坏性的化学爆炸物。两个半球体在化学爆炸物推动力的帮助下结合组成一个球状铀 –235，达到临界质量并引发核爆炸。

氢原子融合成氦原子，从而产生巨大的能量。原子爆炸产生核聚变反应所需的热力和压力条件，继而引发氢爆炸。氢爆炸释放的能量方式类似于太阳释放能量。原子爆炸不会超过临界当量，但是氢弹的大小几乎没有限制。氢爆炸物加得越多，爆炸威力就越大。

放射性

大多数原子核具有较强的稳定性。我们身体组织里碳原子的原子核和骨骼里钙原子的原子核，几乎和十几亿年前超新星内部的原子核是一样的。但有些原子核并不具备这样的稳定性。从微秒到像地球年龄一样长的不同周期里，这些原子核进行自然分裂，并在分裂过程中喷发分解后的原子核碎片，这个分解过程称为放射性衰变。产生放射性衰变的原子核具有放射性，放射性来源于原子核衰变过程中释放的粒子。铀的同位素都有放射性，其他有放射性的原子核还包括碳 –14 和锶 –90 等。

半衰期

想象用微波炉爆米花的过程，它能够帮我们更好地理解放射性原子核的行为特征。爆米花时玉米粒不会一次性全部爆完，而是有些先爆，有些后爆，分阶段完成。也就是说，并不存在一个核物理理论能够预测放射性衰败的全过程。但是我们仍然可以准确度量衰变现象。

不同组别放射性原子核的行为特性大致相同，但单一原子核衰变时间却各异。原子衰变的总速率称为半衰期，它是指放射性元素的一半原子核发生衰变所需要的时间。也就是说，假如你的面前有 100 个原子核，它们的半衰期是一分钟，那么一分钟后只剩下 50 个原子核没有产生衰变，两分钟后还有 25 个原子核没有产生衰变，三分钟后还有 12.5 个没有产生衰变，以此类推。原子核的半衰期各有不同。铀最常见的同位素铀 –238 的半衰期是 45 亿年，大约与地球年龄相等。寿命最短的钚同位素半衰期仅为十几亿分之一秒，必须使用极其精密的电子探测器才能检测到钚同位素的衰变。当然这只是放射性元素半衰期的两个极端，自然界中放射性元素的半衰期各不相同。

α、β、γ 衰变

19 世纪末辐射刚被发现时，科班出身的物理学家和化学家对此非常困惑。那时，科学家认为辐射按照衰变方式不同可以分为三种，并以希腊字母表的前三个字母命名这三种辐射，即 α 、β 、γ 。如今科学家仍然沿用希腊字母命名，对这三种辐射的认识也更加全面和深刻。

当原子核进入 α 衰变模式时，放射两个质子和两个中子形成的光束。两个质子和两个中子组成氦原子的原子核，又称 α 粒子。α 衰变完成后，原子核分别少了两个质子和两个中子。

这意味着原来的原子核将丢失对两个电子的引力，经过一段时间，多余的两个电子就会偏离轨道。剩下的就是分别少了两个质子和两个电子的原子，成为了另一种不同的原子。因此，α 衰变可以改变原子核的质量和性质。

比如铀 –238 衰变时放射 α 粒子，最终形成钍元素，更准确地说钍 –234。通过改变原子核的性质，α 衰变也就改变了原子本身的性质。α 衰变和马上要讲的 β 衰变构成了现实版点石成金的魔法石。原子进入 β 衰变模式，原子核的一个中子发出一个电子，并在此过程中转化为质子。子核与母核的质量大体相等，但是多了一个质子，少了一个中子。因此，β 衰变只能改变原子核的性质，而不能改变原子核的质量。β 粒子被命名后，人们发现它不过是普通的电子。不过现如今也还有人把电子称为 β 射线。

有趣的 β 衰变过程并没有原子核参与，而只是一个自由中子的衰变。一个中子衰变成一个质子、一个电子、一个中微子，其半衰期大约为八分钟。一般情况下原子核的中子不会发生这种衰变。中子藏在原子核里，因此在宇宙被创造后的几十亿年后的今天，我们的世界仍然还有中子。最后一种是 γ 衰变。γ 衰变时，原子核里的质子和中子重新排列，并释放 γ 射线。γ 衰变既不改变原子核的质量也不会改变原子核的性质。

衰变链

放射性通常并不会随一次衰变过程的完成而消失。一般情况下，放射性原子核完成一次衰变的过程后会产生一个子核，子核继续衰变，再产生子核，再衰变，形成衰变链，直到产生一个稳定的原子核。元素铀 –238 是一个典型的衰变链。铀 –238 是地壳中最常见的金属元素，甚至比金、银、汞元素还要普遍。铀 –238 放射 α 粒子形成钍 –234，钍 –234 经 β 衰变形成半衰期为 24 天的镤 –234（含 91 个质子和 123 个中子）。镤 –234 的原子核继续进行 β 衰变形成半衰期为两分钟的铀 –234；铀 –234 放射 α 粒子形成半衰期为 8 万年的钍 –230。衰变链继续进行，直到最后形成拥有稳定原子核的铅 –208。

从铀 –238 开始的衰变链不可避免产生一个产物，即放射性气体氡 –222。氡气衰变模式为 α 衰变，半衰期大约为四天。它可以从地面侵入千家万户，威胁人类健康。追根溯源，几十亿年前超新星爆发产生的大量铀 –238 引发了当今室内氡气污染问题。

放射性定年法

原子核基本不参与原子的化学反应。人们据此可以确定文物创作和矿石产生的年代。其中广泛熟知的是碳 –14 定年法，这种方法基于的客观情况是除了常见的、稳定的碳 –12，环境中还存在一定数量的放射性元素碳 –14 这一事实。（碳 –14 是地球上层大气宇宙射线和氮原子撞击产生的）。碳 –12 和碳 –14 同为碳的同位素，化学成分一致，因此一定数量的碳 –14 会进入生命体组织。生物死亡那一刻，就不再吸收碳 –14 了。

当生物开始腐烂时，原子开始脱落。已知碳 -14 的半衰期为 5730 年，那么我们就能算出一个有机体不再吸收碳 -14 的时间，也就是它的死亡时间。例如，一块木头里碳 -14 的数量只有环境里碳 -14 的一半，那么我们可以确定产生这块木头的大树大约在 5730 年前死亡。再比如，在某个墓地发现的一块皮或麋鹿肩胛骨制成的铲子，我们用碳 -14 定年法就能确定这些文物是在历史上哪个时期创造出来的。因此，碳 -14 定年法成为了考古学研究的重要工具。

我们可以用同样的方法确定矿石形成的年代。根据矿石的原子结构，我们可以算出矿石形成时某个同位素的数量。再测算该同位素现存数量，则可以知道矿石经历了多少个半衰期，也就能推测出矿石的形成年代。

常用的矿石定年法涉及钾 -40 经 β 衰变形成氩 -40（半衰期为 13 亿年）。钾存在于很多常见的矿石中，但是矿石形成时里面并没有氩气。我们把一块石头砸碎，高温加热，那么探测到的氩原子必定是钾衰变后形成的。已知发生的衰变数量和矿石里原有的钾原子数量，那么我们就可以算出矿石的形成年代。阿波罗号宇航员从月球带来的矿石，经钾 - 氩定年法测定后，确认形成于 40 亿年前。钾 - 氩定年法也常用于确定地球上矿石的形成年代。

放射性示踪剂

放射性示踪剂被广泛应用于农业、地质勘探和医学等领域。其原理十分简单：科学家将含有微量放射性同位素的样本加入系统，并跟踪观测。系统的化学成分与样本发生化学反应，放射性原子核则不断发生衰变，这就为科学家观测系统内的微量元素提供了追踪方式。

生物学家常用放射性示踪剂追踪食物链上的营养物质。医生通过观测碘和钍在人体内是否聚集诊断病人是否患癌。地球科学家使用放射性示踪剂观测雨水从湖泊、溪流、水井等进入地下水的过程。海洋学家用同样的方法追踪洋流的方向和速度。放射性示踪剂能够帮助科学家记录化学物质的运动轨迹。

辐射剂量

我们能够测量辐射的两种不同特性：某个辐射源放射多少粒子；物体可以从辐射源吸收多少破坏性能量。第一个特性以居里为计量单位，描述辐射源。第二个特性从健康风险角度讲最为重要，它能够衡量辐射对物体的影响。盖革计数器是用来衡量辐射第二个特性的工具，它在检测到辐射的时候会发出嘀嘀的声音。

测量辐射的方式有很多种。既可以测量辐射源释放的能量，也可以测量目标物吸收的辐射能量，还可以测量辐射对目标物的生物效应。用来描述辐射对目标物生物效应的物理学单位为雷姆（rem，人体辐射当量）。国际上更为通用的单位为希沃特（Sv）。1Sv=100rem。通常牙科 X 光的辐射量为 10 毫雷姆（千分之一雷姆）。辐射剂量达 750 雷姆会危及生命，但通常只有在严重的核泄漏事故或暴露于核武器时核辐射才会达到如此高的强度。

话又说回来，实际上地球上的生物每时每刻都暴露于自然环境中的辐射，我们无须谈辐射色变。

在人类发现核物理之前，辐射早已存在，甚至早于人类的诞生。大气、地球甚至我们的身体里都有来自宇宙射线的放射性同位素。一般一个人每年吸收的辐射剂量为 100 至 150 毫雷姆。算上在医院拍 X 光片受到的辐射量，每年总量大约为 250 毫雷姆。有证据表明活细胞已经形成了相应的修复机制，以应对每年 250 毫雷姆的辐射量。

科学前沿：核聚变

如今，利用核聚变满足人类社会能量需求仍然是科学家的梦想。核心问题很简单：如何把原子长时间结合在一起，并达到高温，使原子能够产生和太阳能一样强大的裂变反应？我们知道，高温热气会膨胀。那么问题来了，如何才能把高温热气控制在某个容器内来触发聚变反应？

当前核聚变相关研究集中在位于法国南部卡达拉舍的国际热核聚变实验堆。它是一项国际科研合作项目，参与的国家和地区包括美国、日本、欧盟、俄罗斯等。其目标是建造一座大型机器，可容纳强大的磁场以保证氢同位素气体加热到 1 亿度高温时仍然能够保持结合状态。其发电量预计将达 500 兆瓦，大约是传统大型电厂或核聚变反应堆的一半。该项目建成后将证明人类有能力利用核聚变为社会造福。

第九章

物质的基本结构

在瑞士日内瓦和法国交界处，阿尔卑斯山脚下，有一座新型地下机械装置。它是世界上最大的探究物质结构的机械装置。它就是 2008 年建成的大型强子对撞机，是人类迄今为止建造的极其震撼的高科技机械装置。在位于总长 27 公里的环形隧道内，质子束沿相反方向加速运动，当能量高达万亿电子伏特时，质子束迎面撞击，瞬间产生比宇宙大爆炸那一瞬间还要大的能量。通过研究质子束撞击的碎片，科学家试图找到一个古老问题的答案：世界是由什么构成的？

发现物质本质的过程好比剥洋葱。原子由电子和原子核构成。原子核主要由中子和质子构成。原子核的内部十分复杂，成百上千个基本粒子在那里飞速运动，大量粒子瞬间消失，又瞬间生成。尽管被称为基本粒子，但它们并不是构成物质的最基本单元。经过两个世纪的探寻，我们即将发现终极“万有理论”。它将告诉我们在最基本的层面上，宇宙是如何形成的？万有理论的基础观点是：

物质由夸克和轻子构成。

原子核和亚核粒子

质子和中子只是原子核里几十种粒子中的两种。从20世纪50年代起，前沿物理学研究开始从研究原子核的性质转向研究原子核内部粒子。这种新兴的研究领域被称为基本粒子物理学或高能物理学。几十年以来，科学家对基本粒子的认识不断加深，但仍有未知领域等待探索。

原子核基本粒子的研究起源于20世纪30年代物理学家对宇宙射线的研究。当宇宙射线照射到原子核上，将发生两种情况：

1. 宇宙射线将原子核分裂，辐射出能够被观测到的原子核的组成粒子；

2. 宇宙射线的部分动能转化为质量，产生新的粒子。

长话短说，到20世纪50年代，科学家观测到的宇宙射线和原子核撞击后产生的新型粒子已有几十种。但这些粒子并不稳定，仅存在较短时间便开始衰变成不同类型的粒子。这与放射性原子核有一点相似。如今，科学家使用大型粒子加速器产生质子束和电子束来代替宇宙射线，以此发现了几百种的基本粒子。

在新粒子不断被发现的过程中，一些粒子组成的基本原则开始变得清晰起来。粒子基本分为两种类型：结构层面上的粒子和相互作用层面的粒子。质子、中子和电子等原子的组成单元是结构层面的粒子。我们可以把它们看作宇宙里一块又一块的砖，它们按照不同的方式组合构成宇宙万物。

光子即普通光量子，是相互作用层面的粒子。光子在带电物体之间转移并产生电磁力，与其他力一起将电子固定在既有轨道上。因此，光子和它的同类粒子就好似砂浆，把一块块砖头黏合在一起。用粒子物理学术语来讲，光子属于规范粒子。这一块块砖还有一点显著的区别。有些粒子比如质子和中子存在于原子核内部，参与原子核内部强相互作用，我们把这些粒子称为强子。电子等其他粒子一般与原子核较远，不参与原子核内部强相互作用，因此被称为轻子。

物理学家对自然有一个巨大的偏见。他们内心深处认为自然本质上是简单的。但随着越来越多亚原子基础粒子被发现，自然似乎变得复杂起来。物理学家目前发现四个家族的规范粒子包括：光子、W 及 Z 玻色子、胶子、引力子；六味轻子包括：电子、μ 子、τ 粒子和与之相对应的中微子，以及活跃在原子核内部的成千上万个强子。但是这些粒子不可能全部都是基础粒子，否则就违背了物理学家的核心信条——自然本质上是简单的。随着 20 世纪 60 年代晚期强子的运动规律被世人所知，科学家认识到强子本身并不是基础粒子，而是由更基础的东西组成的。这些更基础的物质组成单元即今天所说的夸克。“夸克”一词出自爱尔兰作家詹姆斯·乔伊斯《芬尼根的守灵夜》一书。最终，粒子物理学家长舒了一口气。夸克其实是一个简单的概念：它共有六种不同类型，按照不同的组成方式形成上百种强子。比如，质子和中子分别由三个夸克构成。物理学家把六种夸克称为六味夸克。它们成对出现，分别是上、下、奇、粲、底及顶。美国、欧洲和日本科学家曾在实验室用粒子加速器合成含有六味夸克的复合粒子。

归根结底，物质是由夸克和轻子构成的。夸克结合形成强子，强子结合形成原子核。电子，也就是轻子，进入既定轨道与原子核一起形成原子。原子与原子结合从而形成我们的大千世界。

本章接下来要讲的是物理学另一个研究领域——统一场论。它认为夸克还不是最基本的物质单元，还有更小的单元——“弦”。我们可以把“弦”想象成一个个微小的橡皮筋，根据每个橡皮筋振动频率的不同，对应的夸克不同。弦理论涉及复杂的数学运算，目前还没有经实验证实，所以我们暂且把它看作一个理论推测。

四种力

一提起力，我们自然而然想到推力或拉力。但是物理学家看待力的角度与此大不相同。他们认为力来自于粒子交换。想象两个滑冰的人迎面滑向对方，其中一个人提着一桶水，与另一个人相遇时把水泼向对方。这时，泼水的人受泼水动作的反冲力，被泼的人受到泼水的外力，两个人的运动方向均会改变。根据牛顿第一运动定律，力导致运动方向改变。那么在这个例子中，力的产生是因为两个滑冰者之间水的交换。同样的道理，物理学家认为基本粒子之间的力由规范粒子交换传递而来。例如，当两个电子靠近，将出现以下场景：其中一个电子（泼水的滑冰者）释放一个光子。另外一个电子（被泼的滑冰者）吸收一个光子。结果是两个电子各后退一步，这时我们说两个电子受力。弦理论物理学家认为磁铁和铁钉等较大物体之间的力也是因两个物体光子交换而产生的。

自然界中有四种力。其中两种力在我们日常生活中会被经常感受到——重力和电磁力。另外两种是原子核层面的力。第一种被称为强作用力，它冲破质子之间相互排斥力将原子核结合在一起；第二种被称为弱作用力，它引起原子核和中子的 β 衰变。自然界的一举一动均是这四种基本力中的一种或几种作用的结果。四种基本力的分类依据实际上规范了粒子交换的方式。

眼睛看到东西，皮肤感受到太阳光的温暖，背后都是光子的作用。光子是与电磁力相关的规范粒子。光子既没有质量也不带电，它的传播速度与光速一样。

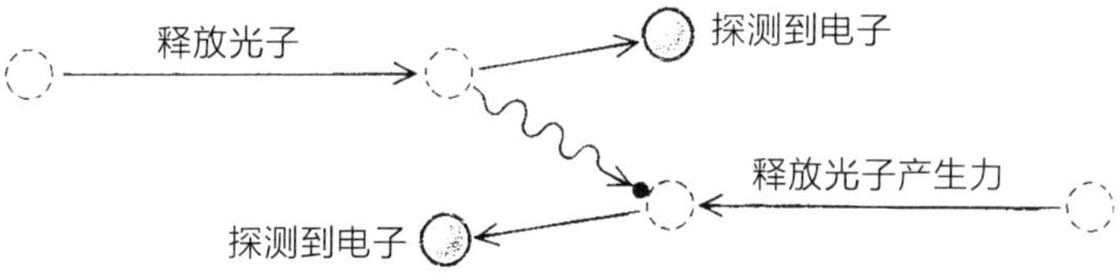

当两个电子靠近时，一个电子释放光子，另一个吸收光子。两个电子间光子的交换产生电子之间的电磁力。上述图表称为费曼图，它以美国物理学家理查德 · 费曼（1918—1989）命名。

夸克间的强作用力是由被称为胶子的规范粒子传递的。胶子没有质量，可以分为八种类型。物理学家成功在实验室探测到胶子的作用力，但是并没有直接看到夸克或胶子。根据当前的物理学理论，之所以观测不到胶子，是因为胶子不能从它们所在的粒子中分离出来。

弱相互作用力由两个相关的规范粒子 W 及 Z 玻色子传递。1983 年，欧洲核研究组织的粒子对撞机里首次观测到 W 及 Z 玻色子。它们的体积比光子大 80 多倍。W 及 Z 玻色子仍然是高能物理学的重要研究领域。

物理学家认为规范粒子同样与重力有关系，构建重力的终极理论需要一种被称为引力子的粒子。根据重力的特性可以推断出引力子和光子一样没有质量，不带电，以光速传播。

粒子动物园

基本粒子的种类繁多。下面列举了一些可能会碰上的粒子和术语。

中微子：中微子几乎没有质量，是电中性粒子，放射性衰变过程常常会释放中微子。中微子是中子衰变的一种产物。中微子是一种轻子，不参与原子核的强相互作用。中微子可以分为三种类型：一种常与电子成对出现，另外两种分别与 μ 子和 τ 粒子成对出现。

反物质：每种粒子都可能产生一种反粒子。反粒子与粒子的质量相等，但特性相反。例如，电子的反粒子正电子带正电荷。当粒子遇到它的反粒子时，一个粒子会湮没另一个粒子，使粒子的全部质量转化为能量。

μ 子和 τ 粒子：μ 子和 τ 粒子与电子相似，但是比电子重。它们不参与原子核内部的强相互作用力。μ 子于 1938 年在宇宙射线的残骸中被发现，τ 粒子于 1975 年在斯坦福直线加速器中心被发现。μ 子和 τ 粒子分别与微中子结对出现。

粒子加速器

建造粒子加速器是高能物理研究的一项巨额开支。它的功能已经在名字中体现出来——将粒子加速到接近光速。接着，物理学家将接近光速的高能粒子对准目标，让加速后的高能粒子与质子或原子核对撞。从撞击后的残骸里寻找物质结构的答案。

经过多年的研究，粒子加速器已经从 20 世纪 30 年代几英尺的宽度发展到如今直径长达几英里的巨型机器。使用标准的粒子加速器，首先要把质子加入一个布满磁体的大圆环，磁体的磁力保证带正电的质子按照圆形路径运动，每经过圆环的一点，质子的能量就会增强。在圆环周围加入两组方向相反的粒子可以再次增强有效能量，使粒子迎头碰撞。四大粒子加速器中心是：

欧洲核子研究组织：由西欧国家发起运营，位于瑞士日内瓦，是世界上最重要的高能物理学研究中心之一。2008 年，欧洲核子研究组织推出世界上最强大的粒子加速器——大型强子碰撞机。

费米国家加速器实验室：位于芝加哥附近。欧洲核子研究组织推出大型强子碰撞机之前，费米加速器曾是世界上最强大的加速器。它的圆形磁环直径达一英里，可容纳多组迎头相撞的旋转质子和反质子。费米国家加速器实验室是首个在粒子加速器上成功应用超导材料磁体的实验室。它的超导线磁组至今仍然保持着世界纪录。

斯坦福直线加速器中心：2008 年更名为 SLAC 国家加速器实验室，位于旧金山湾区斯坦福大学，是世界上最大的高能电子加速器所在地之一。它的主要部件是长达两英里的圆形管体。电子在管体的电磁波上运动，如同在海面上冲浪一般。

国际直线对撞机：被物理学家称为对撞机的未来。现如今仍处于构想阶段，未来可能取代强子对撞机。从名字上可以看出，它不是强子对撞机那样的环形，而是直线型电子加速器。美国物理学家希望在费米国家加速器实验室的所在地建造该国际直线对撞机。

统一场论

根据统一场论，两个似乎完全不同的力本质上是相同的。从某种意义上来讲，牛顿引力理论和麦克斯韦方程均能体现统一场论。牛顿引力理论说明天体引力和地球引力是相同的；麦克斯韦方程则说明电和磁本质上是相同的。现如今，统一场论是指四种基本力中的两种或两种以上，本质上是相同的力。

我们还以滑冰者泼水和被泼的例子来解释统一场论。假设有两组滑冰者，一组拿的水冻成了冰，另一组拿着不会冻成冰的水。再假设冰场上的温度低于零度。表面上，两组滑冰者泼水产生的结果不同。一组交换的是固体冰，另一组交换的是液体水。可能有人认为冰场上产生了两种不同的力。但是，假如我们把冰场的温度升高，冰则会融化，那么两组滑冰者交换的就是一样的液体水。所以，本质上一样的东西只是被低温所掩盖了。物理学家认为只存在四种基本力，也是因为低温掩盖了真相。如果让粒子高速碰撞，碰撞那一刻的温度将升高，那么力就会统一。预测力统一的理论就是现代统一场论。

统一场论认为，随着能量聚集、温度升高，力的统一会分阶段进行：首先是两种力统一，接着是第三种力加入，然后是第四种力加入。第一阶段统一的是弱作用力和电磁力。物理学家已经在大型粒子加速器实验中观测到了这种力的统一。统一场论对 W 及 Z 玻色子的质量和产生做出了较为准确的预测，因此物理学家们对它的前景非常有信心。

第二阶段是强作用力和弱作用力的统一，描述它的理论被称为夸克标准模型。这一阶段力的统一已经被实验证实，因此物理学家对它的前景也较有信心。

最后一阶段是重力和其他力的统一。这是一个处于探索状态的前沿理论领域，我们将在下一部分讨论。

科学前沿：对重力的重新思考

重力本质上与强作用力、电磁力和弱作用力不同。首先，重力比强作用力、电磁力和弱作用力弱很多。这听起来有点奇怪，但是我们再想一下：一块手掌大小的磁铁可以产生足够强大的磁力对抗地球引力，从而吸起一根钉子。

更为重要的是，即使臻至完美的广义相对论也只是从几何角度解释重力：认为重力是因物质的存在导致时间和空间的扭曲进而产生的。但是另外三种基本力则是从规范粒子交换的角度来解释的。调和这两种不同观点是件非常困难的事情，但是如果要把所有的力统一起来，则必须进行调和。最后一个阶段，力的统一可以被看作数千年探索物质本质研究的前沿领域。以下术语会帮助我们更好地认识这一领域的未来新发现。

弦理论：它将夸克看作微小弦的表现形式，不同种类的夸克对应弦的不同振动模式。

希格斯玻色子：20 世纪 70 年代，苏格兰物理学家彼得·希格斯首次预言了它的存在。希格斯玻色子的发现让夸克标准模型更加完整。物理学家认为希格斯玻色子间的相互作用力解释了不同粒子间质量的差异。

量子引力：从离子交换角度而非时空扭曲角度解释重力的理论。它是否与最后一阶段力的统一相关仍是个未知数。

超对称性：多种弦理论预测自然界存在对称性。如果超对称性真的存在，那么每种已知的粒子都会有一个比它重的同伴，也就是镜像。粒子的镜像以粒子名称前 +S 表示，比如电子的镜像就是 Selectron（超电子）。

第十章

天文学

在冬日晴朗的夜晚，在远离城市的空旷原野上仰望星空，我们感叹宇宙的奇妙：浩瀚的星空挂满数不清的星星，六颗行星是它们的导航员，时而划过的流星让星空更加绚烂。

和普通人一样，科学家对天空充满着赞叹与好奇，希望从星星那里找到解决一切问题的答案。用肉眼观测，天空中的繁星是一个个发着光的点，有的明亮，有的暗淡，有的略带红色，有的微微闪着蓝光。将望远镜对准天空，我们就可以看到各种各样的星星。有的炽热浓重，像剧烈燃烧的大火球；有的相对平静，燃烧的速度较为缓慢。有的是幼年时期的星星；有的年代较为久远。运气好的话还能瞥见星球爆炸。我们观测到的不同模样的星星背后有着一个共同的规律：

恒星经历诞生到消亡的生命循环。

恒星的生命历程是它与引力抗争的过程。恒星有很多种办法去对抗永不间断的引力。有的办法让恒星暂时避开灾难，有的能保证危险永不降临。但是大型恒星逃脱不了最终的毁灭，因为引力最终将会战胜一切，恒星终将成为黑洞。

恒星的诞生

恒星的最初形态是弥散在外太空的尘埃云团。云团某处因偶然原因聚集了大量物质。在引力的作用下，周围的物质继续向该处聚集，形成巨大的团状物。团状物的质量不断增大，引力增强，吸引着更多的物质。不难猜想，物质聚集的最终结果是云团从原始聚集中心开始收缩。

随着云团的不断收缩，原始聚集中心的压力和温度持续升高。首先，电子脱离原子形成等离子体。接着，等离子体的原子核运动速度越来越快，直到相邻的原子核冲破质子之间的电斥力。这时原子核聚集在一起，开始核聚变过程——原子核被点燃。核聚变释放的能量从原始聚集中心涌出，周围气体压力增大，逐渐抵消原始聚集中心向内的引力。当能量到达外层，就会以电磁辐射的形式进入太空，稳定下来的云团开始发光，一颗恒星由此诞生。

聚变反应的主要燃料是氢气。氢原子原子核的两个质子组合形成氘——拥有一个质子和一个中子的氢同位素，以及其他粒子。随后，氘与其他质子碰撞最终产生氦-4，其原子核拥有两个质子和两个中子。质量转换为核反应提供必需的能量。这一核反应过程可以表达为：

4 个质子 → 氦 + 能量 + 剩余粒子。

在恒星收缩逐步稳定的过程中，它的外围会出现有趣的现象。最开始的云团通常小幅度旋转。当恒星开始收缩，云团旋转速度就开始加快，好像冰上的舞者。当她将手臂回向身体这边时，旋转速度进一步加快。如果没有外力干预，云团旋转的速度将会越来越快，最终将恒星摧毁。新生的恒星有两种办法避免被摧毁的厄运。一是分裂成两个小恒星，形成双恒星系统；二是变成行星。不管哪种情况，旋转从恒星自转转为恒星或行星公转。大部分恒星似乎选择了第一个办法——天空中观测到的三分之二的恒星属于多恒星系。天文学家在恒星附近寻找行星系时发现，不少恒星周围存在着许多行星，不过很可惜的是迄今为止还没找到像地球一样适合人类生存的星系。

恒星的寿命

恒星氢气的消耗量十分惊人。太阳每秒钟吸收 7 亿吨氢气，其中 500 万吨转化为能量，并释放伽马射线。太阳已经按照它吸收氢气的速度燃烧了 46 亿年，预计在氢气耗尽之前至少还能燃烧 50 亿年。

那么，恒星的寿命到底有多长？当然这取决于有多少氢气，以及氢气的消耗速度。奇怪的是，恒星越大寿命却越短。看似是个悖论，其实背后的道理很简单：恒星体积越大，毁灭它的引力就越大，消耗的氢气也越多，寿命也就越短。太阳本质上是恒星，它拥有充足的氢气牵制引力让太阳保持上百亿年的稳定。但是比太阳大 30 倍的恒星必须用巨量的氢气维持其稳定，也就是说恒星最多能在星空闪耀几百万年。

那么如果恒星比太阳小，它有可能比宇宙的寿命还长，生存时间将会长达几百亿年。寿命长的恒星消耗氢气的时候很节约，少量缓慢地向太空释放着能量。

恒星的消亡

不管是挥霍还是节约，每颗恒星最终都将消耗完氢气，只剩下核心燃烧殆尽的氦灰。没有了氢气，核反应产生的向外的力也将随之消失，恒星核心又恢复向内的引力。恒星内部再次收缩，温度升高。像太阳一样的恒星，在核心外氢气燃烧的时候，内部高温在短时间内就会产生更多的能量，对恒星外层产生推力，使恒星膨胀，变成红巨星。50 亿年后，太阳将越过现在水星和金星的轨道，用它的能量把地球变成不毛之地。

在恒星外部膨胀的时候，核心继续收缩，温度不断升高，直到氢燃烧的灰烬氦自己熔断。经过一系列的反应，三个氦原子核组合形成碳原子核。当氦消耗完毕（在太阳等恒星中这个过程仅需几分钟），恒星开始消亡。膨胀的外层最终爆裂，而核心继续收缩。但此时已经没有支持燃烧的燃料了，必须有“什么东西”出来阻止恒星的崩溃。对太阳等恒星来说，这个“东西”与电子的行为相关。恒星里的电子不能相互重叠，它们之间需要保持一定的间隔。这就是说在给定的空间内能够容纳的电子数量是有上限的。当恒星的核心收缩到只有地球大小时，电子与电子之间的距离不能再进一步压缩，此时，恒星向内的引力和向外的电子推力达到相互平衡，就这样恒星永久地稳定下来。以这种方式稳定下来的恒星被称为白矮星。白矮星内部不再产生能量，燃料已经消耗殆尽，但是在冷却过程中它却能够持续较长时间发光。

理论家认为质量是太阳八倍的恒星最终会进化为白矮星。白矮星几乎全部由碳原子核构成，正如儿歌《小星星》的歌词一样，“挂在天上放光明，好像许多小钻石（钻石也是由碳原子构成的）”。

但是如果恒星特别巨大，那么它消亡的过程会更加壮观。巨大恒星氢气燃烧的速度非常快，星体崩溃的过程更加短暂。之后，恒星开始燃烧氦原子产生碳原子。当氦原子消耗完后，大型恒星开始崩溃。恒星核心温度逐渐升高，最终碳原子开始熔化。每轮燃烧产生的灰烬为下一轮燃烧提供了燃料，周而反复，直到恒星走向最终消亡。核燃烧的最后一个阶段开始产生铁。铁是核燃烧的最终产物。铁与其他原子核结合并不能产生能量，恒星也不能依靠铁裂变产生能量。当核心全部变成铁原子后，恒星不再产生能量，也就是说恒星真正走向了消亡。但是这时电子产生的推力并不能克服恒星的引力，于是电子被困在核心里的质子中。这时被困电子同时产生中子，核心迅速收缩成直径大约 10 英里的中子球体。假如恒星的引力不是非常强，那么恒星的引力和中子球体产生的压力将达到一定的平衡状态，恒星最终会稳定下来。

超新星及其影响

核心崩溃时，恒星的外层便失去了支撑，开始向内坍塌。崩溃的核心被中子再次填满，与向内坍塌的外层相遇，发生核反应，产生中微子，此时恒星真的被自己“撕得粉碎”。大约半个小时，冲击波纵横交错于恒星残骸，产生高温环境，所有化学元素包括铀和钚在一片混乱中被合成，并飞向太空。在短短几天时间里，恒星释放出比整个银河系更大的能量。这就是已知的最壮观的星际灾难——超新星。当星尘消失后，超新星最终要么变成一颗中子星，要么成为一个黑洞。现有的科学还无法准确预测超新星的最终宿命。

1987 年 2 月 23 日，天文学家观测到离银河系最近的星系中有一颗正在爆发的超新星。它的爆发从一开始就被发现了，这就为天文学家近距离观测超新星、验证恒星产生与消亡的相关理论，提供了一次绝佳的机会。

当超新星爆炸完成后，巨大的恒星只剩下一个中子内核——直径大约 10 英里的中子球体。超新星爆炸使恒星自转速度大大加快，通常中子星自转的速度约为 30—50 圈 / 秒。恒星原来的磁场也因超新星爆炸而被压缩，因此中子星表面的磁场强度是地球磁场强度的几万亿倍。

朝着磁场南北两极螺旋运动的电子释放出无线电波，形成的无线电波束从恒星射向宇宙。我们可以把它想象成灯塔射在海面上的光束。当光束扫射到我们时，我们就能观测到无线电波的脉冲。科学家首次在电波星图上观测到电波脉冲时，称其为“小绿人”，现在则被称为脉冲星。因为它们来自于旋转的中子星。目前天文学家已经发现了上千颗脉冲星，他们相信宇宙还有更多的脉冲星等待着人类去发现。如果恒星巨大无比，那么即使中子产生的力也无法克服恒星的引力。这时，大型恒星发生爆炸后就会变成黑洞。黑洞象征着天体引力最终取得了胜利，恒星彻底消亡。

因此，我们认为大型恒星在宇宙早期形成，经历短暂的生命后成为超新星。在生命的最后时刻，恒星把所有的化学元素合成反应再次释放回太空。回到太空的化学元素逐渐形成新一代的恒星，这样一来宇宙中的重化学元素就越来越多。比如我们血液中的铁元素，骨骼里的钙元素等比氦元素重的化学元素都是在恒星中形成的。可以说，我们人类与恒星的组成物质是一样的。

太阳系

太阳形成于一团缓慢旋转的星际尘埃。在引力作用下，尘埃团将尘埃碎片吸在一起，只有一小部分跑到太阳的行星、小行星及其卫星上。在既定轨道上绕太阳运动的行星、小行星及其卫星，与太阳共同组成太阳系。

行星形成于一团收缩的高温旋转气团。这一点解释了很多关于行星的规律。首先，所有行星轨道位于太阳赤道平面上，朝着同一方向绕太阳运动。坍缩的大型气团旋转时将物质甩出了太阳赤道平面，形成了一个个行星。我们可以把初期的太阳系看作一个困在大煎饼中间的网球，这个转动的网球甩出的物质落在大煎饼上，形成一个又一个行星。行星的形成过程与恒星的形成过程极其相似，也是引力聚束的结果。

太阳附近的温度很高，足以让甲烷和氨蒸发。从太阳涌出的高温微粒将甲烷、氨气等气体吹向太空，剩下的固态物质形成行星。这也就解释了为什么内太阳系是由小型岩石恒星组成的。从内太阳系向外，温度降低，甲烷、水、氨气等转化为固态，但氢和氦保持稳定。因此，系外行星主要是由冰冻的氢气、氦气、甲烷和氨气形成的气态巨行星。

由于种种原因，行星形成过程中被剩下的物质散落在行星系中。火星和木星轨道之间有一个小行星密集区域，被称为小行星带。大概由于木星引力的作用，小行星带上的星子未能形成行星。冥王星轨道外有两个天体，其被认为是太阳系形成时期的残余之物。第一个是被称为柯伊伯带的盘状区域，第二个是布满彗星的球体云团奥尔特云。两个天体分别以荷兰裔美国天文学家杰拉德·柯伊伯和荷兰天文学家简·亨德里克·奥尔特命名。外部撞击和干扰有可能将奥尔特云里的彗星送进太阳系，与太阳系的哈雷彗星等其他彗星一样在引力的作用下进入稳定的轨道。

将这些天体连接在一起的是一张轻薄的、向四周弥散的网状磁场，它起源于太阳深处，向外延伸至银河系磁场。每一颗行星的磁场嵌于整个星际磁场，来自于太阳表面的带电粒子流（太阳风）沿着磁场线四处流动。

月球的形成

荒芜的月球与生机勃勃的地球形成鲜明对比。科学家一直在研究月球的起源。月球与地球地幔有着相似的化学成分和密度，因此看起来像地球的一部分。一个较为普遍的观点是，地球形成几百年后，一颗与月球同等大小的小行星与地球相撞，产生的碎片飞离地球并进入绕地轨道，逐渐形成月球。

太阳系速览

类地行星

类地行星包括水星、金星、地球、火星和地球的卫星——月球。它们相对较小，由岩石构成。水星和月球体积较小，表面空气稀薄，金星、火星和地球的表面却被大气层包裹。

金星的表面覆盖着云层。科学家利用雷达绘制出金星表面地图。苏联探测器曾到达金星表面，测得金星表面温度约为 500 摄氏度。在所有类地行星中，金星最接近地球的大小。

火星的直径大约为地球的一半。它大气稀薄，以二氧化碳为主。其红色外表是因为地表被赤铁矿覆盖。目前的科学研究认为火星没有生命，也没有液态水，更没有河流。过去几十年，科学家对火星进行了大量研究，向火星发射了多颗轨道卫星和登陆探测器，发现了很多关于火星的奥秘。其中最重要的知识点如下：

1. 火星形成初期很长一段时间，其地表存在液态水。

2. 虽然很多科学家认为几十亿年前火星上存在生命，但目前火星上并没有发现生命迹象。

3. 美国宇航局火星探测任务的主要目标之一是，能够在带回的火星岩石样本中发现化石，这能够说明生命在宇宙中普遍存在。

类木行星

类木行星包括木星、土星、天王星和海王星。木星是最大的类木行星，质量是地球的 300 多倍。类木行星的岩石核心体积略大于类地行星，但核心外面覆盖着巨层液态、固态氢、氦、甲烷、水和氨等成分。类木行星均有多个卫星和行星环系统。其中木星的行星环最为壮观，也最为著名。类木行星与太阳距离较远，因此温度较低。它们的卫星有的体积比水星大，其本身就是行星。“先驱者”号和“旅行者”号近距离观测到四大类木行星。专门探测木星的“伽利略”号飞船发现了木星的卫星欧罗巴（木卫二）表面冰层下面是一片海洋。欧巴罗受木星引力产生热能，从而使表面冰层以下的水保持液态。一些科学家认为液态水是欧罗巴卫星有生命存在的证据。

冥王星

冥王星曾被认为是已知太阳系中距离太阳最远的行星。因为它的轨道是椭圆形的，冥王星一年中会偶尔进入海王星的轨道。冥王星的体积较小，主要由岩石组成，拥有一颗巨型卫星。科学家现在不再把冥王星当作第九大行星，而是将它称为第一颗柯伊伯带天体。天文学家还观测到柯伊伯带其实是比冥王星大的类行星天体。为此，2006 年国际天文学联盟重新定义了行星的概念，不再将冥王星归为行星，而是把它叫作类冥天体。不过这样的重新定义在天文学界仍然存在争议。

其他行星系

20 世纪 80 年代末期，天文学家开始观测太阳系外绕恒星运动的行星。目前，已知的太阳系外行星系统已达到数百个。系外行星一般体积较小，无法被直接观测到。人们通过探测恒星轨道上行星的引力来发现系外行星。当地球和某颗恒星之间有一颗行星时，行星对恒星施加靠向地球方向的引力。根据光的多普勒效应，我们能够观测到微弱光的蓝移现象。同样的道理，如果行星位于恒星的背面，恒星受到的引力与地球所在的方向相反，那么这时我们就会观测到光的红移现象。少数情况下，行星从恒星前面经过，这时我们可以观测到恒星发出微弱的光。

总的来说，目前发现的系外行星都与地球不同。它们的大小比木星大，轨道比水星到太阳的距离更近。它们的轨道被认为是椭圆形而非太阳系里的圆形。天文学家将这些系外行星称为热木星，而系外行星系是在热木星形成后，发生轨道迁移而形成的。

银河系

恒星并不是随意散落在宇宙各处，而是聚集成团构成星系。例如，太阳所在的银河系是一个包括大约一千亿颗恒星的星系。它的直径约为 12 万光年，与四分之三的星系一样，像一个扁平的旋转的圆盘，拥有明亮的旋臂。天气不错的夜晚，我们可以用肉眼观测到大约 2500 颗恒星，它们均属于银河系。我们还能看到一些模糊的光斑，它们被称作星云。星云虽然貌似是无足轻重的天体现象，但实际上是由上亿颗恒星、行星，甚至和我们一样的生命组成的星系。美国天文学家爱德文·哈勃于 1923 年在洛杉矶附近的威尔逊山上，用口径为 100 英寸的望远镜观测到银河系外存在“宇宙岛”。在威尔逊山上的望远镜建成之前，天文学家就像不戴眼镜使劲看字体极小的文字一样望向太空，极尽努力寻找星云的奥秘，可惜并没有取得什么成效。威尔逊山望远镜的出现改变了这一切。有了它，哈勃辨认出了以前被天文学家认作银河系内的恒星。通过测量恒星的位置，哈勃推算出仙女座星云

M81 旋涡星系由亿万颗恒星组成，是距离银河系最近的星系。上图为从 400 万光年的距离观测到的银河系。（华盛顿卡内基学会供图）

距离地球大约 200 万光年，位于银河系之外。哈勃让世人知道浩瀚的宇宙拥有亿万个星系，而银河系只是其中之一。大部分星系和银河系一样，平静温顺，有条不紊。然而，这里仍然存在着一小部分犹如平静社区里隐藏的未知暴力——它们是活跃星系。活跃星系核心处灾难性的大爆炸将物质喷射到太空几万光年之外。由于这些活跃星系喷射物中带有大量的无线电波能量，因此在电波星图上格外耀眼。

类星体是活跃星系中最有趣的一种。类星体在英语中是类恒星射电源的缩写。类星体一秒钟释放的能量比太阳一生释放的能量还要多。它们是距离地球最远的天体。一种理论认为类星体是星系进化过程中活动剧烈的早期阶段，该理论认为类星体可以追溯到几十亿年前，甚至宇宙诞生之初。我们所在的银河系可能曾经是一个类星体，或者说在宇宙其他星系的天文学家看来，银河系也是类星体。

天文望远镜

哈勃告诉世人：我们对宇宙的了解与建造大型天文望远镜的能力息息相关。有了天文望远镜，科学家才能观测记录外太空射向地球的能量。根据经验法则，建造一座先进的地面望远镜造价与建造一座大型立交桥一样昂贵。的确，20 世纪初期威尔逊山天文台以及后来更著名的建于 20 世纪 30 年代的帕罗玛山天文台均耗费了巨资。按照当前通胀率计算，下一代的天文望远镜同样也会是一项耗资巨大的工程。当前，天文望远镜主要分为两种类型：地面天文望远镜和卫星望远镜。帕罗玛山天文台是单镜片“光桶状”望远镜的巅峰代表。现如今的望远镜运用主动光学支撑系统，可以获得与单镜片“光桶状”望远镜同等效果。由美国加州理工大学在夏威夷莫纳克亚山上建造的凯克望远镜，是主动光学支撑系统天文望远镜的典型代表。它的观测镜头由多个小镜面组成，工作面外观看起来好似一盘土豆片。每个镜片后面由一台电脑控制，通过不断调整角度以保证观测的清晰度。多个由电脑控制的小镜片组成的观测镜头取代了单镜片镜头，其聚光能力相比帕罗玛山望远镜大大提升。同样科学家也不再将射电望远镜建造成像电视天线一样的巨型圆盘，而是由中央电脑统一控制多个接收器。典型代表是位于美国新墨西哥州索科罗沙漠中的甚大天线阵（VLA）。

地面天文望远镜只能观测到穿透地球大气层的可见光和无线电波。如果想观测电磁波谱上其他波段，则需要把观测接收器抬离到阻挡光波传播的大气层之上。这就是卫星天文观测系统，或者轨道天文台。过去几十年，卫星天文观测仪让天文学家能够用全波段电磁波谱扫描宇宙中的天体，大幅提升了天文学家探索宇宙奥秘的能力。

最著名的轨道天文台当属 1990 年建成的哈勃空间望远镜。它能观测到被大气层阻挡的可见光和紫外线光谱，帮助天文学家捕捉分辨率更高的行星和星系图像。与地面望远镜相比空间望远镜观测距离并没有变远，但是由于没有大气层的阻隔，图像的清晰度大大提升。哈勃空间望远镜的使用寿命即将结束，天文学家已经开始准备设计建造新的太空望远镜。（詹姆斯·韦布空间望远镜作为哈勃空间望远镜的继任者已于 2021 年 12 月 25 日发射升空，2022 年 1 月 24 日顺利进入围绕日地系统第二拉格朗日点的运行轨道。）

科学前沿：搜寻类地行星

天文学家虽然发现了很多系外行星，但没有一个与地球相似。没有发现类地行星的理由很充分——如果行星的发现靠的是检测它对宿主恒星的引力，那么像地球一样的小型行星就不如木星那样的大型行星更易被发现。同样，与宿主恒星距离越近，行星的引力越大，随之产生的多普勒频移越明显，越容易被测量。这样也就不奇怪为什么最先发现的系外行星多为“热木星”。希望未来天文科技的发展能为我们揭开更多奥秘：太阳系是宇宙中一个特别的存在？是否存在其他类地行星组成的星系？有了这些问题的答案，人类距离揭开是否存在地外文明这一问题的真相就会更近一步。

搜寻地外文明计划

搜寻地外文明甚至地外生命一直吸引着天文学家的目光，不过这并不是他们的首要工作。从目前太空探测的结果来看，太阳系除地球以外几乎不可能存在有生命的行星。当前有些太空研究计划旨在监测太阳系之外的恒星系统（可能有行星，也可能没有）是否有外星人发送的无线电信息，但这些研究计划的规模很小。一些科学家认为整个星系地球可能是唯一有生命的行星，这是因为其他星系可能并不具备生命产生的所有必要条件。不过，搜寻地外文明计划应该继续进行下去，不管能否找到地外文明，这将对人类社会产生深远的影响。

第十一章

宇　宙

宇宙来自何处？宇宙将去向何方？它是如何形成的？它为什么是现在这个样子？

诸如此类的问题貌似很简单，却很难给出完整而准确的答案。人类努力追求问题的答案常常出于深奥的哲学，而非现实科学技术应用的考量。没有人会因为解开了宇宙诞生的奥秘而发财，当然他可以以此为主题写本书，赚上一笔钱财。

专门为寻找以上问题答案而进行的研究被称为宇宙学。当前宇宙学相关理论知识基于以下事实：

宇宙起源于过去的某个时刻。

自诞生之日起，宇宙一直在膨胀。

宇宙膨胀

爱德温·哈勃证实了银河系以外星系的存在，但这并不是他对科学最大的贡献。他在观测来自银河系以外星系的光时发现了红移现象，也就是说来自外星系光的波长大于同一个原子在实验室释放的光的波长。他进一步发现外星系距离银河系越远，光的偏移越严重。哈勃认为红移现象的原因是多普勒效应。

我们站在马路边，身边经过一辆高速行驶的汽车时，就会产生多普勒效应。声波的波频是固定的，我们的耳朵将它识别为某个固定音高。当一个噪声很大的物体，比如喇叭或汽车的发动机向我们移动时，由于声波的波峰与波峰之间的距离越来越短，波频变快，耳朵听到的音高也开始变高。当物体经过我们并渐渐远去的时候，波峰与波峰之间的距离越来越长，波频变慢，耳朵听到的音高变低。当下次汽车从你身边疾驰而过的时候，可以感受一下音高的变化。

与声音一样，光也会发生多普勒效应。恒星高速远离我们所释放的光与从实验室释放的光相比，前者更加靠近红光光谱那一端。哈勃根据他观察到的红移现象得出结论：星系朝着与我们相反的方向运动，宇宙是在不断膨胀的。借助现代观测仪器，天文学家证实哈勃膨胀的确存在于宇宙之中。这个结论是人类认识宇宙的基础。

想象做面包时发起的生面团，上面撒满葡萄干。每一颗葡萄干代表一个星系，面团代表星系与星系之间的太空。假如你站在一颗葡萄干上，随着面团越发越大，你会看到相邻的葡萄干离你越来越远。距离两倍远的葡萄干的远离速度是相邻那颗的两倍。距离越远，葡萄干相互远离的速度越快。哈勃观测到的宇宙中星系的情况与发面团上的葡萄干的情况是类似的。

面包团的比喻解释了哈勃膨胀的几个重要知识点。

首先，地球是不是宇宙膨胀的中心无关紧要。我们从面包面团的例子可以更好地理解这一点：不管你站在哪一颗葡萄干上，你都是静止的，周围的葡萄干离你越来越远。因此，每一颗葡萄干都可以是宇宙膨胀的中心。的确，人类从地球上向太空望去，就会发现星系并没有因为人类的特殊性而发生改变，它依然会随着宇宙的膨胀离地球越来越远。

其次，葡萄干的移动不同于炮弹爆炸。葡萄干本身并没有动，而是随着面团的膨胀发生位移。同样，星系只是随着宇宙的膨胀发生位移，并不会分崩离析。

再次，葡萄干本身也不会膨胀，膨胀的只是葡萄干与葡萄干之间的面团。同样，太阳系和银河系本身也不会膨胀，只是离其他星系的距离越来越远。

最后，如果问面团从哪里开始膨胀，答案只能是“每个地方”。这是因为只要膨胀一开始，面团的任何一个点都可以是膨胀的中心。用 15 世纪哲学家库萨的尼古拉的话说：

“宇宙的中心无处不在，宇宙的边界处处不在。”

宇宙大爆炸

哈勃膨胀有一个理论前提：宇宙诞生于某个时刻。假如我们像电影倒放一样追溯宇宙膨胀的历史，会发现 140 多亿年前，宇宙是一个几何点。按照哈勃膨胀理论，宇宙就是从那个点开始膨胀的。宇宙从高密度的几何点开始演变的初始事件和一般模式被称为“大爆炸”。它是目前我们对宇宙起源和演化最靠谱的猜想。

宇宙冻结

宇宙在年轻的时期，它的密度比现在高得多。当物质和能量聚集在一个狭小空间时，温度较高。所以宇宙诞生的时间越短，温度越高。在宇宙历史进程中有六大标志性事件，我们称之为冻结期，如同水结冰。冻结期改变了宇宙的基本构造。现代宇宙学的主要任务便是揭开六大冻结期的奥秘。

最近的一次冻结发生在宇宙大约 50 万岁的时候，也就是大约 140 亿年前。宇宙满 50 万岁后，电子和原子核永久结合成为原子。但是在此之前，电子滑入原子轨道后，会与高速运动的粒子发生撞击并弹出轨道。换句话说，在宇宙 50 万岁以前，物质以等离子体状态存在。在这种状态下，电子不受原子核的束缚。

往回追溯，在此之前的冻结发生在原子核形成后三分钟左右。这次冻结之前，宇宙中只存在基础粒子。如果质子与中子结合，那么粒子发生撞击会阻止中子和质子结合形成原子核。三分钟之后，原子核才能稳定下来。宇宙大爆炸只产生了氦和锂原子核，其他原子核是在后来诞生的恒星中产生的。

从原子核形成的三分钟再往前至千万分之一秒，宇宙是一团沸腾的基本粒子集合体。里面充满了躁动不安的质子、中子、电子和各式各样的微粒。在千万分之一秒那一刻，宇宙冷却下来，为夸克组合形成基本粒子创造了适宜的环境。在此之前，宇宙中只有轻子和夸克。千万分之一秒后，轻子和各式各样的基本粒子开始存在于原子核之中。

第一个百亿分之一秒

从宇宙诞生的第一个百亿分之一秒开始，宇宙的冻结改变了物质的基本状态。在此之前宇宙经历了三次冻结，不过这三次冻结只跟力有关。在夸克被“冻”成基本粒子时，宇宙中发挥作用的力差不多就是我们现在看到的力，即四种不同类型的力：强作用力、电磁力、弱作用力和引力。但在宇宙诞生的初期，科学家推测这几种力并没有区别。而最开始可能只存在一种全能的力。为了进行相关理论研究，科学家对不同类型力统一的时间做了一系列梳理。

百亿分之一秒：弱作用力和电磁力合二为一，形成弱电力。科学家能够在粒子加速器实验室再现百亿分之一秒时的宇宙温度环境。也就是说已经掌握了宇宙从百亿分之一秒到现在的演化历程。这归功于相关学说可以在实验室通过实验验证。

一千零三十三分之一秒：强作用力和弱电力合二为一，

把引力排除在外。这次冻结伴随着两个重大事件的发生：宇宙从一颗微粒大小迅速膨胀到葡萄柚大小，这个过程被称为宇宙暴涨；反物质开始消失，即正反物质相遇，双方互相湮灭抵消，产生辐射能力。科学家运用标准模型在实验室对此进行了论证。这次冻结是当前理论天文学研究的前沿问题。

一千零四十三分之一秒：为纪念量子力学奠基人，也将其称为普朗克时间。宇宙在普朗克时间完成四力的统一。此时的万物美得不可方物。物质微粒作为最基础的形态以一股合力为媒介相互作用。从此刻起，一切开始走下坡路。

宇宙大爆炸的证据

宇宙微波背景

来自外太空的微波辐射大量地散落在地球的各个角落。1964 年，科学家发现这种微波辐射，为宇宙大爆炸理论提供了有力证据。理由如下：所有物体均释放辐射，辐射的类型取决于物体的温度。比如人体温度为 98.6 华氏度，并释放红外线辐射。假设宇宙初始温度很高，从诞生开始不断膨胀冷却，那么宇宙现在的温度大约为 3 摄氏度，并释放微波。而恰好我们在地球上探测到的就是这种微波。

最初的元素

宇宙诞生三分钟原子核形成的过程很短，哈勃膨胀散布的物质数量不足以支撑核反应继续进行。不过原子核构建的短暂过程足以产生数量可观的氘元素（原子核含有一个质子和一个中子），不同类型的氦元素（原子核拥有两个质子加一个或两个中子）以及少量锂元素（原子核拥有三个质子和四个中子）。已知核反应的速率和诞生三分钟时宇宙温度的估值，我们可以计算出原子核构建过程中所产生的氘、氦、锂元素的数量。

现在看来，对宇宙初期氘、氦、锂元素大量存在的预测是非常准确的，甚至可以说是丝毫不差的。如果氦元素数量的预测值存在一点点的误差，那么标准宇宙大爆炸模型就无法成立。对原始化学元素的准确预测正是支持宇宙大爆炸理论的最强有力的证据。

宇宙的结构

恒星聚集组成星系，星系聚集组成星系群、星系团和超星系团。例如银河系和仙女座星系在引力的作用下与 20 多个小型星系组成本星系群。本星系群与大约 10 万个星系进一步组成超星系团。

宇宙几乎所有的已知质量都集中于超星系团。我们可以把一个个星系群、星系团想象成穿在线上的珠子。超星系团与超星系团之间是大片荒漠般的空白区域，长度高达上百万光年，却没有一颗闪耀的星星。直到 20 世纪 80 年代早期，在现代数字分析技术的帮助下，天文学家才能发现遥远的星系与地球之间也存在着大片的空白区域。我们可以把现在的宇宙想象成把手伸向肥皂水的场景。肥皂水漂出一个又一个空心的泡泡，每个空心的泡泡被皂膜包裹着。我们将这个类比代入宇宙，那么皂膜就是超星系团，泡泡之间就是星系团之间的空白区域。

暗物质和暗能量

到现在为止，本书讲到的璀璨耀眼的恒星和星系均是由普通物质构成的，它们与人体组成物质一样。由于这类物质大部分的质量位于原子核的重子，科学家将这些普通物质称为重子物质。20 世纪后半叶有一项震撼世界的重大发现：重子物质仅是宇宙结构 4% 的组成单元，剩下的 96% 则分别由暗物质和暗能量构成。

20 世纪 70 年代，卡内基科学学会天文学家维拉 · 鲁宾观测星系旋转时发现，位于星系中心的恒星像预计的那样被锁在一起，像车轮一样旋转。远离星系中心位于边缘的恒星以相对缓慢的速度旋转。之前的理论也同样预测到了这一点。这说明恒星离星系中心越远，完成一个旋转周期所需的时间越长。道理很简单，恒星离得远，绕一圈走的路程就远。这些都在维拉 · 鲁宾的预料之中，但是令她感到意外的是：她是在离恒星所处区域较远的地方对氢气进行观测的。维拉 · 鲁宾本以为氢分子本质上和星系轨道上的行星是一样的；和木星运动速度保持一致且慢于地球。当分子离星系中心距离变远时，分子的运动速度理应变慢。但实际观测结果却并非如此——距离星系中心较远的分子与位于星系中心分子的运动速度相同。唯一的解释就是能被看见的星系被一个更遥远、更巨大的看不见的东西包裹着，它在旋转的同时带动氢分子的运动。

由于这个巨大的球形物体不与光发生相互作用（如果发生，我们就能看到它），因此它的物质被称为暗物质。天文学家相继发现了更多暗物质存在的证据。比如，暗物质将星系团维系在一起。根据最新研究进展，天文学家认为宇宙25%的质量来自暗物质。本书接下来将对此展开讨论。

20世纪90年代初，一个新的发现再次震惊天文学家。他们以某种超新星为标尺测量最远星系的距离，随之发现宇宙几十亿年来一直在加速膨胀。假如仅受引力作用，星系向外的运动将受到控制。显然这与宇宙加速膨胀的新发现不符，也就是说宇宙间存在一种“反引力”，以越来越快的速度将星系向外推。科学家把这种神秘的力量命名为暗能量（注意暗能量和暗物质并不是一回事）。

我们还不能确定暗能量是什么，但能确定的是宇宙70%的质量来自暗能量。

从重子物质到暗物质，再到暗能量，我们终于弄清楚了宇宙构成的基本单元。揭开宇宙奥秘的下一个任务将转向研究基本单元是如何结合并构成宇宙的。

最后的疆域

当代宇宙学家面临的一个重要任务是，找到宇宙大爆炸一千零四十三分之一秒背后的规律。宇宙学家需要解释为什么宇宙中的物质会聚集形成星系，星系是如何进一步形成一块又一块由空白区域分割的超星系团，而且无论从哪个方向看宇宙微波背景辐射都是相同的。构建这样一个理论绝非易事，许多顶级科学家为此付出了艰辛努力，但却始终没有取得重大进展。随着我们对宇宙结构了解的深入，把一个个已知的发现连在一起，形成逻辑一致的理论变得越来越困难。正因如此，一些科学家希望人类在某一天构建出解释得通的理论时，它会是唯一一个真正意义上的万用理论。

科学前沿：什么是暗物质？

暗物质概念诞生以来，科学家一直在以不同的假设来解释什么是暗物质。第九章提到的统一场论认为暗物质可能是重中微子或其他粒子，但这种假设并未在实验室里得到证实。另一种猜想，暗物质是恒星燃烧殆尽后的余烬，还有的说它是另一种类型的重子物质。

目前，科学家正通过大量的实验试图发现暗物质。实验的基本前提是：如果暗物质弥漫在星系各处，那么地球上将刮起暗物质“风”。所谓的暗物质“风”类似于疾驰而过的汽车所产生的风。在实验过程中，科学家取一块纯锗或硅晶体放在接近绝对零度的地下深洞中，这样做的目的是挡住宇宙射线。接着，科学家不间断地进行观测，看晶体的原子是否和暗物质“风”产生相互作用。

什么是暗能量?

大部分宇宙学家认为这是宇宙学最重要的问题。原因是暗能量几乎构成了宇宙的所有质量。当前对这个问题的研究还停留在理论层面，宇宙学家推测暗能量可能是一种叫作宇宙常数的东西。它最初由阿尔伯特·爱因斯坦提出，不过是为了论证宇宙是静态的。据说，当哈勃发现宇宙持续膨胀后，爱因斯坦收回了宇宙常数的说法，称这是他一生所犯的最严重的错误。不过后来宇宙加速膨胀的发现让爱因斯坦的反引力宇宙常数复活。

天文学家通过观测遥远的星系来衡量宇宙膨胀的进程（注意：观测距离我们 50 亿光年的星系，指的是往回追溯 50 亿年的时光）。根据观测结果，宇宙初期的膨胀速度似乎要慢一些，那时各个星系的距离更近，天体引力比现在更强。宇宙大爆炸发生在大约 50 亿年后，天体引力下降到了某一点，暗能量代替天体引力成为主导，开启了当前宇宙加速膨胀的时代。

第十二章

相对论

相对论这一章的展开方式与本书其他章节大为不同。力、运动、物质、能量等物理学概念是我们在日常生活中能够体验到的。化学、地球、生物体等均是可感知的事物。相对论则不同，它是一个抽象的、思辨的科学概念。阿尔伯特·爱因斯坦不是通过做实验，而是通过思考自然背后的法则发现了相对论。那让我们跟随爱因斯坦一起来做一个简单的思维实验。

相对论是一个非常有趣的课题，它赋予了我们一种全新的看待宇宙的方式。然而许多科学家并没有认识到相对论对于提升公众科学素养的重要性。爱因斯坦和他的伟大理论是人类社会文化传承的一部分。相对论不仅是一个有趣的课题，也是一个能在派对上让人们感兴趣的话题。

开始讲述相对论之前，有一点我们必须讲清楚。世界上懂相对论的人凤毛麟角，这个说法是大错特错。1920 年，这么说或许有点道理。现如今，各个大学已经相继开设面向新生的“诗人的物理学”等课程，教授学生们相对论的基本知识；同时物理和天文专业的毕业生也需要掌握涉及相对论的数学知识。懂相对论其实并不难，相对论的大部分论断简单易懂：

每个观察者看到的自然法则是一样的。

相对论有一个核心概念：不存在看待宇宙的“正确”方位——不存在“上帝视角”。不管是地球上坐在摇椅上的人，还是以光速飞行在外太空的人，看到的自然法则是一样的。根据相对论，如果宇宙运行背后存在规律，那么不管你在什么地方看，这些规律都是一样的。

这个观点简单到似乎不言而喻，但是由此常常推导出与我们直觉相反的结论。相对论提醒我们世界并不总是按照我们的主观方式运转。宇宙就是宇宙，无关人类的期待。意识到这一点，相对论就变得简单起来了。

参照系

当坐在椅子上，通过参照系我们看到的地球是静止的。而当我们坐在汽车、飞机或者太空飞船上，通过参照系我们看到的地球是运动的。两种情况下我们的观察都是基于相对的角度：我们可以在任意一种参照系下启动物理实验；描述物理现象并推导自然法则。

不管以什么为参照系，我们都可以把自己想成静止的，之外的事物则是运动的。这个观点并不直观——驾车的时候，我们可能不会认为汽车是静止的。大多数人习惯将地球当作理所当然的参照系，不知不觉地把自己放进地球参照坐标。但你是否有这样的经历？当你坐在飞机或汽车上，飞机被推出闸门，或汽车倒着出站，你是否意识到，哪怕只有一瞬间，你就会感觉你附近的飞机或汽车是在向前运动？当然，你可能很快意识到这是一种错觉，这时你就是一位理解相对论的观察者。

不同的观察者对同一个事件的描述不尽相同。汽车行驶时，车里正好掉落了一本书。在车内乘客看来，这本书会沿垂直轨迹掉落。但是对于站在高速路边的路人来看，书的下落轨迹是弧形的——这是因为汽车运动和书下落同时呈现在路人眼前。乘客与路人对同一本书下落的过程产生了两种不同的观测结果。假设乘客与路人在各自参照系中开展物理实验，推导控制物体下落的规律。二人最终会发现，他们总结的规律是一样的，即牛顿三大运动定律。换句话说，参照系不同，对同一事物的描述不同，但推导的物理定律却是相同的，这是相对论的核心观点。假设它是一个普遍真理，我们可以通过实验验证并由此推导出结论。科学家按照相对论原则所做的假设，最后均能经实验证实，因此相对论才会被科学家广泛接受。

相对论可以简单描述为：“每个观察者看到的自然法则是一样的”。为了能够更好地理解相对论，我们基于观察者和参照系把这个原则分成狭义相对论和广义相对论。狭义相对论的研究对象为匀速参照系。从经典物理学角度来看，狭义相对论只考虑匀速运动且没有外力作用下的物理现象。另一个是广义相对论，适用于所有参照系。广义相对论将狭义相对论看成一种特殊情况，涉及复杂的数学运算。本章将分别介绍狭义相对论和广义相对论。我们将从简单的狭义相对论开始。

关于相对论在现代科学研究中的地位需要强调一点，虽然相对论被奉为现代科学的前沿，但实际上它在科学界的广泛影响力始于 1905 年。

狭义相对论

如果自然法则在所有匀速运动的观察者来看是一样的，那么说明他们同意麦克斯韦的电磁理论。既然光速是麦克斯韦方程组中的一个常数，那么所有的观察者测量出的光速必然一样。否则，麦克斯韦方程组就不成立。

这个结论本身违反了人们的直观感受。设想一个简单的例子：假设你站在一辆行驶速度为 50 英里 / 小时的火车上，以 50 英里 / 小时的速度向前投棒球。站在地面上的人想当然地认为棒球的速度等于火车行驶的速度加上投球的速度，即 100 英里 / 小时。但是假设你不是投棒球，而是拿着手电筒照向远处。根据相对论，站在地面上的人看到光运动的速度是 186000 英里 / 秒，即光速本身，而不是光速加火车行驶的速度。宇宙自有的运行方式与自然法则的普遍有效性，这一对基本矛盾是阿尔伯特·爱因斯坦提出相对论的重要原因。19 世纪晚期，针对这一基本矛盾有三种较为流行的看法：

1. 麦克斯韦方程组可能不成立；

2. 相对论可能不成立；

3. 我们对时空的直观感受可能是错误的。

第三种可能性的原因在于，要计算速度，需要用行驶距离除以行驶时间。以手电筒问题为例，我们想当然认为地上的钟表和火车上的钟表运行速度相等。但实际上并不是这样，这需要根据实际情况来具体分析。

20 世纪 20 年代，主流科学界建议对麦克斯韦方程组进行修改，在光速和运动之间建立联系。但相关的假设经实验证明并不成立（比如测量双星系统中恒星朝两个相反方向运动时所释放的光）。麦克斯韦和爱因斯坦的理论本身是基于大量数据的。因此，只剩下第三种可能，即我们对时空的直观感受可能是错误的，不同的观测者看待同样事物的结果可能是不同的。

爱因斯坦曾经说，他在瑞士首都伯尔尼乘坐有轨电车时意识到运动的钟表和静止的钟表速度可能是不同的。他抬头看钟塔上的钟表时想，如果有轨电车以光速驶离钟塔，那么在他看来钟是停下来的。如果钟表在这种条件下位于光波的一个波峰，那么他本人则是朝着钟表相反的方向运动。而他身上戴的怀表依然按照正常的方式在嘀嘀嗒嗒地运转。据此，爱因斯坦推理：当物体以光速运动时，所有观察者对时间的感知是相同的。很显然，这个观点是不正确的。

手电筒在静止和运动状态下发出的光的运动速度是一样

的，直觉告诉我们这是错误的。这个偏见来自我们的日常生活经历。因为没有人经历过以 186000 英里 / 秒的速度运动，所以严格来说，我们并不知道光和棒球在以光速运动时会是什么样子。我们之所以意识不到手电筒的光在以光速运动，是因为我们所固有的、天真的期待：高速运动的物体与低速运动的物体本质上是一样的。

但这只是一个假设，假设成为真理前必须要经过实验的论证。让我们以开放的思想探索相对论带来的神奇结果，看一看用相对论做出的预测能否经得住实验的考验。

时间膨胀

时钟嘀嘀嗒嗒走着，时间一点点流逝。除了时钟，还有很多可以计时的东西。想象用闪光灯、镜子和记录光束来临的仪器做成“光时钟”。闪光灯每闪一下代表光照射到镜子再返回的过程，也就是说时钟的指针嘀嗒一次，光束每返回一次，仪器就响一次。仪器每响一次触发下一轮闪光灯闪烁，那么我们想象中的时钟就开始有规律地记录时间了。通过调整镜子的距离，能够改变“光时钟”“嘀嗒”响的规律，让它和任何一处的时钟同步，比如爷爷家里的老摆钟，你手上戴的石英手表。虽然外观看起来有点奇怪，但是在原理上想象中的“光时钟”与普通的时钟是没有任何区别的。

想象中有两座与地面垂直的“光时钟”。一座放在你身边，另一座放在匀速行驶的汽车上。在两座钟经过时，我们让闪光灯同时亮起。光从放在你身边静止的时钟传播到镜子上然后再返回。而放在匀速行驶汽车上的时钟则随着汽车行驶，光随之向上移动，其结果是站在地上静止不动的人能够看到光呈锯齿形。

根据相对论，光速在任何参照系下均相等。对于静止的“光时钟”，光只需传播到镜子后再返回。而对于运动的“光时钟”来说，光传播的距离变长。由于光速相同，光传播的时间就会随着距离变长而变长。站在地面上的观察者将同时看到闪光灯闪烁着，接着身边静止的“光时钟”突然响起，最后我们将会听到运动的“光时钟”响起。整个过程中，与静止的“光时钟”相比，运动的“光时钟”会越来越慢。这个现象被称为“时间膨胀”。

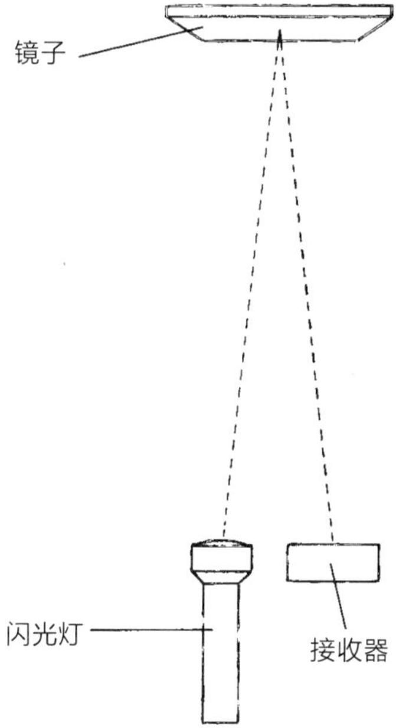

“光时钟”由闪光灯、镜子和接收器组成。每响一声代表光完成照射到镜子再返回的过程。

很多人对此的第一反应是“时间膨胀”基于幻觉——运动的“光时钟”实际上并没有慢下来。一听到“实际上”这个词老师们会立刻明白，这是在用牛顿经典力学的思维来看问题。学生们也应该逐渐学习用相对论的思维来看问题。真正的事实是，当有人说运动的“光时钟”实际上并没有真的慢下来时，真正的意思是“光时钟”对与它一起运动的观察者来说并没有慢下来。用物理学家的术语来说就是，在“适当的”参照系下，“光时钟”看起来是正常的。

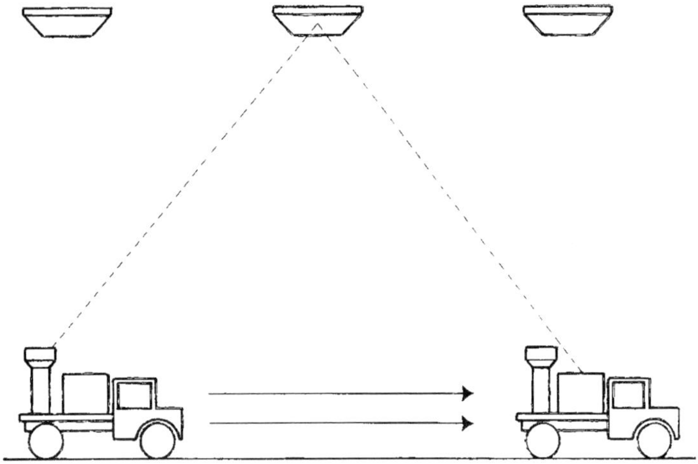

阿尔伯特·爱因斯坦发现运动的“光时钟”对不同的观察者来说似乎运动速度不同。“光时钟”运动速度相对于观察者越快，光需要走的距离越远。（镜子随着汽车运动。）爱因斯坦因此得出结论，当“光时钟”的运动速度接近光速的时候，时间流逝速度似乎更慢。

阿尔伯特·爱因斯坦发现运动的“光时钟”对不同的观察者来说似乎运动速度不同。“光时钟”运动速度相对于观察者越快，光需要走的距离越远（镜子随着汽车运动）。爱因斯坦因此得出结论，当“光时钟”的运动速度接近光速的时候，时间流逝速度似乎更慢。

反对的观点往往基于一种假设：“适当的”参照系才是“正确的”参照系，而其他参照系均是“错误的”；只能采用“适当的”参照系对“光时钟”现象进行描述。然而，相对论的中心论点是：并不存在“正确的”参照系——不存在看待事物的优劣角度。物理现象可以从任何一个观察者——任何一种参照系的角度进行描述。

时间膨胀这个反直觉概念让人不安，但是这确实是自然界的客观存在。相关证据很多，但最具戏剧性的实验是密歇根大学科学家完成的一项实验。他们把极其精确的原子钟绑在飞机头等舱的座椅上，开启了原子钟奇妙的环球旅行。环球旅行结束后，将原子钟的读数与地面静止的原子钟读数进行比较。不出所料，飞机上的原子钟的确是慢了。

由相对论推导出的时间膨胀确实可以通过实验验证。尽管这违反人类的直觉，但是运动参照系下的时钟的确比静止参照系下的时钟走得慢。在现实生活中，慢的程度通常很小，人们无法直接感觉到，必须使用非常精确的仪器才能测量出来。自宇宙诞生起，以 60 英里 / 小时运动的时钟变慢的程度仅仅不到一秒钟。如果“光时钟”运动的速度小于光速，那么锯齿的宽度将非常窄，运动状态下和静止状态下两座“光时钟”中光传播的距离几乎相等。只有当锯齿宽度变大（“光时钟”运动速度接近光速）时，才会出现明显的差异。现在还不需要放弃我们的直觉。不过当人类制造出光速飞行器的时候，新的时光膨胀会带来颠覆性的破坏。也许某一天，某个时光穿越者会开启时光之旅到达地球，而他们看起来会比一直生活在地球上的儿孙还要年轻。请你考一考自己对时间膨胀的理解：为什么和运动的时钟同步运动的观察者会觉得静止的时钟走得慢？

狭义相对论相关结论

爱因斯坦把我们对“光时钟”的思考过程称为“思维实验”。它是当无法用实验验证某个推论的时候帮助我们掌握事物本质的一种技巧。类似的“思维实验”可以让爱因斯坦运用相对论得出更多惊人的结论。

1. 运动的码尺比静止的码尺短

运动的物体随运动方向收缩。因此，以光速或接近光速运动的棒球看起来是扁平的，而非圆形的。

2. 运动的物体质量更大

物体的运动速度越快，它的质量越大，越不可能偏离轨道。当速度接近光速时，物体的质量接近于无穷大。人们常常误以为物体的速度不可能超越光速。相对论从未这么说过——它只说速度低于光速的物体无法再加速或超过当前速度。曲速引擎仍有想象空间！

3. $E=mc^2$

相对论最著名的结论是质能等效。这个简单的等式已经被上升为传说，可能是物理学里唯一一个能够享有如此高地位的等式。本质上它讲的是质量是另一种形式的能量。当等量的能量以另一种形式出现时，质量可以消失。更让人激动的是，如果有大量的能量产生（比如两个粒子撞击产生），一部分可以转化为质量，并产生全新的粒子。全新的粒子并非凭空产生，而是从另一处的能量转化而来。

由于光速是个很大的数字，一小部分能量的转化都可能产生巨大的能量。同样，一颗小小的粒子也需要巨大的能量才能产生。如果家庭餐桌下面一小块水泥地能够完全转化为能量，那么它产生的能量足够为美国提供一年的电力。

实验验证

上述狭义相对论的相关推论已经得到实验证实。比如，物理学家运用粒子加速器让质子和电子以接近光速的速度运动。高速运动的粒子被大型磁体束缚在固定的轨道上，磁体的磁力随粒子质量的增加而调整。运转的机器验证着相对论的相关推论是否正确。

粒子加速器通过控制长串粒子束进行运转。随着粒子加速运动，粒子束变短，加速器随之调整。粒子加速器本身就在证明长度收缩这个推论是正确的。

全美大约 20% 的用电量来自核反应堆发电。核反应堆的工作原理是一小部分质量转化为巨大的能量。这与爱因斯坦提出的著名方程式一致。也就是说，发电厂每天都在证明着 $E=mc^2$ 这个方程式。

相对论相关哲学思考

相对论的哲学意义与它的现实意义一样重要。它是第一个革新传统经典牛顿力学观点的现代理论。在参照系上，相对论用"平等的观察者"取代经典的"上帝视角"。但相对论并没有将牛顿相关学说丢进历史的垃圾堆，它只是把知识拓展到牛顿从未涉猎的全新领域。当把相对论公式运用到牛顿力学研究的适度速度时，我们发现，相对论公式最后推导出的就是牛顿三个多世纪以前总结的三大公式。所以从这个意义上说，爱因斯坦没有取代牛顿，而是拓展了牛顿的研究。

最后，或许也是最重要的一点，相对论不是简单的一句"事物是相对的"。相对论里的相对描述是具体事件，但学问或自然法则从来都不是相对的。宇宙中的每一位观察者，无论是否处于运动状态，都必须遵守同样的物理法则。热力学、麦克斯韦方程组、量子力学等理论适用于每一位观察者，不会因观察者的参照系不同而有所不同。

广义相对论

假设我们坐在一艘没有窗户的太空飞船里，飞船的加速度与地球引力加速度相等，为1g。你们能够分辨出自己是在太空还是在地球吗？答案是不能。假如你在太空飞船里抛球，你会看到球落在地板上。但是如果从飞船外的某个静止参照系看球下落这个现象，你会认为地板加速向上运动，碰到静止的球。在密封的飞船里，球的确看起来和在地球上一样是在下落。我们没办法通过实验确定自己是在加速飞行的太空飞船上还是在静止的地球上。因此，从某个更深层面上来理解，加速度和引力一定是相等的，引力也一定是在某个参照系存在的。这个等式关系是爱因斯坦理论的中心论点。

广义相对论的核心观点是：位于加速参照系内（比如火箭船）的人的感受与引力状态下的效果是完全相同的。爱因斯坦观察到运动的改变（牛顿称之为力的作用）与参照坐标系几何形状之间存在一定联系。1916 年，爱因斯坦在此基础上发表了广义相对论，它如今仍然是关于引力最完整的理论。

狭义相对论和广义相对论发表时间相差很久，主要原因是爱因斯坦需要用复杂的数学运算表达广义相对论的观点。理论物理学家目前正在用一个与量子力学更加贴合的理论代替广义相对论，但这丝毫不会降低相对论在科学领域的影响力。本章首先介绍广义相对论（不涉及复杂的数学），接着介绍能够证实相对论的一些实验。

想象拿一张坚硬的塑料板铺在一个大大的、不易弯曲的框架上，平面上画着矩形栅格。沿着栅格线滚动一个重量很轻的球，球会沿着线做直线运动。如果想改变球的运动方向，必须施加一个外力（比如，可以朝球吹一口气，或拿磁铁把球吸起来）。这个场景代表了经典牛顿力学看待包括重力在内的所有力的方式。除非施加外力，否则物体会一直沿着直线运动。

广义相对论以一种完全不同的方式来看待运动。假如我们把一个铅球放在刚才的塑料板上，铅球的重量会把塑料板压弯。再把球从一边滚向另一边，球的运动路线会逐渐靠近铅球。根据牛顿力学，这是因为两个物体之间存在引力（如重力），但爱因斯坦则用不同的方式解读了这一现象。他会说铅球的重量扭曲了铅球周围的空间，空间的扭曲导致球运动方向的改变。爱因斯坦的相对论里并没有经典牛顿力学意义上力的存在，只有几何空间的改变。

从相对论的角度来看太阳系，那么太阳扭曲了它周围的空间，绕太阳公转的行星如同放在碗里滚动的玻璃球。我们还用刚才塑料板栅格的例子来说明这一问题。我们开始向塑料板增加重量，栅格板横竖交叉线将被扭曲成椭圆曲线。把太阳行星等相关数学量代入，用相对论定理计算会发现，椭圆正好就是行星绕太阳运行的轨迹。

对牛顿来说，运动在平面空间沿曲线发生。

但是，

对爱因斯坦来说，运动在弯曲空间沿直线发生。

爱因斯坦认为包括引力在内的所有力最终都需要用这种几何方法解释。为此，他的后半生将会全部投入寻找力的终极理论上，但事实证明他的努力是徒劳的。直到另一种描述力的理论出现，即力是基本粒子的交换，构建解释所有力统一理论的研究才取得一定进展。因此，广义相对论仍然是科学领域一个重要但相对独立的领域。爱因斯坦的理论包含并取代了牛顿引力学说，但是未来也将会被某个量子引力理论所取代。

广义相对论实验

不同于狭义相对论，广义相对论没有大量实验证据支撑。这既有理论原因也有技术原因。和狭义相对论一样，广义相对论包含牛顿物理学。广义相对论对一般日常现象的推论基本与牛顿引力学推论一样。因此，除非测算极其精准，否则无法在实验室环境下对广义相对论和牛顿引力学做出区分。只有在质量极大或距离极短的情况下，才会出现显著的空间扭曲，两个理论才有较大差别。但无论是质量极大还是距离极短的情况，都无法通过实验产生。

目前仅有三个经典实验可以用来检验广义相对论。

1. 行星轨道的精确形状；

2. 太阳边缘光的弯曲；

3. 引力红移。

由于行星轨道是椭圆形的，行星处于轨道某个点时，距离太阳最近。这个点被称为近日点。在简单牛顿力学模型下，近日点是一个定点——轨道不会迁移。实际上，在各式各样力的作用下，随着行星的轨道运动，近日点位置会微微发生偏移。其他行星的天体引力，特别是木星引力最为明显。但是在爱因斯坦发表他的理论之前，水星近日点移动的测定值比预测值高了约每世纪 43 角秒。因此，广义相对论基于太阳质量预测空间微弱扭曲，推导出同样的近日点移动。这说明了广义相对论的正确性。

如今，科学家利用雷达测距精确测定了行星的轨道位置以及金星、地球、火星的近日点移动，并发现水星近日点移动距离与广义相对论预测值是完全一样的。这可能是当前技术条件下最严谨的证实广义相对论的实验。

证明广义相对论最著名的实验是第二个经典实验：太阳边缘附近光的弯曲。1919 年某次日食发生时，科学家测量到广义相对论的这个推论，爱因斯坦因此一举成名。现在我们用无线电波代替光来做这个实验，辐射源用类星体代替恒星。由于无线电波不受太阳干扰随时可以被检测，所以科学家不一定非要等到日食出现，也可以在平时完成实验。实验结果与广义相对论的预测相比仅有 1% 的误差，这就再一次完美地证明了广义相对论的正确性。

最后，广义相对论预测当光子在磁场中向上运动时（比如当光子离开地球表面时），向上运动将消耗一部分能量。在这种情况下，光子好比篮球，运动高度越高，速度就越慢。但是，光子的运动速度必须与光速保持一致。在肉眼看来，光子能量的损耗表现为光的波长变长，也就是光的红移现象。所以说从飞机上看手电筒发出的光束要比从地面上看到的光束更加红。这一点已经得到了相关实验证实。

在长达半个多世纪的时间里，广义相对论仅有三个实验支持。如今，有了更加先进的电子系统，科学家能够通过更多的实验来完成对广义相对论的测定。但是每种实验都需要用到全球定位系统，而全球定位系统需要确定卫星在运行轨道上的准确位置。要获得卫星的准确位置，必须在卫星上安装高精度钟表仪器。现阶段，全球定位系统上搭载的原子钟精确度可高达小数点后十三位。在实际操作过程中，我们必须考虑到卫星时钟是移动的，必须把时间膨胀等情况充分考虑进去。从某种意义上来讲，过去不管是广义相对论还是相对论，已经从前沿科学拓展到了应用领域。

黑 洞

广义相对论最壮观的预测当属黑洞的存在。为了更好地理解黑洞的怪异行为，我们再回到塑料板和铅球的类比。假设我们不改变铅球的大小，让铅球的质量无限增大。随着铅球质量变得越来越大，它对塑料板的扭曲也越来越严重。最终塑料板被铅球压到极限，压出一个深深的大坑。最后已经扭曲的塑料板的凹陷处可能会把铅球完全包裹并完全闭合，变成一块全新的塑料板。

同样，相对论预测出当足够大的质量聚集在非常小的空间里，周围的空间将被严重扭曲，一部分空间会将自己完全包裹起来，扭曲的空间将再次闭合。这个现象被称为黑洞。我们可以把黑洞想象成一个巨大的、密度非常高的物体，即使光也无法聚集足够的能量，进而从它的表面逃离。一旦掉进黑洞，物体就再也出不来了。能够把照射的光全部吸收掉的，并且材料是黑色的，所以我们把能将物体吸进去的怪物称为“黑洞”。

理论学家把黑洞分成三类。第一种是星系黑洞，它位于银河系等星系的中心。这类黑洞的质量通常是太阳等恒星质量的 100 万倍，这是通过测定掉进黑洞物体的辐射，检测到黑洞的情况。太阳的 100 万倍听起来是多么让人惊叹，但是要记住星系通常由几百亿颗恒星组成，那么位于它中心的黑洞不过是大型星系里非常小的一部分。科学家推测大部分星系中心也都存在黑洞。

第二种是恒星黑洞，它是超大型恒星垂死挣扎时期的产物。在恒星的消亡巨变时期，是很难检测到黑洞的存在。这是因为这个阶段，黑洞既不能吸收也不会释放辐射。为了探测恒星黑洞，天文学家重点关注一类拥有一颗看得见的普通恒星和一颗看不见的恒星的双恒星星系。通过观察看得见的那颗恒星来发现那颗看不见的恒星的行为特性。天文学家用这个方法推断出银河系可能存在几十个恒星黑洞。

第三种是一些理论预测的量子黑洞，它比质子小很多。但是这种黑洞的存在目前仅是一种理论上的可能性，还没有相关证据来支持。

科学前沿：引力波探测

尽管有着浮华的光环，相对论其实是物理学里老套又无聊的一部分。宇宙学家和粒子物理学家把它当作一个理解宇宙起源和物质基本结构的工具，而不是一个特殊的研究领域。从这个意义上讲，相对论与牛顿力学相似。

唯一称得上前沿的领域是通过实验对相对论进行验证，而这得益于现阶段备受关注的电子技术领域取得的巨大进步。实验人员利用先进电子技术测定广义相对论和牛顿力学之间存在的细微差异。

相对论前沿实验最复杂的当属引力探测器 B 计划。该计划历经 30 余年的策划和准备，最终于 2004 年获得成功。探测器由几个精致的、不停旋转的石英球组成。根据相对论预测，地球的自转导致石英球的旋转轴微微晃动。如果科学家测出这个微弱的偏移，便印证了相对论。这个实验对精准度要求非常高。石英球体必须和地球的形状一模一样，是精确的、缩小版的地球，并且要求球体上最高的“山峰”不能超过一英尺。

2008 年，科学家宣布引力探测器 B 计划的实验结果。与之前预测的一样，广义相对论再次得到了实验的证实。未来将有更多类似的高精度实验为相对论提供更多的实验支持。

第十三章

不安分的地球

在马来西亚印度洋洒满阳光的海滩上，你正悠闲地享受着假期时光。这是 2004 年过完圣诞节后的第一天。突然，假日的宁静被打破。本地官员慌乱地跑着，大声警告海滩上度假的人们：“快离开海滩！跑到高处去！”听到喊声，你来不及多想，赶紧起身，跟着人群往内陆跑去。刚跑到酒店的高层，奔涌翻腾的水墙重重地砸向海滩，灌满大街小巷。

2004 年苏门答腊—安达曼特大地震引发的海啸导致斯里兰卡、泰国、印度尼西亚、马来西亚等印度洋沿岸多个国家共计 22.5 万余人丧生。它是有历史记录以来最大的地震之一。在印度尼西亚苏门答腊附近海域的海底深处，经过几个世纪缓慢的地壳运动，岩石层突然裂开，像螺旋弹簧一样瞬间释放出巨大的能量。紧跟着地壳断裂引发海啸，巨大的海啸席卷了印尼海岸并造成巨大伤亡。

地震和火山爆发提醒着人类地球并不平静。

几个世纪以来，人类一直认为地震、火山爆发等极具破坏性的自然现象只是偶发事件，无法预测。但实际上并不是这样，地震和火山爆发并不是随机发生的。假如你住在纽约，可能这辈子也不会遇上地震，也不用担心火山爆发。但是如果你住在加州海岸，每隔几年就可能会碰上大大小小的地震；如果你在夏威夷岛待上几个月，就很有可能目睹附近的火山爆发。

即使无法准确预测大地震或大火山爆发，科学家也会告诉我们地震、火山爆发会发生在地球的某些地方。地震、火山、矿藏，以及大洲大洋本身是地球内部巨大能量的地表表现。科学家一直在慢慢地揭开这些能够改变地球面貌的剧烈能量的奥秘。这种新的理解地球运行方式的理论是基于一个核心事实：

地球地表处于不断变化中，地球上没有永久的地貌。

导致地貌不断变化的力产生于地球深处放射性元素的原子核衰变。原子核衰变的能量首先被转化为热能，接着热能不断向上渗透至地表。经过上亿年的变迁，在放射性衰变作用下温度升高的岩石缓慢上升至地表，然后再次下沉，温度则再次升高。长远来看，我们脚下的地球和火炉上的一锅热水没有什么区别。

地球滚烫的内核被地幔包裹。地幔厚度不到 30 英里，如同漂浮在地球内核上的一层浮油。在地球内核作用下，地表层分裂、飘散、结合，并处于不停运动的状态。地表层之上便是大陆，好比浮在那层浮油上面的浮渣，因此人类傲慢地称其为“固态地球”。

地球内部岩石升温沸腾导致地球大陆漂移、碰撞、分裂、再结合。在这个过程中大洋盆地开开合合，山脉隆起凹陷，地貌随之变化。在太阳系中，地球是唯一一颗活跃的行星，也是唯一一颗仍在形成中的行星。

地球绵延起伏的地貌与沸腾的水的表面相似。不同的是，沸腾的水是液体的流动，而地貌是内部岩石“沸腾”的结果。地球内部“沸腾”的过程是非常缓慢的。

地球内部岩石移动的速度每年不超过一英尺。但是如果把时间轴放大为 100 万年，那么传导热能的岩石移动的距离将长达几英里。再放大为 10 亿年，移动距离可以达到一块大陆那么长。

导致地幔运动的热能有两个来源：地幔岩石中放射性物质衰变和地球形成过程中的剩余热能。科学家对于热能来源存在较多争议。主流观点认为地幔运动的热能主要来自放射性衰变。但是从地幔角度来看，热能来自哪里并不重要。热能在地幔聚集，传导至地球表面，接着向太空辐射。

板块构造论

不同学派的地球科学家非常认可一个解释地球剧烈运动的行星模型。该模型于 20 世纪 60 年代提出，被称为板块构造论。它描述地壳板块和地幔移动部分之间的相互作用力，是解释地球表面构造的学说。

板块和大陆

地球最外层的构造非常简单。地幔大部分区域被玄武岩组成的岩石层覆盖。玄武岩是一种密度很高的脆性火山岩，外观呈黑色。如果你去过夏威夷黑色沙滩或纽约哈德逊河两侧的锈棕色岩壁，则代表着你见过玄武岩。当地幔翻腾升温的时候，地球最外层的岩石层分裂为小板块，每个板块宽度长达几百英里甚至几千英里，但厚度仅有几十英里。这些板块处于漂移的运动状态，与其他板块相互作用。地质学家将板块边界分为三种类型：离散型边界、汇聚型边界、守恒型边界。

离散型边界是新地壳产生的地方。在地幔对流的作用下，板块分裂拉张，新物质从地球内部涌出，位于大西洋中部的一条长长的山链——大西洋中脊位置存在地幔向上对流的现象。冰岛位于大西洋中脊沿线，整个区域全部由火山岩构成。还有一些离散型边界位于大陆。比如东非大裂谷，这是一个未来有可能将广袤的非洲大陆分割开来的地方。

当新物质在离散型边界处形成时，由于地球本身不会变大，那么必定有其他地方的旧物质毁灭。毁灭发生在汇聚型边界，在这里，板块被挤在一起，导致一个板块俯冲到另一个板块下面。被压在下面的板块回到地幔，岩石再次熔化与地幔岩石混合在一起，等待下次在离散型边界处再次涌出。

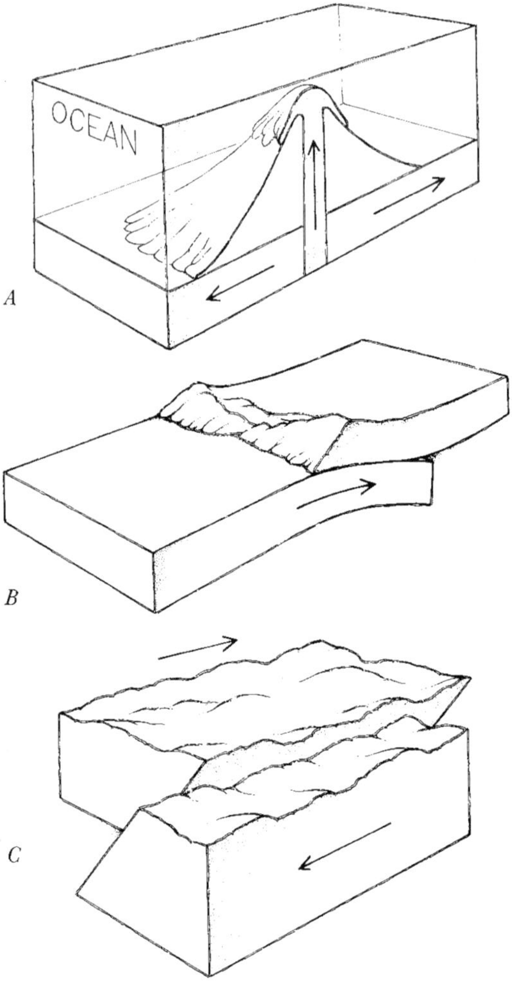

地球表面的板块通过以下几种方式相互作用：

（A）板块在新地壳不断产生的火山山脊处分裂拉张；

（B）板块与板块汇合，一个板块俯冲到另一个板块下方；

（C）板块与板块相互剪切滑动，形成断层，产生强烈地震。

不管哪种相互作用方式，板块运动是地幔对流的结果。

地球表面各大板块

板块边界处箭头指示板块运动方向

俯冲带地表特征取决于相互碰撞的板块是否为陆地。如果碰撞的板块不是陆地，结果往往是形成深海海沟，比如菲律宾附近海域的马里亚纳海沟。如果碰撞的板块有一块是陆地，那么陆地接近碰撞带的部分隆起就形成山链，比如南美洲的安第斯山脉。如果碰撞的两块板块都是陆地，那么陆地撞击后会在撞击处合二为一形成巨大的山脉。喜马拉雅山是印度次大陆与亚欧板块撞击形成的；阿尔卑斯山脉提醒着人们是板块运动让意大利成为欧洲的一部分。

守恒型边界处，板块与板块相互剪切滑动，冲刷形成破坏性极强的地震带。横跨美国加利福尼亚州的圣安德烈亚斯断层是守恒型边界的典型例子，它位于北美洲板块和太平洋

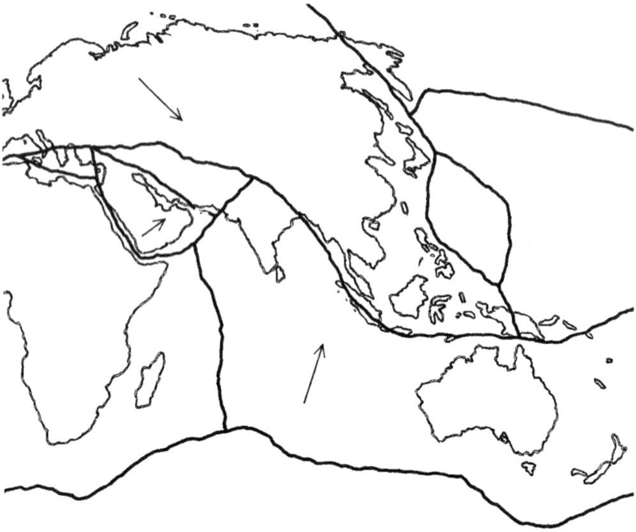

板块的交界处。1989 年旧金山大地震就是由北美洲板块和太平洋板块运动引发的。

上面这些例子告诉我们，板块与大陆是两码事。大陆是板块的一部分，地球表面仅四分之一是陆地面积。

板块构造论揭示了地球表面并没有什么东西是永恒的，山谷、河流、海洋、平原、高山皆是如此。

板块的发现

早在 20 世纪 60 年代以前，科学家就推断地球大陆不是静止不动的。1912 年德国气象学家阿尔弗雷德·魏格纳提出大陆漂移说，解释为什么非洲和欧洲大陆的西海岸与美洲大陆的东海岸凹凸吻合。根据魏格纳的理论，不同的大陆曾经是贴合在一起的，由于某种原因原始大陆开始分裂、漂散、漂移，最终形成了今天大陆板块的分布情况。魏格纳的解释符合如今的板块构造论，只不过魏格纳的大陆漂移假说并没有预料到板块构造论的诞生。二者唯一相同之处是赞同大陆不是静止的这一观点。

板块构造论在 20 世纪 60 年代被科学界广泛接受，这是科学史上的里程碑事件。尽管当时大部分地质学家认为大陆漂移是极其恶毒的异端邪说，但是当数据呈现在他们面前时，他们还是放弃了一生所学，转而接受新的理论。在数据面前，科学家是愿意做出改变的。

板块构造论最引人注目的证据来自一个人们意想不到的地方：海底岩石磁性。当地球内部熔岩在离散型板块交界处涌上地球表面时，将地球内部的铁矿物颗粒带到地表。这些铁矿物颗粒像一个个小小的指南针，有南北两个磁极。当熔岩凝固后，铁矿物颗粒留在熔岩里，保持南北磁极的指向。随着地质年代的推移，地球磁场的两个磁极会经常发生转换。现在指南针所指的北极在 100 多万年前可能指向南极。因此，凝固的熔岩里铁矿物颗粒所指的方向与新近发现的铁矿物所指的方向应该是相反的。

20 世纪 60 年代，海洋科学家发现被称为离散型板块边界两侧的岩石里，有不同寻常的磁条。新熔岩从地幔涌出，进而填充板块离开后的位置，指向北极的铁矿石颗粒被固定在凝固的熔岩里。随着时间的推移凝固的熔岩被移开，为新涌上来的熔岩让位。地球磁场经历磁极的轮换，再次凝固熔岩里铁矿物颗粒的磁极指向则与时间更久的熔岩相反。经过几次地球磁极轮换后，就会形成不同磁极指向的海底岩石。这种情况产生的环境只有一种：新地壳不断产生，磁场的磁极进行着偶发转换。

根据板块构造理论，板块按照每年几英寸的速度漂移。直到最近，板块运动的假说仅有间接证据的支持，比如刚才提到的海底岩石磁极。没有人能够用数据直接证实大陆漂移的假说。1985 年，又是一次意想不到事件给板块构造理论带来了证据支持。这个意想不到的事件发生在星系天文学领域。

1985 年，天文学家宣布对遥远类星体辐射的测量结果。天文学家分别在美国马萨诸塞州、德国和瑞典的三个天文台测量无线电波从类星体到达地球的时间。他们发现，在过去 20 多年时间里，测量的结果竟然相差 3 英尺。这就证明了欧洲和北美洲两个大陆之间的距离在慢慢变远，进一步证实了大陆确实是在继续保持运动。

为什么板块构造论有重要的科学意义?

20 世纪 60 年代以前，研究地球的科学家大多各自为政，相互之间很少交流。海洋学家研究洋流和温度，几乎从来不跟研究化石的古生物学家打交道。海洋学家和古生物学家也从来不会和探索地球内部奥秘的地球物理学家产生交集，他们似乎没有什么共同语言。

板块构造论的到来改变了这一切。它为不同领域研究地球的科学家提供了共同语言和相同的研究范式，以及共同的关注点。海洋学家意识到地球内部，地壳下面发生的事儿确实会影响海洋深处的海底盆地。古生物学家开始利用从化石发现的证据来追踪大陆的漂移。地球物理学家发现地球内部活跃的对流系统会导致地壳的躁动不安。板块构造论让科学家认识到地球是一个统一的整体，而不是相互独立的系统。

随着板块构造论的提出，许多看起来毫无关联的地质资料开始变得有意义。在此之前，地震学家已经观察到大部分地震发生在环形地带，但并不明白其中的道理。现在我们知道这些环形地带正好是板块滑动碰撞的交界地带。火山常见于新形成的年轻山脉。有了板块构造论，我们就明白火山频发的山链也是板块的交界地带。采矿地质学家发现沉淀在高温矿化水里的最大的矿床通常位于俯冲板块的上方；他们据此可以发现新的矿床。有史以来地质学家和古生物学家第一次明白了为什么横跨大洋两岸的古老岩层和化石沉积物彼此相同。板块构造论解释了当前地球科学的许多问题。

地　震

板块构造论的优势和劣势同时在地震预测上暴露无遗。有了板块构造论，我们可以明白为什么洛杉矶和旧金山一带经常发生地震。两个大型板块在此摩擦、碰撞、撕扯着加州。但是理解事物的缘由并不代表有能力预测事物的发生。按照两个板块现在每年几英寸的移动速度，理论上每 50 — 100 年将发生一次大地震。但事物发生的具体时间从来都是难以预测的。虽然频繁发生的小地震有可能是大地震的前兆，但每发生一次小地震就疏散洛杉矶、旧金山的整个城市并不现实。

以圣安德烈亚斯断层为交界的两个相邻的板块朝相反的方向运动。随着时间的推移，地球内部的压力越来越大。这个过程就好像上发条：最终岩层破裂，能量得以释放。通过测量断层附近岩石的压力，科学家可以预测大地震发生的时间。实际上大地震一定会在某个时间发生。有的地质学家认为 1989 年旧金山地震不过是地球能量大释放的一个前兆，20 世纪或者 21 个世纪可能还会发生一次更大的地震。至于什么时候发生，当前的科学研究水平显得如此无能为力。

媒体通常用里氏震级来描述地震的强度。里氏震级由加利福尼亚州地震学家查尔斯·弗朗西斯·里克特于 20 世纪 30 年代提出。里克特把仪器测定的最微弱的地震定为 0 级。测定值每增加 1 级代表地震信号增强 10 倍，地震能量增强约 30 倍。据此，四级地震比 0 级地震要强 81 万倍。里氏震级完全是开放式的，多高的震级都有可能。目前，灵敏的地震仪可以测定低于里氏震级 0 级的地震。1989 年加州洛马普列大地震最后测定为里氏 7 级，财产损失严重。2004 年苏门答腊—安达曼大地震最后测定为里氏 9.2 级，是有记录以来震级第二高的大地震。

火星上为什么没有山链?

地球是太阳系岩态行星中较为特殊的一颗。水星、金星、火星、月球是稳定的天体。为什么地球如此与众不同呢？为什么地球相邻的天体表面没有运动的板块呢？

关键因素是体积大小。地球之外的其他天体体积较小，当内部辐射产生热能后能迅速传导到天体表面并释放。当食物很热时通常会体验到类似的情况：一锅热汤几个小时后温度仍然很高，但是一碗热汤几分钟后就不那么烫了，而一勺热汤只需等待几秒钟就可以送进嘴里。火星、水星、月球跟地球相比就好像勺子那么大，早已成为惰性球体，内部产生热能后迅速转移到表面并释放。它们没有相互碰撞的板块，没有地震频发的断层，也没有绵延的山链。比地球略小的金星表面可能也存在板块，但即使存在，板块的运动也非常缓慢；现如今有的科学家认为金星上可能有活火山，但金星的体积还是不够大，很明显它的内部已经不再发生热的对流。体积相对较大的地球能够把热量锁定在地球内部，并保持内部高温沸腾。只要有足够的时间，地球最终也将冷却并停止变化，但这至少要等到几十亿年以后。

观察固态地球的窗口

最深的矿藏一般是在地下两英里左右；最深的钻井一般不超过 10 英里。科学家通常不会对科学的未来设限，但是以目前的条件，人类还没有能力去地球核心一探究竟。在这样的物理局限下，人类该怎样才能了解地球的内部情况呢？地震学家利用声波探索地球的奥秘。地震学是采用声呐研究地球的版本（样例）。声呐测定声波（海洋里无处不在的声脉冲）是从一个物体传播到另一个物体（海底或另一艘潜艇）并返回的时间。

地震学大概也是这么回事儿。地震学家用炸药或地震代替声脉冲产生足够强大的声波。相对较弱的声音将被泥石流、建筑机械、高速路车辆来往的声音掩盖。声音在地球内部传播花费的时间取决于传播声音的岩石种类。地震学家通过测量不同声波在不同介质中的传播，逐渐构建起地球内部的景象。

地震学研究发现，地球内部是一个同心圆结构。最内层被称为地核，半径长约 2600 英里，主要由镍和铁等重金属元素构成。地核的中心是固态的，周围包裹着一层液态金属。地核温度高达 7000 摄氏度，足以使地球表面的所有物体蒸发。

地核到地表以下几英里的范围为地幔。地幔的组成物质相对较轻，地幔岩石随着地球内部热能缓慢移动，最终引发地球表面板块活动。最外层是地表层，被称为地壳，包括高山河谷、海洋平原等我们所熟悉的环境。地壳的组成物质是构成地球物质中密度最低的，假如地球的组成物质熔化，那么地壳的组成物质一定漂浮在最上层。

很多地震学家为石油公司或采矿企业工作，通常会研究一英里以内的小范围地质特征。他们穿着结实的户外靴子，带着钻探装置和各种各样的地震监测仪在野外开展工作。地震勘探队员首先在地上钻孔，放置炸药，引爆后记录地震波，以期发现岩层结构，判定周围是否存在有价值的矿藏或石油。

为政府或研究机构工作的地震学家通常会更关注宏观的地球。他们在世界各地布置多个永久监测站，监测地震发生的位置和强度。通过比较各监测站地震发生的时间、持续发生的时间、地震波的强度后，科学家推断出地震的准确位置和级别。城市规划人员依靠这些信息预测未来地震可能发生的区域，用于指导城市发展规划。

这么看来，地震学家的工作似乎主要是等待坏事的发生。但是实际上，地震学家为维护世界和平起着至关重要的作用。这是因为地震学家为禁止核试验条约提供技术论证。地下发生爆炸时，爆炸点周围的岩石被推向四面八方，明显区别于自然发生的地震。自然地震发生时，所有岩石一起滚动。因此大型核试验是逃不过全球地震仪网络监测的。即使核试验爆炸发生在几千英里以外，科学家也能够通过计算机分析地震波信号，判断地下爆炸发生的地点和强度。

科学前沿：寻找地下宝藏

板块构造论直接影响我们在加油站支付的金额。了解板块和大陆的位置可以帮助我们发现未发掘的自然资源。当前石油和采矿地质学家面临的一项主要挑战是揭开地球板块构造的历史奥秘。地质学家和地球物理学家通过整合化石分布、岩石磁性、野外测绘和地震学等各种类型的研究成果，来判断远古时期板块、大陆、海洋和山脉的位置。

油田是亿万年前热带或温带地区有机物质堆积沉淀而成的。20 世纪初期，在大陆漂移学说提出以前，没有人会想到阿拉斯加北极地区拥有大规模的石油矿藏。而板块运动学说的诞生，让人类明白了曾经的热带地区完全有可能成为地球的南北两极。化石能源探索的范围将会变得更广阔，也就是说板块构造论同样改变了人类寻找金属矿藏的方向。远古板块边界附近常常蕴藏着丰富的金属矿藏，那里的火山矿泉中聚集了大量的矿石。因此，现代地质勘探总是对地球板块的历史有着浓厚的兴趣，以期发现远古板块的位置。新兴学科成就了矿学研究发现，中国金矿资源丰富，智利有铜矿，澳大利亚有镍矿，美国西海岸有制造硬钢的钼矿。

探索地球深处

有一部分科学家毕生致力于探究地球深处的奥秘。地幔是固态地球的重要组成部分，但是我们并不了解地幔的成分和温度的剖面图。我们只知道地幔里的对流现象会导致板块和大陆的移动，但是并不知道这个过程是怎么发生的。

目前相关研究主要集中在两个方向。矿物物理学家主要研究受地幔高压和高温影响的岩石和矿藏的主要特征。他们通过在实验室观察矿物在极限条件下的反应，找出最可能与地球内部匹配的岩石类型。矿物物理学家的研究与另一个研究方向互为补充，即地震学。地震学家正在逐渐将研究重心转向地球的三维结构。在过去，地震学家必须以手动测量地震波并展开相关分析。如今超级计算机的出现能够大量收集并处理世界各地地震监测站的数据。科学家在大量数据基础上构建地球的三维模型，帮助人类理解地球的前世今生和未来命运。

不稳定的磁极

地球磁场的形成源于地核液体层的旋转。但除此之外，我们并不知道为什么地球会像一个巨大的磁体。由于地核并不带电，所以地核旋转并不产生电流，它本身不能产生磁场。

但是通过复杂的方式，旋转的不带电导体的确能够产生磁场，所以这不是难题所在。

科学家面临的真正难题在于地球的南北磁极并不是静止不动的。北磁极位于北极附近，但是每年大约移动 25 英里。在历史上，地球的两个磁极曾发生多次转换，间隔可能长达几百年甚至上千年。地质编录共记录了 300 多次磁极转换。但是人类并不明白为什么会发生磁极转换。地质学家需要构建一个理论来解释稳定的磁场为什么会发生貌似随机的磁极转换。这可不是什么好差事！

第十四章

地球的周期

下次去海滩的时候，请你捧起地上的沙子仔细观察。你会发现每粒沙子都是与众不同的。有的颜色发黑，有的亮闪闪；有的呈绿色，有的是白色，还有的呈现深浅不一的棕色。把沙子放在显微镜下观察，你会发现更大的不同。你手上捧的沙子，有的沙粒光滑圆润，有的棱角分明。所有不同之处的背后却有着一个共同点：它们是地球周期的一部分。

沙粒颜色不同是由于它们来自不同的岩石。形状不同是因为它们从内陆被海水冲到海滩，形成新的岩石，然后再被冲走，来到新的海滩，如此反复。

自诞生之日，地球上就发生着风化、沉淀、开启新岩石的周期变化，周而复始直到太阳能量燃烧殆尽，地球走向消亡。正是有了这些周期，你手上捧的沙子才有可能来自地球诞生之初形成的那片海滩。

自然的力量不断改变着地球的面貌。雨水冲刷岩石土地形成泥沙。河流流经高山带走泥沙，流向地势更低的山谷。

海洋湖泊的水分蒸发，形成雨云。地球表面的岩石、水、大气在自然作用下，经历循环往复的周期变化。

蒸发的海洋水又返回到地球表面，有的成为地下水，有的进入内陆湖泊。当气候变冷，北极的冰山会吸收更多的水，全球海平面则会降低。温度升高时，冰山融化变小，水再次流回海洋。和岩石一样，水的变化也有周期。

空气的运动同样遵循严格的周期规律。盛行风决定了每天的天气，空气的长期运动规律带来气候的不断变化。

实际上，地球运转遵循着各种各样的规律。

各种各样的规律相互联系，相互影响。地球好像一台神奇的机器，齿轮零部件不停地运转。最神奇的是，人类在逐渐了解这台机器的各个零部件是如何完美地结合在一起运转的。

周期变化

地球上没有哪种地貌是永恒不变的。山峰挡不住岁月侵蚀，陆地被自然分隔，汪洋大海会消失，冰川会融化。变化才是地球永恒的特征。在这永恒的变化中，有一点是不变的。地球拥有的原子数总量是保持恒定的。某个系统新增一个原子，那么必定有另一个系统会丢失一个原子。如同儿童房里孩子玩的积木，积木的数量一定是确定的。

岩石周期

地球上的岩石可谓是千奇百怪。地质学家把形态各异的岩石分为三种类型：火成岩、沉积岩、变质岩。这种区分不仅仅具有学术意义。岩石里还藏着历史，人们通过岩石的矿物结构和形状去揭示其中的奥秘。不同类型的岩石可能会相互转化，地质学家称转化的过程为岩石周期。

火成岩

组成地壳的岩石最开始是熔岩。从太空视角观察，诞生初期的地球就像一颗光芒耀眼的巨型球体。散发光芒的最外层开始凝固时，岩石周期正式开启。最初，地球上所有的岩石都是火成岩。现如今的火成岩主要是火山活动的结果。火山岩最初形式是喷向天空或海洋的岩浆——也就是熔化了的岩石。破坏性最强的火山一般位于陆地。火山爆发时，喷射出的熔岩照亮整个夜空，汇聚成河，给人类社会带来毁灭性的破坏。流经之处，陆地地貌被彻底改变。这类火山大部分喷发深色的玄武岩岩浆，流动性较强。少数情况下，比如1980 年圣海伦斯火山喷发时，岩浆像沥青一样黏稠，流动性较弱，破坏性也随之降低。火山喷发时，火山口积聚的压力必须经过巨大的岩浆喷发才能得以释放。

一部分火山内部的岩浆无法到达地面。地质学家把在地下冷却凝固的熔岩称为侵入岩，有别于经火山口喷发到地面的喷出岩浆。由于侵入岩是在地下形成，所以侵入岩可能需要经过几百万年的风化作用才能从地下露出，出现在地球表面。

美国南达科他州西部布拉克山的拉什莫尔山，乔治亚州的斯通山，科罗拉多落基山脉最高峰均是侵入岩的典型例子。在美国科幻电影《第三类接触》中隆重登场的魔鬼塔是火成岩的另一个典型例子。这座巨型的圆柱体岩石位于美国西部怀俄明州东北部。几千万年前，地球内部的熔岩穿透砂岩覆盖层，但未能成功到达地球表面。喷涌而上的火山岩就地凝固，收缩成狭长的纵向裂缝。几千万年后的今天，在侵蚀作用下凝固熔岩周边较软的沉积岩消失，只留下这座坚硬的火成岩石柱。

沉积岩

想象一下地球诞生之初的样子。热气腾腾的海洋上火山嶙峋，日月矗立，饱经海风海浪的侵蚀。脱落的石屑被海水冲刷到海底。海底的碎石屑接着被冲到沙滩，缓慢地沉积在河谷、湖底。日积月累，火成岩碎屑一层又一层地堆积，埋入海底、沉积地下，经历暴晒，最后变成沉积岩。

将岩石分解成沉积物的风化作用有多种类型。海洋的潮汐、流动的溪流、风沙产生物理风化作用，这个过程好比水在裂缝或孔洞中结冰形成的水楔效应。另外，岩石在化学、生物风化作用下逐步分解。比如，树根和小草逐渐分解的过程。物理、化学、生物风化作用分解的物质为沉积岩的形成提供了原材料。

沉积物长时间集中，慢慢地将沙滩深埋于地下。在地球内部压力和热力以及水中矿物质的共同作用下，沉积物颗粒形成砂岩。接着，岩石随着造山运动上升，再次经历风化。最终砂岩中的沙砾被分解，出现在另一片沙滩上。你正在度假的沙滩上散落的沙砾可能来自于遥远过去的另一片沙滩上，在未来的某一天也可能出现在另一片沙滩上。

在过去的30亿年里，生物体本身直接促成沉积岩的形成。植物死亡后的根茎叶积聚在沼泽地形成煤层。生活在海洋里的微生物死亡后将自己的骨骼贡献给海底沉积物，最终形成石灰岩——沉积岩的一种。

缓慢沉积在洋底、湖底的物质称为沉积岩，通常呈现层级形态，像一页一页的书。下次公路旅行时，可以仔细观察哪些石头是沉积岩。最常见的沉积岩有砂岩、页岩和石灰岩等。

变质岩

火成岩和沉积岩无法一直保持它们的形态。位于地表的火成岩和沉积岩在风化作用下分解成新的沉积物。如果两类岩石被埋在地下，那么随着温度、压力和时间的变化，会发生更有趣的现象。在高温下，黏土等常见矿物质中的水汽蒸发，这个过程好比砖窑中烧砖。在高压下岩石中的原子重新排列形成密度更高的矿物质。比如石墨被埋在100英里深的地下，其原子重新排列，形成钻石。形成后成分和结构发生变化的岩石被称为变质岩。

变质岩讲述着地球躁动不安的历史。美国新英格兰地区高山上露出的岩石里含有仅可能在地表以下20英里深、近1000摄氏度高温下才能形成的矿物质。残余的岩石结构告诉我们露出地表的岩石曾经位于大洋深处的洋底，在那里随着大陆物质侵蚀洋底，沉积物越积越厚。后来北美大陆板块和欧亚大陆板块发生意外碰撞，挤压洋底形成褶皱山——阿巴拉契亚山脉，埋在洋底深处的沉积物在造山运动中随温度压力发生着变化。层状石灰岩变成佛蒙特州的大理石，页岩先变成板岩而后变成拥有大块石榴石晶体或其他高压矿物质的片岩。经过 2 亿多年的侵蚀和上升运动，古老的岩石重新出现在地球表面，在风化和侵蚀的作用下继续着新的变质周期。人类制作的纪念碑、墓碑留下了地球不断变化的片段记忆。

岩石周期继续变化着。火成岩、沉积岩、变质岩在风化作用下形成新的沉积物，或被埋入地下融化变质，从而形成新的岩石。

水循环

地球拥有的总水量是有限的。实际上，地表水早在地球诞生之初就已经存在，似乎它永远不会耗尽。这是因为水和岩石一样遵循周期规律。水不断被消耗着，又不断得到补给。地表水最初可能是在陨石撞击或太阳风条件下产生的。太阳风是太阳诞生初期释放的高强度粒子流。根据科学家推断，海洋里流动的水，空气中悬浮的水汽等，都曾藏在岩石里，安然无恙地度过了地球诞生之初的混乱时期。后来经过火山活动进入到地球表面。

海洋和大气并不是行星形成的必然结果。水星和月球等比地球小的行星由于体积太小地表无法留住液体。水蒸气、氮气、氧气等快速移动的气体分子逐渐挣脱行星的天体引力。假如地球比现在的体积小的话，那么地球上就不会有海洋，也不会有生命。

地球上的海洋、湖泊、河流、冰山、地下水、大气所含总水量高达 5 万亿加仑。地壳和地幔中的矿物质拥有更高的含水量，但人类还无法开发使用束缚在矿物质中的水。地表 97% 的水量位于海洋；2% 冻在冰盖和冰川中；仅剩下 1% 是可供使用的淡水。在冰河时代，地表水的百分比分布略有不同，但相同的是淡水仅占地表总水量的一小部分。

水以气态、液态和固态的形式在陆地、海洋和大气间不断循环的过程，称之为水循环。水循环可以简单描述为：水从海洋蒸发，在大气中形成云，云变成雨降落到陆地，流向河流、溪水，再次回到海洋。一个水循环周期大约持续几周或几个月。实际上水循环复杂得多，它涉及多个连锁循环过程，每个过程耗时从几个小时到上百万年不等。要理解复杂的水循环过程，我们需要搞清楚其中几个关键环节。

海　洋

海洋占地球表面积的四分之三。海洋平均深度为三英里，在最上面厚度几百码的这一层可以吸收太阳光，而底下则是冰冷黑暗的巨大水库，储存着地球绝大部分的水量。海洋深度越深，温度越低，盐度越高。随着深度增加的还有压力；海洋最深处每平方英寸的压力值高达几吨。靠近大陆部分的浅水区覆盖着大陆架。大陆架通常被认为是被海水淹没的陆地，而非海洋的一部分。一般延伸几十英里，近海的边缘处地势陡然下降，落入海底深渊。洋面薄薄的混合层十分特别。处于阳光照射的混合层富含气体，为海洋生物创造了理想的栖息之地。从微型浮游生物和海洋藻类到大型鱼类、海洋哺乳动物，薄薄的混合层呈现出朝气蓬勃之象。相比之下，深海是一片黑暗，有的只是强大的水压和冰凉的海水。这就是北大西洋乔治沙洲等大陆架上的浅海海域能成为闻名世界的渔场的原因。类似的还有盛产海鲜的切萨皮克湾。相比之下，深海就像一片荒漠，不适宜生命的存在。

在海洋深处，海水循环的速度十分缓慢，有的地方几千年都一动不动，处于黑洞一般的静止状态。海底最深处的海水大部分来自南极冰原。消融的冰川水流到海洋，沿着洋底四散开来，最远可达北太平洋的白令海峡。

海洋和其他水循环系统的互动主要发生在海洋表面。河流水和雨水汇入海洋表层，表层水蒸发后再次回到大气。海洋表层对沿海地区来说可以起到热缓冲器的作用，在寒冷和炎热的月份调节着温度。

冰盖和冰川

在地球的历史上，冰盖和冰川储存的水量不是一成不变的。最高的时候能达到地球总水量的 5%，而最低的时候仅为 1%。冰川储水量的多少取决于各大陆的位置。从正常可预见的角度来讲，取决于地球绕太阳运动的轨道以及地球旋转轴的方向。现在处于地球温度适中时期，大约地球总水量的 2% 或淡水总量的四分之三位于冰盖和冰川。

地球上现存的冰川大部分集中在南极。只有当一整块大陆覆盖地球一极的时候，大型冰川才有可能形成。因为只有大陆才可以撑起厚厚的冰层。北极没有大陆，在冰盖形成过程中，随着重量的增加，冰层沉入海洋。由于压力增强，冰层逐渐融化。因此，如果没有大陆的支撑，海洋上的冰盖厚度不会超过几百米，冰川的储水量也仅有地球总水量的 1% 左右。地球历史上四分之三的时期，南北两极并没有大陆覆盖，因此也没有大型冰川。只有在短暂的时期，南北两极同时被大陆覆盖，那时冰川的储水量可能比现在还要多。

科学家发现预测大陆漂移不是一件容易的事，更别说预测大陆漂移对冰川的影响。但是天文对冰盖的影响则较容易预测。天文主要通过地球自转轴的倾斜度影响冰盖。地球自转轴倾斜角目前为 23 度。北半球和南半球四季相反的原因在于北半球在夏季朝太阳的方向倾斜，而南半球朝相反的方向倾斜。总体而言，令夏天凉爽的原因也是冰川形成的原因。道理很简单：如果夏季凉爽，加拿大和西伯利亚地面上的冰雪停留的时间将会更长。冰雪反射太阳光，使温度更低，让来年留在地面上的冰雪变得更多。结果是：经过几千年的时间，大面积的冰层从极地和高山延伸并覆盖欧洲和北美大部分区域。如果这种情况发生，我们将其称为冰期。

最近一次冰期的鼎盛时期距今大约 2 万年，那时冰川覆盖区域甚至到达芝加哥地区。我们今天所处的时期被地质学家称为间冰期。在更短的时间维度上，冰川周期受偶然事件影响。大型火山喷发将黑色物质喷向大气，遮蔽太阳光线，让地球进入一年到两年的冷却期。在这种情况下，冰川进入短暂增长时期。大气中二氧化碳、天然或人为制造的温室气体浓度上升则引起相反的效应。现在最佳的一种推测认为，虽然由温室效应引起的全球变暖对大的冰川形成和融化周期造成短暂的干扰，但是人类仍然在进入新的冰川期。

研究地球冰川周期超越抽象意义。如果更多的水量储存在冰川，那么海洋中的水会减少，海平面就会下降。比如上一次冰川形成期，北美东部海岸的海岸线与现今相比向东移动了 150 英里；西海岸地区，西伯利亚和阿拉斯加之间有一座冰陆桥连接。人类学家认为北美土著印第安人的祖先是通过这座桥进入美洲大陆的。相反，地质证据表明十几万年前地球处于温暖的间冰期，海平面比现在高 100 英尺。如果是这样，那么现在的纽约和洛杉矶海滨地区十几万年前是位于海面 100 英尺以下的。

淡　水

研究水循环的科学被称为水文地理学，它的一个重要原理是水是可移动资源。在引力作用下，水从高处流向低处，塑造地貌，在岩石循环中扮演着核心角色。水从陆地和海洋蒸发，进入大气，并形成云，在天气循环中发挥着重要作用。通常，水以雨水的形式回到陆地，流入蓄水区形成淡水，为生命提供必要的化学介质。

地球只有少量淡水资源供动植物使用。落到地表的雨水经多种途径进入水循环。一部分渗入土壤，一部分流入湖泊溪流，一部分迅速蒸发回到云层。不过 99% 的雨水变成地下水，地下水集中在蓄水层。蓄水层由多孔岩石组成，岩石矿物颗粒与颗粒之间的缝隙组成强大的储水网络。水渗入暴露在地表的蓄水层部分，在地球引力作用下流到蓄水层的其他地下区域。蓄水层顶部和底部各有不透水岩层，要利用地下水需要先凿一口深井。蓄水层储满水可能需要几千年的时间。因此利用蓄水层的水好比开采一座矿藏。在美国西部地区，地下井正在干涸。几千年后蓄水层会再次储满水的预言远不能缓解农牧民的忧虑。

人类依赖自然界的水循环生存，而人类本身也在影响着水循环。最大的用水量来自于农田灌溉；在河流上筑坝建水电站；修建人工湖或储水，或娱乐；使用活水处理工厂化学废物和家庭生活废水。

直到最近，人类才意识到淡水不是取之不尽用之不竭的资源。这也情有可原，因为水循环的某些方面的确给人们造成了这种印象。水通过蒸发作用在短时间内得到净化。随着新蒸发的水取代被污染的水，长时间被污染的河流、小溪、湖泊、海岸线便可以得到复原。不过很多问题没有快速的解决方案。地下水如果被污染，那么几十年后都不可能复原。这样一来，可供使用的淡水资源储量就会变少，再加上人口增长的压力，淡水资源将会更加紧张。政治家和科学家现在已经意识到人类是地球水循环的重要组成部分。

大气周期

凭直觉人们可以感知到三种主要的大气周期。第一种是较为短期的天气周期。天气很难预测，特定某一天或某个月份的实际天气常常超出“普通”状态。更长的周期即四季，是地球绕太阳运动的结果。人们的生产生活遵照着四季循环。比季节周期更长的周期是气候周期。尽管很多科学家认为由于人类活动我们目前处于气候相对快速变化的时期（参见第 19 章），但是气候变化仍然较为缓慢。即使在正常情况下，几代人才足以见证气候的变化。比如更暖或更冷的冬季，富饶的农田变成荒漠，沼泽变成坚硬的土地。天气、季节、气候都与地球的大气息息相关。包裹地球的大气本身是与海洋和岩石一样复杂的存在。要搞懂天气那么必须弄清楚大气是如何形成的。大气在很多方面与大地和海洋类似，它和地幔中的高温岩石和海洋的洋流一样处于循环状态。另一个相似的地方是大气系统也分为不同的层级，各层温度不同，压力各异。

对流层是离地面最近的暖温大气层，厚度大约为 4 万英尺，是飞机飞行的通道。对流层的高度比喜马拉雅山还要高，我们从地面观测到的云层大部分位于对流层，特大暴雨时产生的云层常常突破对流层，进入更高的大气层。对流层的上面是平流层，高度达 15 万英尺，再往上是中间层，高度达 26 万英尺，接着是电离层。每层发挥着各自独特的作用，共同塑造我们生活所在的大气层。

对流和天气

板块构造论背后的对流机制形成了不同的天气状况。地表附近的大气层是一个巨大的对流系统，在太阳能的作用下包裹着不停自转的地球。大部分太阳能集中在赤道附近，使赤道地区的热空气膨胀上升。假设地球没有自转而是处于静止状态，那么从赤道升起的热空气将随着高层气流流向南北两极，最终冷却并降低。接着，地表气流将从两极再次回到赤道。这种情况下，北半球的风和天气通常由北向南发生着变化。

但是，地球 24 小时不停自转让情况变得有些复杂。简单的由北向南单个对流圈被划分为三个大型自东向西的对流圈。在南半球和北半球的温带地区，地面风的风向从西向东，形成了盛行的西风带。该循环决定了美国大部分地区自西向东的天气特征。而赤道地区情况恰恰相反，形成自东向西的东风带。大西洋上的西风带让水手们从欧洲到美洲一路高速航行。风带之间常形成不流动的大气团，如赤道无风带。

天气预报术语

离地面最近的低层大气是最受关注的地球系统。广播电视节目定时高频率播报大气特征的状态和可能发生的变化：特别是温度、气压、湿度、风速、风向、空气污染等。风寒指数、舒适指数等术语将两个或更多的变量结合在一起，提示人们外面的天气会给人体带来怎样的感受。

随时间和空间发生的温度变化通常而言非常复杂。温度不仅随时间和季节的变化升高或降低，而且随海拔高度变化而改变。天气预报员可以预报地表温度，但很多天气活动比如降雨则取决于上层大气的温度。

气压指地面上空的空气重量，约为每平方英尺 14 英镑，与约 30 英寸高水银柱在海平面的压力值相当。如果地球上的空气完全静止，那么气压值则不会变化。但实际上大气团形成了巨大的循环气流，边缘处气团聚集形成高压区，中心处形成低压区。

湿度是一个相对概念，一般用百分数表示。能留住空气而不产生雾或雨的水蒸气量大小不一，具体数值取决于空气的温度。如果温度为 90 度，大气能够容纳其重量百分之几的水汽。而隆冬季节的新英格兰地区，大气容纳的水汽却不足其重量的 0.5%。湿度值指的就是大气容纳水汽的多少与大气能吸收多少水汽的比值。当相对湿度较高时，汗液很难从皮肤里排出，我们就会感觉很不舒服。当温度下降，大气容纳水汽的能力也跟着下降，水会凝结成水珠。这也就是为什么冰镇饮料外面会有凝结的水珠，即使在相对干燥的炎炎夏日。

北美地区的风向总体上是自西向东的，但实际风速和风向受多种因素影响。地形、大型水体的位置、温度以及高低气压区的分布均是重要的影响因素。近年来，天气预报节目喜欢用电脑特效展示高速气流的移动路径。高速气流是大约 8 英里高空中高速运动的大气流。大致来说，高速气流是温带区北部冷空气团和温暖气团的分界线。高速气流的流向一般是从西向东，但是像河流一样，它的路径也是蜿蜒曲折的，受大气高压、低压位置的影响，每天的位置和速度会有所不同。高速气流的移动速度很快，通常达到 100 英里 / 小时，因此会影响飞机航线。通常来讲，从美国东海岸到西海岸加利福尼亚州的飞机比返程的飞机航程要多花一个小时。污染预报已经成为天气预报的常规预报项目。比如，春季和夏季的天气预报会按照一定的比例尺预报空气中的花粉浓度。很多城市还会为大家提供雾霾浓度的报告。

科学前沿：碳循环系统

过去两个世纪，科学家研究地球时将岩石循环、大气循环、海洋循环等看成独立的循环系统。如今科学家正在改变这种研究方法，将地球作为一个整体来研究，着重关注各个循环的相互关系。

地球最重要也是最神奇的一个循环系统涉及碳元素。碳元素是所有生命体的关键化学元素（参见第 15 章）。碳在岩石、大气、海洋三个重要的地球循环体系中发挥着重要作用。它是沉积石灰岩、变质大理石以及各种火成岩等岩石循环系统中必不可少的化学元素。碳形成的温室气体二氧化碳是大气循环系统中的重要组成部分。海洋目前被认为是最重要的二氧化碳储存器，但其中的原理还不是十分明晰。

鉴于碳对气候和地球生命的重要性，科学家正倾注精力研究岩石、大气、海洋中复杂的碳交换。人类活动是一个非常关键的因素：燃烧煤、汽油等化石燃料为什么会产生二氧化碳气体？人类燃烧化石能源排放了多少二氧化碳？人类是否有办法减少二氧化碳的排放？海洋从大气吸收二氧化碳的速度有多快？海洋容纳二氧化碳的能力是否有上限？从大气中吸收二氧化碳的植物是如何影响着地球平衡系统？

科学家研究地球碳循环系统时一直把关注点全部放在地球表面。直到最近，他们开始意识到碳循环系统可能与地球内部存在某种联系。几千年以前，人类已经认识到地下埋藏着煤炭、油气等化石能源。普遍的假设是化石能源是远古时期生长在地球表面的植物形成的。新证据表明，至少一部分被埋在地下的碳生命体来自地球深处的地幔，沿着断裂带上升到地表。同时，富含碳元素的岩石在俯冲带从地表沉到地幔。接着科学家还从埋在地下深处坚硬的岩石中发现了顽强生存的微生物。这让碳循环系统的问题变得更加复杂。未来几十年，这些复杂的问题有待化学家、生物学家和地球科学家去一一破解。

第十五章

生命的阶梯

夏日午后，我们懒洋洋地躺在山顶。放眼望去，四周到处是地球存在的证据——地上的岩石、天空的云朵、远处的湖泊。在我们眼前是一个生机盎然的地球。身下的小草，耳畔鸣叫的虫儿，天空歌唱的小鸟，连同躺在山顶的我们，共同组成生活在地球上的一张巨大的生物网。这张大网包罗万象深入土壤之下，远抵海洋、荒漠、森林深处。它养育了我们，为我们提供赖以生存的氧气。尽管生命形式各不相同，或是一株小草或是高大的长颈鹿，处于生物网中的生物相互依存、繁衍生息。

生物体相互依存最重要的证据与化学相关。包括人类在内的所有生命形式，体内拥有相同的化合物，所需能量源自相同的化学反应，背后的化学机理相同。生命的核心本质在于生命属于地球的一部分。地球上繁杂多样的生命体组成了一个巨大的阶梯。阶梯的最底层是组成生命体的基本化合物，依次往上分别是微小细胞、构成器官的细胞、器官系统、生命体。位于阶梯中间位置的细胞是生命体结构的桥梁：

一切生命体由细胞构成，细胞是生命体的化学工厂。
（除病毒外，病毒是非细胞形态的生命体）

细胞的作用好比生命体的化学工厂。细胞从自然界摄取物质，并对其进行加工，以维护细胞和生命体的生存和运转。复杂的细胞拥有特殊的物质接收器（可以比喻为“码头”），在中央信息系统（“前台指挥部”）的指挥下加工摄入物质，随后将其运送到生命体各处（“生产线”），生产出的“成品”再次经接收器回到生命体内。细胞是一个高度有序且繁忙的地方，需要各个位置共同协作以保证细胞的运转。

生命分子

分子与形态

地球上组成生命体的分子种类各异，但均是由原子有规律地排列组合而成。分子有两个重要特征：一是分子由更小的分子构成；二是分子性质主要取决于分子形态。不管有机体的分子多大多复杂（有的分子包含几百万个原子），其基本结构相对简单，均由基本成分串联而成。不管它是乡间小屋还是纽约市中心的帝国大厦，建筑物均由最基本的砖和窗户等元素组合而成。与此类似，从简单的糖到复杂的蛋白质，有机分子由物质的基本单元组合而成。按照这个规律，不同成分以不同方式组合，形成四种主要类型的有机分子。

当分子增大变复杂时，其三维形态变得非常重要。这与第七章中讲到的矿物质等相对简单的化合物不同。不管分子多么复杂，它必须通过相同的化学键合方式与其他分子发生相互作用。而将小分子结合在一起的化学键合方式最终取决于两个相邻原子中电子的相互作用。

因此，要让复杂分子产生相互作用，那么其原子之间的距离必须足够近，而且能够使电子产生相互作用。正如两块能拼在一起的拼图，只有两个形态完全相容的复杂分子才能产生相互作用。

我们可以把两个相互作用的大分子想象成随意堆放的长绳子。键合的原子如同每条绳子上的粘扣带。任意两条绳子不会结合在一起；往一堆绳子上随便扔一条新绳子，原子键合的概率非常小。只有当粘扣带能粘在一起的时候，有规律摆放的绳子才可能形成牢固的化学键。

一堆绳子与另一堆绳子在很多情况下是互不相容的。比如，一条绳子上的粘扣带藏在绳子堆积的凹陷处。在这种情况下，需要把粘扣带移到绳子的一端，绳子才有可能与其他绳子相容形成化学键。同样的道理，只有复杂分子相容时才能形成键合。因此，分子的相互作用取决于分子的形态。

酶

酶是一种极其重要的大分子，它的主要作用是帮助分子发生化学反应。在此过程中，酶本身不发生变化。帮助无机分子发生化学反应的分子叫作催化剂。总的来说，酶的催化作用只针对两种特定的分子。

我们还拿上面的绳子堆做例子。如果我们把两堆绳子用粘扣带连接并缠绕在一起，那么我们便发挥了酶的作用。我们拿起一根绳子，再拿起另一根，让粘扣带相对并把两根绳子粘在一起。粘完后，我们不动声色地走开，准备粘连另外两根绳子，并在下一堆绳子上施展相同的魔法。

因此，酶的作用是把两个特定分子聚集在一起，使分子的原子形成化学键，此时酶的工作便完成了。它毫发无损地离开，再次开始聚合分子的过程。每种类型的酶催化某种特定的化学反应。我们身体里每个细胞每天发生着成千上万种化学反应，每种反应过程都有酶的参与。

碳的作用

大分子由数量众多容易成键的原子组成。最外层拥有四个电子的碳原子数量众多且容易成键。碳还拥有一个更重要的特性，可以与其他碳原子形成强共价键。因此，碳原子可以形成长链，链上的每个碳原子带自由电子，像“钩子”一样与其他原子形成共价键。这就是为什么生命体系统中的分子都有碳原子。这也就是为什么我们称地球上的生物为碳基生物。当然，也有人把生物称为共价键基生命，原因是有机分子中原子的键合方式主要为共价键。

除了碳原子外，有机分子还包含五种原子，分别是氢、氮、氧、磷、硫。(一个简单的记忆法 -CHNOPS- 有助于记住这些原子。)这六种原子构成了有机分子所需的基础模块。

因此，从原子层面上讲，地球上的生物多样性归根结底是简单原子的组合。

生命必需的四种分子

细胞工作需要四种类型的分子，分别是：

1. 核酸。核酸是脱氧核糖核酸（DNA）和核糖核酸（RNA）的总称。核酸分子携带细胞化学工厂运转的蓝图，也是把基因信息从一代复制到下一代的工具。鉴于核酸在生物学中的重要作用，本书将在下一章进行详细介绍。

2. 蛋白质。蛋白质是细胞的核心组成部分。我们的头发、指甲都是由蛋白质构成的。除此之外，它几乎是细胞化学工厂里所有化学反应的催化酶。如果没有蛋白质分子，生命也将不复存在。蛋白质是模块化的，由成千上万个更小的氨基酸分子组成。从结构上来讲，氨基酸由三个原子团组成，一个是氢、氮原子团，一个是碳、氧、氢原子团，还有一个是标注为“R”的基。“R”基可以有几百种组合方式，形成不同类型的氨基酸。当一个分子一端的氢原子与另一个分子一端的羟基自由基结合形成水分子时，氨基酸将联结在一起。这样的键合过程好似两个氨基酸把一滴水挤出去，让它们之间的联结更加强韧。两个氨基酸组合在一起后，第三个、第四个、第五个……随之加入形成氨基酸长链。氨基酸长链组合方式不同，形成的蛋白质分子也不同。蛋白质分子大小不一，小的只有十几个氨基酸那么大（比如胰岛素的分子组成单元），而大的蛋白质链则包含上万个氨基酸链。

生命系统里的蛋白质结构有一个奇怪的现象还没有得到合理的解释。这个现象对生物进化至关重要。我们知道，理论上通过不同组合方式可以形成千百种氨基酸。但是事实上，科学家从生命体提取的蛋白质中只发现了 20 种不同的氨基酸。

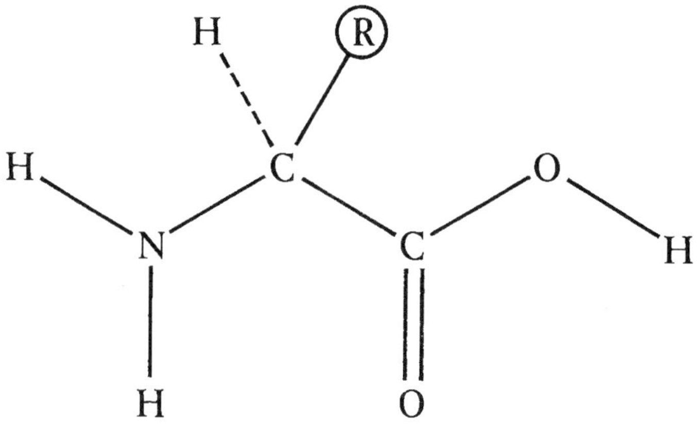

氨基酸与氨基酸相连形成长链构成蛋白质。常见的蛋白质中一般含有 20 种不同的氨基酸，“R”基原子的差异决定氨基酸的种类。

1. 碳水化合物。蛋白质掌管着细胞的化学工厂，碳水化合物则是细胞化学工厂的燃料供应商。糖是碳水化合物的基本组成单元。糖是一种有二十几个碳、氧、氢原子组成的环状小分子。常见的糖类有葡萄糖（葡萄糖是静脉点滴药液的一种成分）、果糖（常见于水果）、蔗糖（家庭餐桌常见的糖类）。蔗糖由葡萄糖和果糖合成。

与蛋白质中的氨基酸一样，糖分子中一个环形的氢原子与另一个的羟基自由基相结合，挤出分子中的水，形成强劲的化学键并将两个环形分子结合在一起。和蛋白质分子一样，糖分子与糖分子无限结合形成长链。葡萄糖分子链首尾相接形成维持生命体重要的大分子——淀粉和纤维素。淀粉的作用是储存细胞能量，纤维素是植物根茎的主要支撑物。

我们身上穿的棉布衬衫，满足你一天工作所需要的肌肉中的碳水化合物，早起放在咖啡里的糖，归根结底都是由同样的基础物质构成单元组成的。这很好地说明了一点：简单的有机分子构成了千姿百态的生物世界。

2. 脂类。脂类是不溶于水的有机分子的统称。脂肪和油是常见的脂类。想想喝汤时汤表面漂浮的一个个油滴。长链油脂分子是一种重要的脂类分子。分子链的一端遇水相吸，另一端相斥。脂类在生命体中扮演着多种角色。它能有效储存能量。人人都想减掉的腰部脂肪就是一种脂类。由于脂类不溶于水，它们是细胞膜理想的原材料。细胞膜既可以将细胞与外界环境相隔离，也可以划定细胞内部独立结构的边界。

我们日常生活中可能会遇到脂类的一种特性，与脂类分子碳和氢原子的键合方式有关。当两个相邻原子共用一对电子时，我们说这种化学键是饱和的；如果两个相邻的原子有两对电子，那么化学键是不饱和的。动物脂类分子的化学键是饱和的，通常不溶于水。而橄榄油等植物脂类分子的化学键是不饱和的。在美国很多健康问题源自人们过度摄入动物脂类，造成不溶于水的脂类在血管壁大量堆积。

生命的化学工厂

细胞是构成生命的基本单元。许多生物体仅有一个细胞组成。另外一些则是由多个细胞组成，比如我们的身体，包含 40 万亿— 60 万亿个细胞。细胞的形态和大小多种多样。个头较大的细胞，比如鸵鸟蛋的蛋黄，比许多动物还大。个头较小的细胞，比如一些细菌，即使在很先进的光学显微镜下也几乎观察不到。大部分细胞直径约为一英寸的千分之十，差不多比大火过后雾蒙蒙天空中飘散的烟雾粒子还要小一点。

细胞有两个主要作用：为维持生命所需的复杂化学反应提供场所；通过细胞不断增殖来保证生命的运转。这一章我们主要讲述细胞的化学反应，下一章主要关注细胞的增殖。细胞这个化学工厂与其他工厂一样，拥有多个维持运转所需的作业系统。有负责储存信息发布指令、监督车间运转情况的前台指挥部；实体车间；各种各样机器组成的生产系统；输送原材料和成品的运输网；为工厂提供能量的能源工厂。

前台指挥部

细胞核是细胞的前台指挥部。它由一个双层膜结构包裹，储存生命体的核酸 DNA。DNA 好比人体的操作手册，它本身不工作，但存储着指挥细胞执行相关指令的信息。原始细胞并没有细胞核，它携带的 DNA 位于细胞壁内侧。这类细胞被称为原核细胞。像人类等多细胞生物体内较高等的细胞，其 DNA 信息独立存在于细胞核内，这种细胞被称为真核细胞。

实体车间

细胞工厂里有墙壁、工作区、码头。细胞膜即细胞工厂的内外墙。细胞膜通常是脂类分子的双层结构，脂类分子与水相斥的一端为细胞内壁，与水相吸的一端为细胞外壁。

细胞膜表面布满蛋白质和碳水化合物分子，呈 3D 立体形状，像专门设计的装卸码头。细胞膜上的接收器只能锁定在某一特定类型的分子上。当接收器“认出”细胞外的特定分子（可能是糖也可能是氨基酸），接收器与分子结合。通常结合后的结果是外界来的分子被吸入细胞内，包裹在细胞囊里。细胞囊把外界来的分子带到细胞各处。当细胞里的细

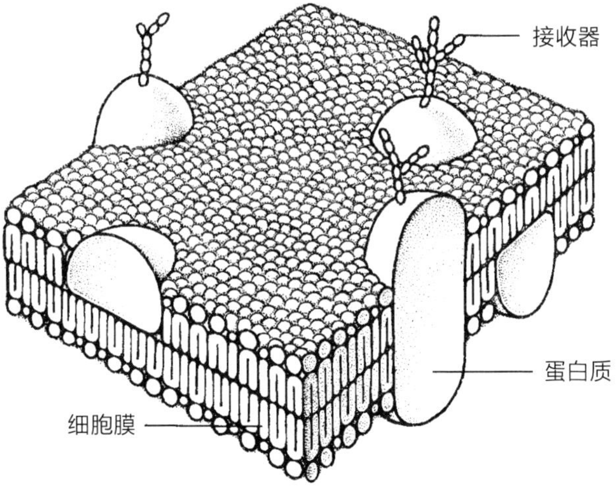

细胞膜通常为双层脂类分子结构，结构中的大蛋白质分子扮演接收器的角色。

胞囊接近细胞内壁时，细胞囊里的物质被推出细胞外。通过这一与物质进入细胞相反的过程，细胞内的物质返回到外部环境。

人体细胞的码头系统有时候会被外界迷惑并产生悲剧性的后果。比如引起艾滋病的病毒恰好容易被人体白细胞的细胞膜接收器识别。人体一旦接触，病毒会迅速进入白细胞并杀死白细胞，进而摧毁人体的免疫系统。

科学家认为细胞膜包裹外界物体，并以此解释细胞核以及我们马上要讲到的细胞内结构的存在。他们认为生命诞生之初，所有的细胞均为原核细胞，即没有细胞核的细胞。生命发展到某个阶段，一个细胞吞并另一个细胞，形成全新的共生系统。包裹细胞核和细胞其他系统的细胞膜就是这一过程的证据。被吞并的细胞携带自身的细胞膜。因此生物学家认为真核细胞是进化版的简单细胞，每一个部分对整体都有贡献。

生产系统

细胞内生产区与其他区域是由细胞壁分割的。生产区以及细胞内的其他组织体被称为细胞器。每个细胞器负责一种特定的化学功能。有的为细胞提供能量，有的负责消化分子，有的负责产生细胞运转所必需的蛋白质，有的负责做其他细胞器产生的分子的收尾工作，有的是蛋白质的装配平台。不同细胞器在同一时间各司其职，履行着自己的使命。

每个细胞壁各有自己的补充接收器。细胞囊把物质带到细胞各处的细胞器。在细胞内部，丝状物把各个细胞器串联

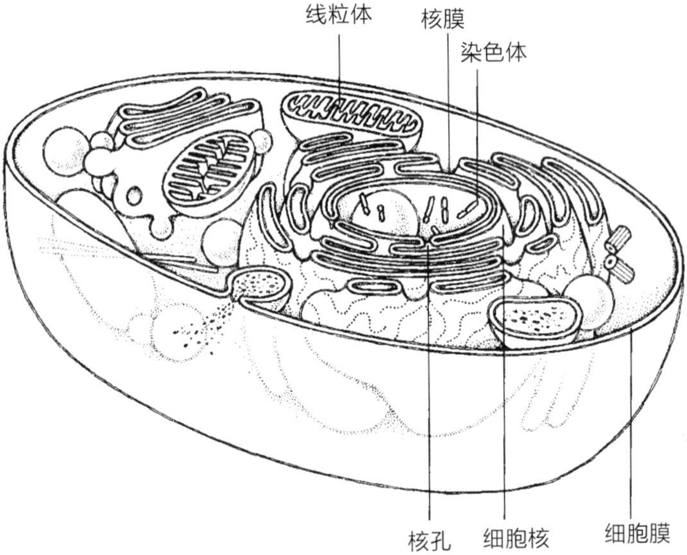

生物由单个或多个细胞组成，细胞具有复杂的组成结构。“通用”细胞包含多个结构和细胞器，如同一个个小型化学工厂。

成一个复杂的网络，像高速公路一样，组成细胞的传输系统。每时每刻，成千上万的细胞囊载着原材料或成品飞梭在丝状物网络，为细胞各个部分运输物质。细胞囊里的有机分子被细胞膜上面的接收器分子识别，以确保细胞囊将物质运往正确的位置。

能源工厂

细胞工厂和其他工厂一样，需要动力来维持运转。细胞进化出两种不同的动力工厂。有些细胞直接吸收太阳能，有些依靠摄入能够储存太阳能的有机体获得能量。植物以第一种方式获取能量，动物以第二种方式。二者的不同表现体现在细胞结构上。

植物通过光合作用直接从太阳获取能量。光合作用发生时，叶绿素分子或其他色素分子吸收太阳光子，光子能转化为化学能，供植物生长繁衍。光合作用是一个复杂的化学过程。其间，细胞周围的二氧化碳和水转化为葡萄糖（或碳水化合物）和氧气。最终结果是清除空气中的二氧化碳，产生富含能量的糖分子供细胞摄取，并释放氧气。

和植物不同，动物不能直接把太阳能转化为富含能量的分子。必须依靠摄取植物或其他动物来获取能量。我们摄取食物后将其分解，被细胞吸收后释放能量，这个过程称为呼吸。我们可以把呼吸想象为缓慢燃烧的过程。在这个过程中，葡萄糖等分子与氧气结合，产生能量。呼吸过程的废料为二氧化碳，随着我们的呼吸排出体外。

光合作用和呼吸是两个互补的过程。我们呼出的二氧化碳被植物吸收进而产生葡萄糖；植物释放的氧气则是呼吸过程的原材料。这种动植物间的循环是地球上生态系统的重要特征之一。最简单的单细胞生物依靠一种更加原始、效率更低的方式燃烧能源，它就是发酵。整个过程不需要氧气参与。厌氧菌将垃圾转化为腐殖质的过程就是一种发酵过程。酵母把葡萄汁发酵成红酒的过程就是发酵。

科学家推测，地球诞生初期大气中并没有氧气，所有生物都是靠发酵作用产生能量，维持生命的。拥有细胞核的高等细胞通常保留发酵功能作为更加有效的呼吸功能的补充。例如，身体过度劳累时，肌肉里的氧气会流失，肌肉细胞随之转向依靠发酵产生的能量，并释放废料乳酸。细胞能量产生的地方是微小的香肠形状的组织，被称为线粒体。食物中部分被消化的碳水化合物、脂肪、蛋白质被运往线粒体，经过“燃烧”产生能量以供细胞使用。通常一个细胞内有几百个线粒体同时工作。

从葡萄糖中提取的能量或线粒体中产生的能量不会被立即消耗。因此，细胞需要将能量从能量产生的地方运输到需要消耗能量的地方。细胞调动大量分子来完成这项工作。完成这项工作的分子在细胞中的作用如同现金在经济体中的作用。有了能量运输分子，能量从产生地被传送到另一个地方，“兑现”使用，保证细胞的运转。

“能量币”分子的工作原理与此相同。细胞在一个位置上用它的分子钩住电子或一群原子，吸收能量。接着，分子移动到另一个位置，放开钩住的电子或原子，释放储存的能量。几乎所有的细胞以三磷腺苷分子为小额能量来源，如果需要更多的能量，细胞会调动各种分子运输能量。因此，细胞是一个由几千个独立部分组成的异常繁忙的地方，每个组成部分有特定的化学功能，共同支持细胞整体的运转。

生命的结构

在学校生物课上，大多数老师的教授方式是让学生们记住生物及其各个部位的名称。本书不打算这么介绍生物。详细的命名法是描述某个动物或植物的必要手段，但它无法揭示一般的生物学原理，因此也很少会成为公众讨论或新闻报道的主题。动植物分类法对科学很重要，但对构建科学常识并不重要。

生物可能是单细胞也可能是多细胞。单细胞生物体内能量获取和化学反应的过程只能在一个细胞里发生。像人类这样更加复杂的生物体，细胞各有分工。细胞组成器官，器官组成器官系统。比如，我们的消化系统包含一万亿左右个细胞，每个细胞都是一个独立的复杂的化学工厂。各个细胞各司其职，保证整个系统摄取食物并将其转化为身体其他部分的原材料。不同的器官系统共同构成完整的生物体。

18 世纪和 19 世纪生物学的主要任务之一是分类命名自然界各种各样的生物。今天使用的动植物命名法最早是伟大的瑞典植物学家卡尔·奈林（1707—1778）提出的。我们把自然界的动植物想象成一棵大树，每一种生物体在这棵树上占据着一个位置。根据奈林分类法，我们先给一种生物确定主枝干，再确定它的侧枝干，再接着是侧枝干的侧枝干，直到确定它的具体位置。

现在除了偶尔给一些化石重新分类，生物学已经不再将动植物分类作为研究的主要领域。同样，除了医学研究外，生物体整体和内部器官的研究也不再是现代生物学的主要关注领域。现代生物学的关注点主要为细胞、细胞成分以及组成细胞的分子等。

五大王国

在过去的时间里，动植物分类法堪称经历了一场革命。

许多生物学家和生物学课本仍然采用以生物物理特征为依据的分类法。根据这种方法，生物被分成五大王国——植物、动物、菌类、有细胞核的单细胞生物（原生生物）、没有细胞核的单细胞生物（无核原生物）。

每个王国可以进一步分为门、纲、目、科、属、种。

例如，人类属于动物王国，脊索动物门、脊椎动物亚门（有脊柱的脊索动物）、哺乳动物纲（有毛发的哺乳脊椎动物）、灵长目（拥有对生拇指和较大脑容量的哺乳动物）、人科（可直立行走拥有独特骨骼功能的灵长动物）。除了人属和智人以外的人科动物均已灭绝。因此，按照奈林分类法，人类被称为智人。每种动物在大树般的分类法上都有具体位置。比如兔子是哺乳动物，但不是灵长动物。鱼是脊椎动物，但不是哺乳动物。

这种分类法最终的标准是“种”，生物学家将其定义为相互交配的群体。例如，人类互相交配，因此属于同一“种”的分类。而同为熊属的北极熊和黑熊并不相互交配，因此它们不是同一“种”。在生物学中，我们通常使用两个拉丁词描述一种生物。比如，生物学家将恐龙称为 Tyrannosaurus Rex，将人类忠实的朋友狗称为 Canis Familiaris。第一个拉丁词代表属，第二个代表种。从生物的拉丁名中我们可以看出它处于分类法的哪个位置。需要注意的是，这种分类法下的两个生物王国均是单细胞生物。以下是一些常见的单细胞生物的归类。

无核原生物门下的细菌通常以它们的形状命名：球菌（球形）或杆菌（杆状）。细菌会引起梅毒、肺结核、霍乱等多种疾病，但同时也能够产生多种抗生素。厌氧菌通过发酵获得能量，它的生存不需要氧气，能够分解世界上存在的大部分有机垃圾。

水体表面漂浮的微小生物被称为浮游生物。最常见的浮游生物是一种叫作蓝绿藻的细菌，是地球上氧气的主要来源。阿米巴虫是一种有核单细胞生物，其内部构造十分复杂。它四处活动，吞没食物。中学生物课实验室常用它做实验。

生命的三种形式

经典的五大王国分类法主要依靠生物的物理外表特征。在一个阿米巴虫、蘑菇、枫树、人类的物理外表特性呈现出各类特点的世界里，五大王国分类法是一种合理的分类方法。但是，随着生物学家发现生物背后有越来越多的化学原理，他们认识到这些看似迥然不同的生命形式背后，其生物化学特征如此惊人地相似。然而当我们用显微镜观察一些相似的细胞时，会发现它们内在的化学组成迥然不同。

这些生物化学的发现让人们开始依据不同的化学特征对生物进行分类。这个全新的生物分类法由伊利诺伊大学微生物学家卡尔·乌斯提出。他采用分子遗传学（详见第 16 章）方法比较不同种类的细胞。他在研究中发现了一群统称为古生菌的简单单细胞生物，常见于酸性温泉、北极多年冰、埋在地表几公里下坚硬的岩石等极端环境中。这些细胞有着完全不同于其他细胞生物的生物化学过程，反映在古生菌独特的基因组成上，据此乌斯提出了生命的三种形式分类方法。

这种新的分类方法现在已经被广泛接受。根据乌斯的分类法，原来的无核原生物应按照化学特征分为古生菌和细菌。第三种类别是真核生物，它包括所有有核细胞构成的生命体。五大王国分类法下的多细胞植物、动物、菌类和单细胞有核原生生物均属于真核生物。新的分类法表明，菌类、植物、动物以及阿米巴从化学和遗传学角度讲是极为相似的生物，不同于古生菌和细菌。需要指出的是，两种分类方法没有对错之分，选择哪种分类方法取决于你的目的。传统的五大王国分类法适合研究某森林的生态系统，而以核糖核酸为基础的分类法则更加适合研究某片热水池中的微生物。

科学前沿：蛋白质结构

理解蛋白质分子（酶）如何完成它们的化学任务关键在于弄明白蛋白质分子的三维立体结构。酶分子表面的凸起和沟壑是用来吸引联结化学成分的。因此每种催化酶是碳、氧、氮、氢等占多数的千个原子精确排列的结果。蛋白质晶体学家主要的研究目的是确定组成酶的原子位置，以此理解生命的化学基础。不过推导蛋白质结构是一件非常有挑战性的工作。仅仅解开一个中等大小的蛋白质分子结构可能就需要几年时间。

如今，科学家已经弄清楚血红蛋白、叶绿素和胰岛素等蛋白质分子的结构，但这只是生命体内上千种复杂的蛋白质分子中的一小部分。蛋白质晶体学与计算机模拟蛋白质折叠将是未来几十年生物学研究的一个重点分支。

神经生物学

动物的神经系统并不是一个简单的电路。当神经细胞的一端接收到某个信号时，神经细胞喷出各种各样的分子，将信号传给下一个细胞。可见，神经脉冲的传输是一个复杂的化学和电学现象。目前，科学家正在进行大量的科学研究，试图搞清楚神经系统以及单一神经和神经网络是如何导致行为和学习等现象的产生。此类研究的最终目标是发现人脑的工作原理。

不过现阶段，科学家仅仅致力于研究单个神经细胞（比如巨型乌贼的轴突），还有虫类、蟑螂等相对简单的生物。

免疫学

包括人类在内的所有脊椎动物，都拥有自身免疫系统来保护它们不受外来细胞核分子的伤害。免疫系统的主要成分是五种不同类型的白细胞，功能各异。第一种 B 细胞负责产生抗体。抗体是一种 Y 形分子，Y 的两个叉分别负责抵御不同类型的外来分子。因此抗体常被锁定在不需要的物体上。Y 形下侧分叉刺激免疫系统的其他部分，从而摧毁抗体本身以及外来分子。免疫系统的这个部分帮助生物体抵抗毒素、细菌等小型侵入者。另一种白细胞是 T 细胞。T 细胞携带能够识别外来细胞分子的接收器。当接收器识别到外来细胞分子后，T 细胞捆住外来细胞将其摧毁。通过这种方式，人体将寄生虫、癌症或病毒等变异细胞清除。有些 T 细胞具有调节免疫系统作用。有些会对抗新入侵细胞进而产生抗体，我们用这种方式获得对麻疹等疾病的免疫力。当然还有一些 T 细胞会抑制免疫系统发挥作用。

鉴于免疫系统对医学研究和临床治疗的重要性，科学家对它进行着持续深入的研究。例如，艾滋病病毒摧毁调节免疫系统的 T 细胞，使 T 细胞丧失对新疾病做出反应和消除癌症的能力。当进行器官移植时，人体的免疫系统可能会将新器官当成外来细胞进行摧毁。这时医生必须想办法抑制免疫反应。应用干扰素等来调节激活免疫系统分子可能是迄今为止治疗癌症最好的办法之一。

第十六章

生命的密码

吉姆的孩子们，多米尼克、芙罗拉、托马斯回到蒙大拿州雷德洛奇市避暑度假。他们在咖啡馆偶遇了本地人，这些人并不相识，但是却能很轻易地从他们的外貌特征猜出他们来自哪个家族。假如遇到的是个芬兰人长相的金发男孩，他们会说："你一定是佐基吧！"吉姆的孩子们能认出这些没有见过的人并不是因为他们具备侦探特技，而是小范围内的生活给了他们去理解和实践遗传学知识的好机会。一个家族的人往往长相相似。稍加练习，人人就可以发现某家人相似的相貌特征。不过基因密码不只是徒有其表的东西，不只关乎人们的相貌特征。当玛吉·欣德尔和鲍勃·哈森结婚的时候，两人知道他们未来的孩子将会有 50% 的概率患上林奇综合征。这种遗传疾病最终会导致肠癌。那么玛吉是否同样携带了她父亲和祖母的致病基因呢？这个致病基因是否会像定时炸弹一样遗传给鲍勃和玛吉的孩子们呢？

我们总是把生命的奇迹当作理所当然：同类的后代还是同类。细菌滋生细菌；鸟生鸟；香蕉产香蕉。子孙身上有很多父母的特征，有的好，有的坏。每种新的有机物开始于单个细胞，尽管过于简单，但是这些单个细胞里面却包含了所有复杂生物所需要的信息。每种新的生命形式中，结构相同的细胞中不同原子和分子的排列组合方式是不尽相同的。这些复杂多样的原子分子是如何从一代传到另一代的呢？原子和分子的信息是如何读取的呢？科学家发现地球上的生物均遵守着同一种策略：

生命始于同一个基因密码。

孟德尔的豌豆

遗传学是研究父母特征如何遗传给下一代的科学分支。但是遗传学并不是穿着白大褂摆弄着高精尖复杂科学仪器的专业人员创建的，而是始于一个名叫雷格尔·孟德尔（1822—1884）的奥地利修道士。孟德尔在一座与世隔绝的修道院里完成了历史上第一个全面的、系统性的遗传学实验，但他的成就在他的有生之年并没有得到广泛关注。

孟德尔在花园种下豌豆，观察豌豆的生长过程。他发现豌豆株繁育出的品种有很大差异：株高较高的豌豆种在一起，繁育的后代株高同样高；而株高较矮的豌豆繁育的后代株高同样矮。孟德尔将株高较高豌豆的花粉移送到株高较矮的豌豆上培育出新的杂交品种，繁育出高株豌豆。但是孟德尔发现杂交品种繁育出的豌豆中四分之三长成高株豌豆，剩下的长成了矮株豌豆。高株和矮株豌豆杂交产生的豌豆要么是高株要么是矮株，但一定不会产生中等株高的豌豆。

为解释多年的观测经验，孟德尔引入遗传基本单位的概念，即基因。他指出，每个成年人携带两组基因，分别来自父亲和母亲。两组基因的相互作用决定了后代特征。但是两种基因相互作用只有一个结果，要么你赢，要么我赢，双方不可能妥协。

孟德尔用显性基因和隐性基因表示两组基因竞争的结果。显性基因指的是与另一个不同基因配对时竞争获胜的基因。比如，孟德尔种的豌豆里，高株豌豆是显性基因竞争获胜的结果。高株豌豆和矮株豌豆第一代杂交时，新繁育豌豆的一个基因来自高株豌豆，另一个来自矮株豌豆。繁育出高株豌豆的结果说明高株豌豆的基因获胜，因此高株豌豆基因为显性基因。

隐性基因在繁育第二代杂交豌豆时发挥着显著作用。第一代杂交培育的高株豌豆均携带矮株基因，但矮株基因并没有在它们身上得以表达（生物学术语）。不过这个实实在在存在的基因将遗传给下一代。雌雄株将隐性矮株基因和显性高株基因遗传给下一代的概率各为50%。

平均来看，第二代杂交时，四分之一豌豆可以从上一代雌雄株获得高株基因，这样的豌豆会是高株豌豆。二分之一从上一代雌雄株各获得一个高株和一个矮株基因。由于高株基因是显性基因，那么这二分之一也将会是高株豌豆。剩下的四分之一是从上一代雌雄株各获得一个矮株基因，它们将会长成矮株豌豆。

隐性基因能够解释许多著名的人类遗传现象。比如，为什么深色头发家庭会突然有一个红头发的孩子？为什么19世纪欧洲皇室近亲通婚会导致血友病高发？浅发色基因是人类的隐性基因。该隐性基因也许在几代人中都不会得到表达。当两个深色头发的父母同时携带浅发色隐性基因时，他们的孩子有四分之一概率会是浅发色。类似情况，红细胞残缺而导致的镰状细胞疾病的致病基因为隐性基因，而近亲结婚会导致该隐性基因表达概率翻倍。

在美国，遗传的不确定性广为人知。已发现的遗传疾病高达上百种。图雷特综合征儿童会突然出现反社会的暴力行为，色素性视网膜炎患者的眼睛感光部分功能退化，进而导致视力减退。这两种疾病均是由父母带给孩子的遗传疾病。这就是大自然残酷的概率游戏。

孟德尔当初使用的基因仅仅是一个概念。那时，基因没有物理实在，没有人知道基因是什么。现如今，我们知道基因是排列在大分子片段上的小分子序列，大分子片段即DNA。随着基因从概念发展为实实在在的基因序列，我们从孟德尔遗传学进入现代分子遗传学。研究关注点从个体生物（动植物）转向生物体的化学共性，这是生物学史上最重要的转折之一。

DNA 和 RNA：基因密码的信使

众所周知，DNA 是控制遗传的分子，呈双螺旋形状。DNA 是核酸的一种，核酸位于细胞的细胞核。与生命必需的其他分子一样，DNA 是由简单的模块反复堆叠复合而成的。携带遗传密码的 DNA 和 RNA 呈现模块套模块的结构。DNA 的组成单元是核苷酸，而核苷酸是由更小的分子组成的。

DNA 组成过程类似组成书的过程：字母、单词、句子组成整部书的内容。同样，组装 DNA 不需要从零开始，而只需要把各个零部件拼合在一起。

遗传密码的字母

核苷酸即遗传密码的字母。我们的身体中包含数不清的核苷酸分子，它们好像打印店里的文字一样，随时准备着组成一段文章。核苷酸由三个小分子组成。最小的分子是磷酸盐分子，由一个磷原子和环绕它的四个氧原子组成。第二个是糖分子：脱氧核糖，即 DNA 里的 D；核糖，即 RNA 里的 R。磷酸盐和糖分子结合组成四种碱基中的一种。

四种碱基分别为腺嘌呤（ADENINE）、胞嘧啶（CYTOSINE）、鸟嘌呤（GUANINE）、胸腺嘧啶（THYMINE）。它们大小相似，形状各异，好像是字母表上四个不同的字母。我们通常用字母 A、C、G、T 表示四种碱基。核苷酸由一个糖分子、一个磷酸盐分子和一个碱基组成，呈 L 形。

单独看核苷酸并没有什么特别之处，就好像每页只有一种字母的书会让人感到厌烦。但是以恰当的方式把核苷酸连接在一起，书就充满了生命力。

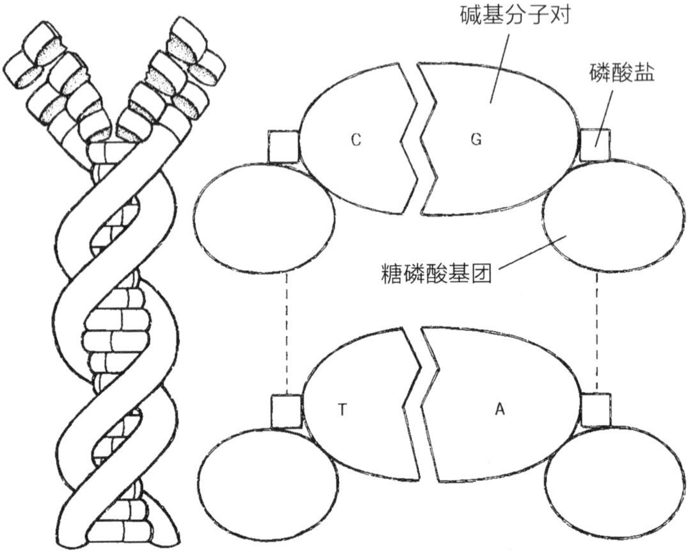

携带基因蓝图的双螺旋 DNA 分子样子很像是一架扭曲的梯子，糖分子组成梯子两侧的架子，碱基组成梯子的横梁。

双螺旋

我们可以把 DNA 结构想象成核苷酸组成的一架梯子。核苷酸中糖－磷酸盐的部分组成梯子两侧的架子；成对碱基套在一起组成梯子的横梁。建好梯子后，抓住梯子的两头向相反的方向旋转扭曲，最后得到就是著名的 DNA 双螺旋结构。梯子横梁如何排列至关重要。碱基的形状让腺嘌呤和胸腺嘧啶靠近时，形成的氢键将二者紧紧锁定并组成牢固的梯子的横梁。胞嘧啶和鸟嘌呤也是一样，但是胞嘧啶只能和鸟嘌呤双双配对。

因此，四种碱基只有以下四种配对方式组成梯子横梁：

腺嘌呤（A）+ 胸腺嘧啶（T）

胸腺嘧啶（T）+ 腺嘌呤（A）

胞嘧啶（C）+ 鸟嘌呤（G）

鸟嘌呤（G）+ 胞嘧啶（C）

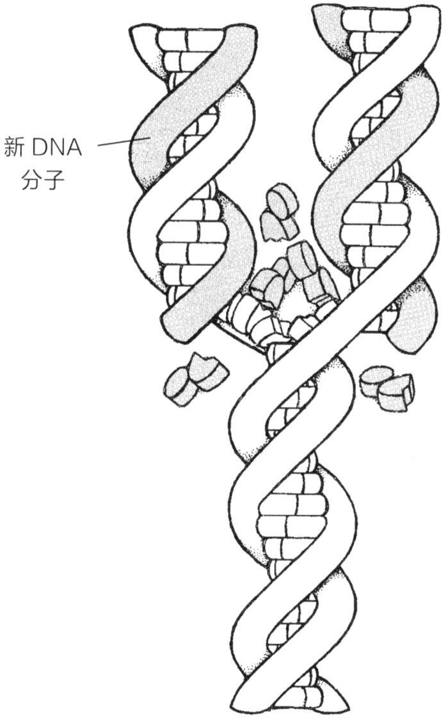

DNA 自我复制时，其双螺旋结构像拉链一样先从中间分开。分开的双螺旋结构各自吸引与之互补的碱基，组成全新的一模一样的分子。

DNA 双螺旋结构上的分子序列包含生命的基因密码——细胞自我复制和维持化学工厂运转所需的信息；令每个人都具有独一无二的基因信息。A、T、G、C 四个字母组成全部的基因词语、句子和篇章。

核糖核酸或 RNA 的主要作用是传递和读取基因信息。其中 RNA 分子与 DNA 分子相似，二者的不同之处在于：

1. RNA 核苷酸的糖分子是核糖而不是脱氧核糖；

2. RNA 只有半个梯子——糖－磷酸盐是梯子的主体架，碱基从主体架上向外凸出；

3. 四种碱基中，尿嘧啶代替 DNA 的胸腺嘧啶。

基因复印机

繁殖是生命体延续的唯一方式。繁殖最根本的是 DNA 分子的复制。过程很简单。首先，催化酶打破了成对碱基的化学键，把 DNA 双螺旋结构打开（想象这个过程是分子酶从横梁中间锯开梯子的过程）。DNA 双螺旋结构打开后，碱基暴露在环境中，与细胞核内自由流动的核苷酸结合。

比如，假设 DNA 梯子上某个横梁由 C、G 碱基组成，也就是胞嘧啶和鸟嘌呤组成。当横梁一分为二，重获自由的胞嘧啶与一个带鸟嘌呤的自由核苷酸结合，而鸟嘌呤与携带胞嘧啶的核苷酸组合。这样，原来的 CG 组合横梁变成了两个一模一样的 CG 组合横梁。这个过程不断循环，分成两半的碱基不断从周围细胞液中获得新的配对。当梯子所有横梁分裂再配对完成后，两条完全相同的双螺旋结构便产生了。整个过程保证了细胞每一代的 DNA 与上一代的完全相同。

遗传密码

DNA 分子结构上四种碱基因序列组成遗传密码，告诉细胞如何生产蛋白质分子。蛋白质分子是细胞内分子化学反应的催化酶，决定着细胞的各种功能，或者说细胞的生化特征取决于 DNA 信息。

从 DNA 上的碱基因序列成为细胞内正常作用的蛋白质，需要完成两件事。第一，DNA 信息必须被读取并传送到细胞内蛋白质产生的位置。第二，基因信息必须转化为特定的氨基酸序列以产生需要的蛋白质。这两件事分别由两种不同的 RNA 分子完成。

转录 DNA 分子信息与我们刚才描述的 DNA 复制过程有些相似。催化酶将一段 DNA 一分为二，细胞核中自由移动的核苷酸与 DNA 暴露在环境中的碱基组合形成 RNA 分子。如果 DNA 上碱基序列为 TGC，即胸腺嘧啶、鸟嘌呤、胞嘧啶组合，那么相应的 RNA 上碱基序列为 ACG，即腺嘌呤、胞嘧啶、鸟嘌呤组合。这样一来，这段 DNA 上碱基序列像被照相机拍在胶卷上一样，被完整地复制到 RNA 分子上。

以上述转录方式形成的 RNA 被称为信使核糖核酸，或 mRNA。mRNA 比 DNA 分子小得多（毕竟 mRNA 仅复制 DNA 上的某个片段），因此 mRNA 可以从细胞膜上的小缝隙逃逸，脱离细胞核将基因密码带到细胞体内。当 mRNA 将基因密码带到细胞工厂，第二种形式的 RNA 开始接手工作。它就是转移核糖核酸，或传送核糖核酸，简称 tRNA。tRNA 呈钥匙形状，钥匙头有三种碱基，钥匙尾可吸引氨基酸。因此 tRNA 有四种不同类型的碱基，其中三种碱基排列组合方式高达 64 种，即 64 种不同的 tRNA。每个 tRNA 顶部是三个碱基组合，尾部有且只有一种氨基酸。顶部碱基组合共有 64 种可能，而尾部仅有 20 种氨基酸。因此，它携带的基因密码有重复部分。换句话说，和不同字母构成的同义词一样，不同的三个碱基组合对应相同的氨基酸。

转运核糖核酸作用原理如图所示。分子顶部碱基与 mRNA 上对应的碱基相连，按规律排列。顶部碱基组合对齐后，尾部氨基酸随之对齐。氨基酸被 RNA 分子固定在特定

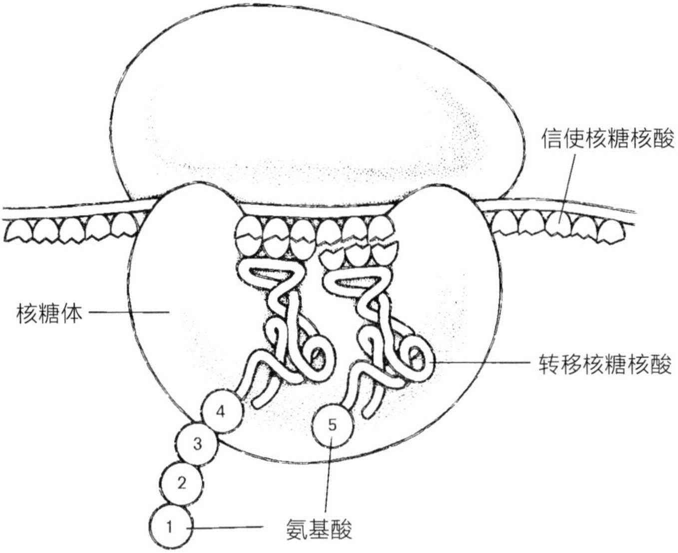

每个钥匙形状的转运核糖核酸顶部都有三个碱基，与信使核糖核酸对应的碱基相连。转移核糖核酸尾部有某个特定的氨基酸。随着转移核糖核酸分子与信使核糖核酸分子排列对齐，不同的氨基酸排列对齐组成蛋白质。

的位置，联结形成蛋白质。

“基因密码”是指串起 DNA 分子上三对碱基和蛋白质链上某个氨基酸的链条。听起来有点抽象，但实际上并非如此。我们身体里所有的化学物质是由蛋白质生产、搬运、修改、使用，而蛋白质是由氨基酸序列组成，氨基酸如何排序完全由 DNA 序列决定。这么捋下来，我们就能够理解为什么 DNA 掌握着生命的终极奥秘了。

通用密码

正如字母表上简单的字母可以组成无数个单词一样，简单的基因密码可以产生无数种生物。我们人类之所以与小草的叶子或红毛猩猩不同是因为我们的 DNA 序列与小草或红毛猩猩的 DNA 序列不同。尽管 DNA 序列不同，但 DNA 在所有生物体内的作用方式却是相似的。

科学家认为孟德尔提出的基因是更大的 DNA 分子上的一个特定的片段。如果遗传是一本书，那么基因就是书里的句子。不同物种包含不同的基因数量（例如人类大概有 2.5 万个基因，简单的细菌大概有 1000 个），多个基因可以位于同一个 DNA 分子上。单个基因可能是几十个碱基的组合，也可能是几千个碱基的组合，具体数量取决于将要形成的蛋白质的大小。

流感病毒和其他病毒

病毒要么是最简单的生物，要么是最复杂的非生物，选择取决于你的定义。与高度结构化的细胞不同，病毒核心只是一个核酸，外面被蛋白质包裹，其核心核酸仅包含几个基因，外壳仅有几个不同的蛋白质。但是如果细胞外层细胞膜上的接收器识别了病毒外壳上的蛋白质，那么病毒就可以通过欺骗细胞进入细胞内部。

一旦进入细胞，病毒就开始盗用细胞工厂复制更多的病毒。DNA 和 RNA 核酸就可以让病毒不断自我复制并复制病毒蛋白质。病毒的 RNA 进入细胞后，就会接手细胞原有的信使 RNA，控制细胞内的化学反应。当细胞资源被病毒消耗殆尽，细胞死亡，病毒就会再次寻找新的细胞，开启新一轮的掠夺。

有的病毒包含的 RNA 和催化酶能转化为 DNA，进入细胞本身的基因密码里。这很显然将干扰细胞的正常工作，给生命体带来威胁。这种病毒被称为反转录酶病毒，代表之一就是艾滋病病毒。

身体细胞里的 DNA 会不断地自我检查、自我修复，清除无用的变异，但病毒 DNA 和 RNA 拥有迅速变异的能力。这不是一件好事，其结果是病毒性疾病会不断发展。这就是为什么每过几年就会蹦出新的病毒性疾病，也就是为什么我们每年都需要去打流感疫苗。

生命的繁衍

人体细胞基因机制的目的是准确复制基因信息。既然如此，为什么每个人长得不一样呢？为什么不能人人拥有同样的外貌、同样的长处、同样的短处呢？答案是性。

染色体

DNA 不是在细胞核里四处游动，而是储存在染色体里。染色体是一个长长的双螺旋 DNA 结构包裹的蛋白质核。它好比缠在线轴上的线，只是某根 DNA 按顺序缠绕在相邻的小线轴上。物种不同，所含的染色体数量也不同：人类有 46 条染色体（23 对）；蚊子有 6 条；金鱼有 94 条。

在很多情况下，细胞可以完成无性繁殖。手上割伤的伤口会自己愈合，植物的不断生长，夏天池塘里浮在水面上的绿藻到处扩散，这些都是常见的无性繁殖。一个细胞分裂成两个完全一样的细胞，这个过程被称为有丝分裂。有丝分裂容易形容，但不容易理解。它从染色体自我复制开始，每个 DNA 一分为二，进行自我复制。复制产生的染色体配对结合，从显微镜下观测呈 X 形。此时，细胞形成蛋白质网络（纺锤形），成对染色体分裂，分别靠近细胞两极。一次分裂完成，新的蛋白质链缠绕在细胞中的纬线向下挤压，将细胞一分为二分裂为两个子细胞，子细胞各有一个完整的染色体。有丝分裂的最终结果是：两个子细胞拥有一模一样的基因密码；子细胞是全新细胞。

人体中的细胞在不断分裂。不同细胞的分裂周期不同。小肠壁上的细胞每天都在分裂，皮肤细胞每几周分裂一次。似乎只有神经细胞在成年后才会停止分裂。

减数分裂——有性繁殖

人类等有性繁殖生物的繁殖过程中，父母双方各贡献一个染色体组成一对新的染色体。这个简单的事实有两个重要的结果。其一，这意味着后代与父母相似但不完全一样。其二，这意味着在豌豆实验中孟德尔发现的神秘机制是染色体如何配对。可见，基因是 DNA 双螺旋上某个分子序列，父母双方各贡献一个从而形成一对染色体。遗传单元是一种父母传给孩子的分子。

有丝分裂的目的是产生与母细胞完全一样的子细胞。但生物繁殖的目的却不一样。假如子女的基因一半来自父亲，一半来自母亲，那么必须有一种机制让子细胞的染色体是母细胞染色体的一半。

减数分裂是有性生殖生物所具有的特殊的生殖细胞分裂方式。这个过程始于拥有完整染色体的细胞，结束时染色体仅剩二分之一。减数分裂只发生在生殖系统的特定细胞中。分裂初期，减数分裂与有丝分裂过程一样，是染色体的自我复制。在这个阶段，正在进行减数分裂的细胞与母细胞的染色体数量一样，其中一半来自父亲，一半来自母亲。接下来，减数分裂与有丝分裂不同，染色体不再一分为二，而是交换 DNA 片段而产生全新的染色体，新产生的染色体是父亲和母亲 DNA 的结合。接着，新的染色体分离，其结果是：染色体分布在细胞的四个象限，每个象限里染色体数量是普通细胞的一半。接下来，细胞一分为四，每个子细胞包含一组 DNA 经过重组形成全新的染色体。最终，减数分裂产生男性精子和女性卵子。

创造新生命的第一步是受精，即父母双方精子与卵子的结合。提到受精，我们通常想到人类，至少是哺乳动物。但其实植物也需要受精，在植物受精过程中，花粉即精子。受精产生受精卵，包含完整的 26 对染色体，每对染色体分别来自父母双方的精子和卵子。从细胞层面上讲，受精过程解释了孟德尔豌豆实验中豌豆株一半的基因来自雌株，而另一半来自雄株的问题。

生命是在受孕那一刻开始吗？

在美国堕胎权争论中经常被提出的一个问题是：生命是在受孕那一刻开始的吗？这不是一个科学问题，而是一个法律、道德和伦理问题。它很好地说明了科学不是万能的。科学能够很好地回答诸如宇宙是如何运行的定量问题，但是对于人类个体或人类社会哪些能做，哪些不能做的一类问题，科学无法给出答案。

对于生命是否在受孕那一刻开始的这个问题，科学家只能告诉你以下事实：

- 受孕那一刻，两股 DNA 形成全新的结合体。
- 这里的 DNA 之前存在于父体和母体，本身是特殊配对的产物。该过程大约起源于十几亿年前。
- 全新的结合体在结合后的几个月里无法独立生存，必须依靠母体。

生命开始于哪一刻？是受精之前？还是受精那一刻？还是之后？这些问题科学家暂时无法从科学角度进行回答。即使科学家给出一个答案，也是从个人哲学或宗教观点来构建答案。

新生殖技术

新生殖技术是无法生育的准父母的福音。许多夫妻由于生殖系统缺陷导致无法生育。假如男女双方生殖细胞正常，女方子宫健康，那么精子和卵子可以在母体以外结合受精。受精可以在试管中进行，即生物学术语：试管授精。受精产生的受精卵随后被移植入母亲子宫，妊娠过程正常开始。

生殖生物学家掌握控制受精的专业知识，由此产生了难解的道德和法律问题。一次体外受精过程通常可以给多个卵子授精，大部分受精胚胎被冷冻保存。如果夫妻离婚，那么冷冻胚胎的产权归谁？借助新技术，医生在将胚胎植入母体子宫前能够鉴别胚胎的性别和基因特征。那么放弃胚胎的基因标准是什么呢？如果夫妻无法完成生育，代孕妈妈可以提供相应的支持，那么代孕妈妈的权利有哪些？动物生物学家成功让另一珍稀动物种群的代孕母体孕育出新的生命，动物代孕的界限又在哪里？

科学前沿：人类基因组计划

人类基因组计划是一项规模宏大的基础科研项目，预算高达几十亿美元。过去几年，有很多关于该项目的新闻报道。据报道，其宗旨是测定人类染色体中所包含的 30 亿个碱基对组成的核苷酸序列，从而绘制人类基因组图谱，辨识现有的基因及其序列，最终破解人类遗传信息。2000 年科学家宣布完成人类基因组草图的绘制工作，并在美国白宫举行了盛大的庆祝活动。2005 年，基因图宣告完成。该项目给人类带来多项惊喜。比如，根据人类基因组的长度，生物学家推测出人类拥有大约 10 万个基因，每种基因为特定的蛋白质编码。而人类基因组完成图发布后，科学家发现实际数量仅有 2.5 万，而且大部分（有科学家预测为 95%）基因不需要蛋白质编码。在基因中没有意义的基因被称为“垃圾 DNA”，但很多功能却是由“垃圾 DNA”产生的。有些负责开启或关闭基因，有的代表不再有用的或正在消失过程中的基因，有的可能什么功能都没有。21 世纪科学家的主要任务之一就是搞清楚基因组到底意味着什么。

随着基因测序技术的发展及其成本的降低，基因组工程已经延伸到许多相关领域，比如测定老鼠、狗、兔子、大猩猩、鱼、植物、酵母、微生物（特别是致病微生物）等生物的基因序列。测序的结果揭示生物基因存在着令人难以置信的相似性，同时也有关键的不同之处。

基因调控与分化

人体内除生殖细胞外的所有细胞都包含完全一样的 DNA，也就是完全一样的基因。但是细胞的功能却各不相同。比如，每个细胞都包含产生胰岛素的基因密码，但是只有胰腺里很小一部分的细胞真正生产胰岛素。细胞中的大部分基因并没有发挥作用。今天有一个科学分支致力于研究开启和关闭细胞基因（基因调节）的奥秘。

答案的一部分与垃圾 DNA 相关。没有编码信息的 DNA

是否能够开启或关闭基因呢？垃圾 DNA 能否将短片段微小 RNA 变成分子（或核糖开关）开关呢？如果能，那么垃圾 DNA 将会成为和基因一样有趣的存在。

还有一个问题与基因调节密切相关。简单的细胞如何发展成复杂的生物？人体所有细胞均由某个单一细胞发展而来，但是每个细胞不尽相同，不能相互转换。细胞分化是胚胎学主要关注的问题。似乎 DNA 不仅仅为蛋白质合成和调节指定遗传密码，它还包含开启或关闭基因的指令。开还是关取决于生物体其他部位细胞如何发育。生物学家目前仅对这个复杂的问题做了肤浅的研究。只有当我们搞清楚基因调节和细胞分化问题后，才能完全明白分子遗传学是怎么回事。

第十七章

生物科技

20 世纪被称为物理学的世纪。其标志是互联网、核能与内燃机的出现。如果说 20 世纪是物理学的世纪，那么当前 21 世纪则是生物学的世纪。新兴生物科技给人类社会带来的变革其实早已初见端倪。

早在 19 世纪，科学家就发现了生物系统的核心关键事实——生命的基础是化学。当我们说某物有生命的时候，其实是在说它正在进行着某些化学反应。20 世纪，我们发现生命化学基于 DNA，本书在第 16 章中详细介绍了 DNA。如今，我们正在进行着一项浩大的工程以了解生物化学背后的原理。历史反复证明，当新的知识领域向人们敞开大门时，当人类有能力掀开生物体的神秘面纱一探究竟时，新兴技术将会出现。正如生活在 1900 年的人们无法理解 2000 年发生的事情，我们也无法想象 21 世纪末我们的子孙后代会过上怎样的生活。

本书第 15 章和第 16 章已经指出，新兴科技背后的基本科学理论是一样的，即：

所有生命基于相同的化学和基因密码。

DNA 指纹图谱

众所周知，DNA 是一个人独一无二的身份标志。一部部刑侦电视剧更是强化了公众对 DNA 的认知。的确，每个人的基因组各不相同，因此原则上 DNA 可以用作唯一的身份标志。但问题在于测定每个人完整的基因序列目前仍然是一件昂贵又耗时的工程。尽管基因测序的成本在下降，但是至少还需要几十年的时间，才能够便宜到让基因测序结果成为法庭证据。因此，科学家更多使用 DNA 指纹图谱进行身份鉴定。它不需要分析全部基因组，只需要分析特定的基因标记即可鉴别人的身份。这个过程好比到了埃菲尔铁塔就能证明你去过巴黎，完全不需要再去拿巴黎的城市地图。

目前在 DNA 指纹鉴定中，有两种广泛使用的基因标记法。一种是法庭普遍认可的传统方式，另一种正处于实验室的研发阶段。本章将分别介绍两种 DNA 指纹鉴定方式。

VNTR

我们在第 16 章中谈到，人类只有一小部分 DNA 为蛋白质合成指定遗传密码。剩下的 DNA 不过是一堆无用的碱基对，有的代表不再有用的基因，有的用于调节基因开关。但大部分 DNA 的来源和用途并不明确。后一种被称为可变数目的串联重复序列，即 VNTR。它们是基因组特定位置上垃圾 DNA 的重复序列。寻找基因组的 VNTR 好比读书时突然碰到的一串毫无意义的字母，比如 yabadayabadayabada。同一个基因组，位置不同，串联重复序列的重复数目不同；不同人的同一个 DNA 位置串联重复序列的重复数目也不同。重复数目的差异从几个到 250 个大小不等。

VNTR 被用作 DNA 指纹图谱分析中的基因标记。基本原理如下：不同的人同一个 DNA 位置串联重复序列的重复数目不同，因此某个 DNA 位置串联重复序列的重复数目可以用来确定某个人的身份。比较两串 DNA 序列的方法如下：先用限制性内切酶从某个点将 DNA 切开，左右两边各有一段 VNTR。由于每个人某段 DNA 片段上串联重复序列的重复数目不同，我们将得到长度不等的两条 DNA，它们来自不同个体 DNA 上的同一个位置。接着将含有放射性细胞核的小分子分别放在两条 DNA 上。再往两条 DNA 上挤上凝胶，放入电场。在电场的作用下，DNA 片段开始运动，长度较短的运动速度更快。一段给定时间后，电场关闭，将胶片放在 DNA 片段上。放射性原子核衰变开始时，胶片曝光，得到 DNA 片段位置的结果。

如果两条 DNA 片段长度相等（如果两条 DNA 片段来自同一个人，那么它们的长度相等），胶片上的深色标记则出现在同一个位置。如果长度不等，标记则出现在不同的位置。通过检测同一个人多段 VNTR，我们可以得到一个条形码结果，每个长条对应一个 VNTR。条形码是鉴定 DNA 的基础。解读 VNTR 试验报告时，需要记住一个前提：两个人拥有同样串联重复序列的重复数目的概率是 1/250。换句话说，如果只看 DNA 上的一个位置，在一个大礼堂的人们可能恰好有两个人拥有同样的 VNTR。因此在 DNA 指纹图谱实际操作过程中，检测人员通常会分析 DNA 五个以上位置的 VNTR。这样就把两个人拥有同样串联重复序列的重复数目的概率降到万亿分之一以下。用于 DNA 鉴定的 VNTR 技术目前已经非常成熟，因此被广泛应用于刑事犯罪案件的调查、灾难事故遗骸的鉴定、亲子鉴定等领域。

短串联重复序列

除了散落在基因组各处的 VNTR，人体 DNA 上还有许多短序列的无意义碱基重复，即短串联重复序列，缩写为 STR。和 VNTR 一样，短串联重复序列也可以用来进行身份鉴定。一段短串联重复序列通常有十几个重复的无意义碱基。

用 STR 进行身份鉴定的程序与 VNTR 程序相似。先用限制性内切酶将 DNA 切开，把 STR 一分为二，附上分子标记。接着，DNA 片段在电场的作用下在液体中自由运动，长度较短的片段比长度较长的片段运动速度更快。运动一段时间后，使用激光器让分子标记发荧光，并记录结果，算出每个 DNA 片段到达的时间。将到达时间转化为条形码并得到身份鉴定结果。为了取得和 VNTR 方法一样精确的结果，科学家通常一次使用十几个 STR 进行鉴定。

基因工程

开始介绍基因工程之前，我们先回顾一下第 16 章讲到的基因表达机制。你会发现基因表达的整个过程与基因是不是生物体 DNA 的一部分无关；基因表达只取决于碱基对序列。假设从另一个生物体（比如实验室合成生物体）提取基因插入某个生物体的 DNA，那么生物体原有基因的蛋白合成机制同样适用于新插入的基因。这就是基因工程的理论基础。

还是用限制性内切酶从某个碱基对序列处切开 DNA，打开碱基对（通常是三对）之间的键合。被切开的两段 DNA 各有一串自由碱基。假如一段 DNA 的一头是一组 AGT 碱基，那么另一段的一头则是 TCA 碱基。我们可以把这些暴露在 DNA 片段上的碱基想象成绳子上的尼龙粘扣。再拿一段 DNA 片段，把它的粘扣和被切开的 DNA 片段的粘扣粘在一起，两段被切开的 DNA 片段是可以粘在一起的。如果新的 DNA 片段上的粘扣与我们手中的半条 DNA 片段粘扣正好匹配，那就也可以粘在一起。不管粘扣来自另外的半条 DNA 片段还是全新的 DNA 片段，只要碱基对配得上，两条 DNA 片段就能粘在一起。

当然，能成功一次，就能成功第二次。不断在 DNA 片段的一头粘上与其碱基对相匹配的新 DNA 片段，我们就可以把一段全新的 DNA 与生物体原来的 DNA 拼接在一起。如上文所述，拼接完成后，生物体原来的分子机制同样适用于新加入的 DNA，细胞也将为新基因合成蛋白质。这就是基因工程的最终产品。

接着我们看基因剪切法应用的一个早期案例。糖尿病是一种常见的严重疾病。很多病人需要注射胰岛素。胰岛素是一种小分子蛋白质，人类 DNA 指定遗传密码专门用于合成胰岛素。但是只有胰腺细胞才能合成胰岛素。过去，糖尿病病人用的胰岛素是从屠宰场死猪的胰腺中提取的。经过加工提纯后，注射到人体。大部分糖尿病病人可以使用这种渠道生产的胰岛素，但少部分病人对猪胰岛素过敏。

20 世纪 80 年代，一种全新的胰岛素生产方式诞生。科学家把人类 DNA 中的胰岛素基因“剪切”到细菌 DNA 上，让细菌生长繁殖。细胞分裂一次就复制一次胰岛素基因。最后得到一大桶分泌人类胰岛素的细菌。现在糖尿病病人用的胰岛素都是基因工程的产物。

基因工程的另一个广泛应用是农业生产。害虫侵害农作物，降低产量，是长期困扰农民的一大问题。传统的办法是向农田大面积喷洒杀虫剂，但这个做法不仅花费高，还会带来严重的环境问题。转基因植物为解决农作物虫害问题提供了更为有效的解决方案。

一些生物体在进化过程中进化出强大的杀虫功能，这种功能包含在它们的基因里。这是生物自我保护的一种方式。如果把这种基因编辑到农作物基因里，那么农作物也会产生抗虫害功能。在这种情况下，农民可以减少杀虫剂的使用量，甚至完全不需要再使用杀虫剂。苏云金芽孢杆菌简称 Bt，是一种拥有杀虫基因的细菌。它的杀虫基因在哺乳动物或鸟类身上不起作用，但是能有效杀死害虫。美国种植的大豆、玉米、棉花等农作物大部分是利用基因工程技术插入 Bt 菌的品种。

各国对转基因食品的态度不一。转基因食品刚出现时，很多人担心它会在敏感人群中引起致敏反应。不过这样的担忧并没有在现实中得到证实。部分欧洲地区允许种植以生产乙醇为目的的转基因作物，但总体上欧洲国家对转基因食品持反对态度。其他一些国家引进转基因农作物后发现，转基因作物的产量比普通作物高 10%—50%，因此这些国家将转基因作物用作保障食品安全的利器。第二代转基因农作物的研发工作正在进行。比如，运用基因工程技术，改变稻米的基因使其含有某些特定的维生素。科学家目前正在研究是否有可能将霍乱等某些地方病的抗体基因植入香蕉等常见的食物中。转基因是一个快速发展的研究领域，预计未来将不断取得新的突破。

基因工程技术或许还将助力解决能源问题。一方面，转基因植物可以用于生产乙醇，提供燃料。有的科学家正在研究改变细菌的基因使其能像白蚁内脏中的细菌一样消化植物中的纤维素。这么做的目的是利用玉米秸秆等农作物的废弃物生产天然气或乙醇。如果这个技术可行的话，那么人类将获得化石能源以外的大量能源供应，这将会大大减少碳排放。

克 隆

1997 年，苏格兰罗斯林研究所的科学家伊恩·维尔默特宣布了一个震惊世界的消息：世界上第一只克隆哺乳动物多利羊诞生。该消息引发世界各大媒体铺天盖地的报道。从那时起，相继出现了许多克隆动物。

克隆从一颗未受精的卵子开始。未受精的卵子通常只拥有孕育生命所需一半的 DNA。首先取出卵子的 DNA，然后从同一物种体内的成熟细胞中取出 DNA 放入卵子。这时，卵子拥有了全 DNA 序列。

在第 16 章我们讲到，在受精卵生长过程中，随着细胞进化出特定的功能，DNA 片段的某些功能关闭。因此，对于被植入卵子的 DNA，它的一些基因是关闭的。再经过一些我们并不熟悉的步骤，卵子把这些关闭的功能再次打开，就产生了基因功能齐全且运转正常的 DNA。此时，卵子就和正常的受精卵一样开始生长分裂。每分裂一次，DNA 就复制一次。植入在卵子中来自另一个体的 DNA 顺利成为被复制的 DNA 的一部分。最后，与捐赠者 DNA 一样的生命诞生，这样的动物便是克隆动物。

需要指出一点，虽然克隆动物的 DNA 与捐赠者的 DNA 一样，但这并不能说明克隆动物是捐赠者的复制版本。举个例子，双胞胎的 DNA 完全一样，但二人是独立的个体。因此，有些科学家把克隆动物比作异步双胞胎——出生时间相差较远的双胞胎。那我们继续思考一个问题，人类行为多大程度上受基因影响？多大程度上受环境影响？

即现在常说的先天和后天问题，这一直是科学研究的一个重要领域。显然，人类行为是先天因素与后天因素相互作用的复杂结果，但是到底哪个影响多一点却并不容易回答。如果必须给出一个答案，本书作者认为先天因素和后天因素各占50%。

克隆技术最先在农业领域开启商业化应用。几个世纪以来，农民饲养牲畜以期获得收益。他们希望猪圈里的猪长得快些，牛圈里的牛肉质地好些，诸如此类。生殖过程中正常的基因传递无法保证动物的优良特性一定会遗传给下一代。但是，运用克隆技术，我们可以保证这一点。美国食品药品监督管理局和欧洲食品安全局均已裁定，克隆动物生产的肉类等食品与非克隆动物食品没有什么差别，可以安全食用。目前克隆家畜已达十几种，但成本较高。比如一头克隆牛的价格大概是几万美元，食用克隆牛是一件非常奢侈的事情。因此，克隆家畜的主要意义在于培育出新的优质家畜品种。

克隆技术与基因工程技术可共同应用于制药产业。基本原理如下：把人体必需分子（比如生长激素）的基因植入牛或羊的DNA，观察家畜分泌的奶汁是否含有这种分子。如果存在那么克隆该家畜就能获得大量人体所必需的特定分子。这种通过饲养转基因动物以研发相关药用产品的过程，被称为农业医药。也就是说，普通制药技术无法生产的药物将有可能借助克隆技术与基因工程技术成为现实。

干细胞

与生命始于一颗受精卵一样，细胞 DNA 也同样经历着一段有趣的历程。随着分裂的进行细胞开始逐步分化。一周或 10 天左右时间，细胞开始执行它预先设定的功能，要么生成皮肤细胞，要么形成神经元，要么生成消化系统细胞等。这个过程被称为细胞分化。要完成细胞分化，就需要关闭 DNA 中除某种特定功能之外的其他功能基因。这样一来也就关闭了成熟细胞中的大部分基因。

但是，受精卵前六次分裂时，细胞的所有基因保持开启状态，它们有可能发展为任意一种功能细胞。这类细胞就是胚胎干细胞。随着生物体生长，形成一系列中间干细胞。许多皮肤细胞从干细胞发展而来。但是这类干细胞不能长成肌肉或神经组织，这类干细胞被称为成体干细胞。

再生医学是一个充满希望的新学科。它利用人体干细胞和基因工程技术创造新的人体器官，再移植到病人身上。比如心肌或神经。再生医学创造的新器官包含人体自身 DNA，因此不会产生免疫排斥。但是要实现这个梦想，科学家必须拥有细胞尚未分化的干细胞。

获取干细胞的一个方式是用捐赠者的 DNA 克隆出病人的胚胎细胞，再从胚胎中提取干细胞。这个方法带来许多问题。第一，它需要从健康女性子宫里取出大量卵子。第二，在美国，胚胎干细胞已卷入全国性堕胎权的大争论，因此面临大量政治阻力。

幸运的是，2007 年，美国和日本的科研人员研发出一种不需要胚胎的干细胞生产方式。科研人员用病毒将基因注射进皮肤细胞的 DNA，成功重启细胞基因的开关。现在，通过直接干预细胞 DNA，不需要克隆也可以产生新的干细胞。因此，再生医学有可能避开前面所提到的政治阻力和现实问题，给医学进步带来新希望。

第十八章

进　化

如果你或者你的孩子上的是美国公立学校，那么大概率他们的科学课上不会讲神创论。信奉神创论的人认为《圣经》中关于宇宙起源的说法是正确的，而生物进化论是错误的。实际上，进化论在美国教育系统的地位并不是那么稳固。有一群科学家极力捍卫进化论在美国教育体系中的核心地位。从阿肯色州到加利福尼亚州再到宾夕法尼亚州，他们到处打官司，为美国孩子们能够接受正确的科学教育而奋斗。

这一章的内容可能会冒犯到一些人，但它所讲述的的确是早已被人们所熟知的真理。有的人不喜欢进化论也不是什么新鲜事儿。对于地球和生命的起源，有两种截然不同的观点。信奉《圣经》神创论的一方坚定地认为宇宙如《旧约》中所说的那样由神创造。他们的观点包含以下几个方面：地球很年轻，大约起源于 1 万年以前；高山、峡谷、海洋、大陆等地貌的起源是灾难，特别是世界范围的大洪水；神创造了人类等生命。如果你是个神创论者，那么本质上能够左右你认知的是《圣经》而非自然法则。神创论者将理性置于信条之下，通过解读圣言文本，来看待周围世界。《圣经》所说的神创论经不起事实的推敲。从某种程度上说，神创论是某种形式上的宗教。

人人能看到的、能理解的自然现象充分证明神创论是错误的。如果真像他们所说，地球仅有 1 万年的历史，科罗拉多大峡谷怎么会那么深？根据板块构造论，板块年均漂移速度仅为几英尺。如果地球只有 1 万年多年的历史，欧洲和北美为什么会离得这么远？为什么放射性定年法测出的岩石年龄高达几十亿甚至上万亿年？为什么我们在密西西比河随季节变化的沉积物、珊瑚礁、深海沉积物中发现了几十万年前的沉积物，下面甚至还埋着比这更古老的岩石？大自然给了我们很多地球起源的证据，只要我们放下偏见，认真观察，一定可以发现其中的奥秘。而《圣经》所言的神创论的迷惑之处在于，它的诗意之美和它所隐喻的信仰的力量。

神创论相关的圣经故事（宗教）和进化论（科学）是解释生命和人类起源的两种截然不同的方式。二者存在本质区别，因此不能让神创论出现在学校的科学课堂上。

几个世纪以来，在地质学和生物学观测的基础上，进化论这门学科不断发展完善，在接受挑战的同时也得以验证。根据进化论，科学家对化石的位置、岩层年代、不同物种基因的相似之处等做出了很多精准的预测，进化论经得起实践的检验。它和任何一个科学理论一样，随着新数据的出现得以提升和完善。进化论的核心观点是：

一切生命形式都是通过自然选择进化而来的。

需要注意的是，进化现象不同于某个进化理论。为了说明二者的区别，我们拿引力做例子。引力相关理论包括：牛顿的万有引力，爱因斯坦的广义相对论和统一场论。这些理论单独拿出来可能是错误的、不完整的或者是其他理论的一部分。但是，不管你相信哪个理论，从高处扔下的物体一定会下落，也就是说引力是一个无可辩驳的自然现象。

同样的道理，化石记录、分子生物学、地质研究等均支持同一个观点，即地球上复杂生命体是从早期简单的生物形式进化而来的。这里说的是进化这一自然现象。像我们刚才提到的引力的例子，很多理论标榜其能够解释进化这一自然现象。从达尔文进化论开始，所有这些理论可能都不正确，或不完整。但是这一理论正确与否并不能改变进化的事实，就像没人能挑战引力这个事实一样。

在生物进化方面，多数科学家已经在某种程度上达成一致。他们认为生命的出现经历了两个阶段。第一步是化学进化，是生命从无到有的过程。生命出现后，进入第二个阶段，即生物进化。

化学进化

在晴朗的冬日夜晚，凝视清冷的夜空，人们可能会意识到一个残酷的事实：宇宙是一个冰冷的、条件恶劣的、令人望而生畏的地方，完全不适合生命存在。生命诞生于艰苦的环境，这本身就是一件非常了不起的事情。因为生命的诞生需要适宜的温度、压强、化学元素以及将化学元素组合在一起的能量。地球在诞生初期具备所有这些条件。生命进化所需的首要条件是海洋。海洋像一个搅拌碗，里面装着生命所需的各种化学元素。在诞生之初，地球上不仅拥有充足的水源，而且水温适宜，不会太过冰冷，也不会滚烫难耐。经过几百万年固化过程，水覆盖了地球的大部分面积。

生命起源还需要四种化学元素：碳、氢、氮、氧。地球早期大气包含这四种基本元素。那时的大气与我们现在呼吸的大气有所不同。地球早期大气主要成分是火山喷发的气体，混合着氮气（N_2）、二氧化碳（CO_2）、水（H_2O），可能还掺杂着一些氢气（H_2）、甲烷（CH_4）和氨气（NH_3）。大气中的这些成分和早期海洋存在的表面物质为生命起源创造了必要条件。

米勒－尤列实验

海洋里基本的化学元素需要跨越一大步才能发展成生命体。1953 年，美国芝加哥大学史坦利·米勒和哈罗德·尤列设计了一项实验，以期发现复杂分子需要经历怎样的自然变化才会有生命的诞生。

米勒和尤列用玻璃罐重现地球早期的环境。他们往玻璃罐中倒上水，引入氨气、甲烷、水和氢气。接着加热玻璃罐，使里面的空气和水混合。同时用电火花模拟闪电，增加能量。实验结果令人震惊。几天之后，水的颜色变成棕色，且化学分析显示水中含有氨基酸——蛋白质的组成成分。在此之后，米勒和尤列使用不同的气体混合物或紫外线重复这个实验，得到了相似的结果。玻璃罐水中含有氨基酸、糖等生命诞生所必需的分子。那时，甚至有公众担心试管中会真的产生什么危险的新物种。但是实际上，生命诞生需要很多步骤，米勒－尤列实验模拟早期大气环境产生生命分子的过程只是其中的一小步。这个实验的意义在于，恰当的条件可以产生大量生命诞生所需的分子。

如今，世界各地的科研实验室继续致力于探寻生命的起源。现代科研人员有了高科技的加持，继续用米勒－尤列实验研究早期地球是否有能力产生更大、更复杂的分子。一系列的研究表明，地球早期的大气环境与海洋环境具备产生复杂分子的必要条件。

大气过程并不是地球早期获取孕育生命所需分子的唯一方式。研究发现，当海洋洋底深处发生剧烈火山爆发时，二氧化碳等气体与矿物质相互作用，产生氨基酸、脂类、碳水化合物等有机分子。早期地球上存在的复杂分子还有一个来源，即落在地球上的陨石。地球上所发现的陨石就含有氨基酸等分子。从陨石而来的分子也应该被考虑在内。一小部分持批评态度的科学家认为生命诞生于太空碎片。

原始汤和矿物表面

根据前面的内容，我们知道地球表面、海洋洋底火山区、太空等存在着大量的有机分子。那么生命到底是从哪里产生的，是如何产生的呢？一种理论认为生命的诞生与原始汤有关。太阳辐射和闪电为气态化学元素合成碳基分子提供了必不可少的能量支持。早期海洋充满了大量复杂的碳基分子。经过几亿年的时间，生命所需的化学物质产生并集中在海洋上层。其中大量氨基酸合成蛋白质。脂类分子簇拥在一起形成膜状片状物和球状物。这时，原始汤里可能同时含有糖分子和碱基，形成像 DNA 一样的分子链。

还有的科学家认为生命诞生于矿物表面。据这类科学家推测，分子可能在浅潮水坑或洋底岩石上的裂缝聚集，并按照规律排列，进而形成生命。还有些科学家认为早期海洋表面的浮油是生命诞生的理想场所。和所有的科学假设一样，进一步的科学实验将帮助验证哪个理论才是正确的。

不管生命是如何诞生，可以肯定的是地球上生命诞生的时间大约是 40 亿年前。迄今为止地球上最古老的沉积岩位于格陵兰岛伊苏瓦地区，距今 38 亿年，这说明在那时地球可能已经有了细胞生命。生命一经诞生，地球就呈现出崭新的面貌。

生物进化

最早的活细胞生存环境十分优越。不仅没有天敌的威胁，而且周围到处是随手可得的营养分子，没有任何其他生命形式会给它带来威胁。第一个细胞的形成可能经历了上亿年，但当第一个细胞形成后，没过几年，细胞的子子孙孙就充满了整个海洋。它们消耗大量的有机物质，大大降低了其他细胞形式所产生的概率。可以说，第一个细胞诞生后，便不再有可能出现其他生命形式。

自然选择

地球早期诞生的第一个细胞是经过自然选择、逐步进化成大树、蘑菇、阿米巴虫、人类等各种各样的生物。没有任何物种是永恒的；新物种会出现，旧物种将会灭绝。早在19世纪中期，大部分地质学家和古生物学家就已经接受了这个事实。但是物种为什么会出现，为什么会消失？这始终是一个谜。做事严谨、一丝不苟的英国博物学家查尔斯·达尔文为世人奉献了一个简单易懂的、十分具有说服力的答案。1859年，达尔文发表了一篇震惊科学界的生物学巨著——《论依据自然选择即在生存斗争中保存优良族的物种起源》，简称《物种起源》。达尔文将自己20多年的研究成果呈现给世人。

达尔文通过研究驯化动物和野生动物的个体差异得出两个重要结论。第一，同一物种不同个体表现出大小、力量、色彩等方面的上百种差异。第二，个体特征由父母遗传：父母身高高，孩子一般成年后身高也较高。在达尔文的家乡英格兰，几个世纪以来驯化动物的经验使人工干预保留动物某些特性的工作成为传统，因此，当地人们一点也不会觉得达尔文的观点有什么新奇之处。

达尔文的伟大之处在于，他认识到个体特征的差异及遗传同样影响着自然界野生动物的生存与繁殖。他发现，孩子遗传父母的特征，但孩子与父母并不完全一样。大多数情况下，同一物种中的个体差异与生存无关。比如，绿头苍蝇和红头苍蝇拥有同样的生存能力，不同之处只是眼睛的颜色有差异。有时候不同的特征发挥着非常关键的作用，如果一个个体因为更加强壮的肌肉，更适宜伪装的保护色或更加漂亮的羽毛，获得更好的生存条件或更加吸引配偶，那么它将这个特征传给后代的概率更大，最终整个种群都将拥有这个特征。达尔文将这个过程称为“自然选择”。

英国有种常见的昆虫桦尺蛾。不同桦尺蛾的个体差异为达尔文的观点提供了有力的佐证。在 19 世纪早期的英国，树上到处都是浅色的地衣。那时，桦尺蛾身体的颜色也是斑驳的浅色，这为它们躲避鸟类等天敌提供了很好的保护。随着工业革命的到来，工厂燃烧煤炭释放的烟雾让天空和树木蒙上了一层黑色，浅色桦尺蛾失去了保护它的环境。工业化时代，树木被烟熏得乌黑，这样的变化更加适合身体颜色较深的桦尺蛾生存。但那时，深色桦尺蛾只占整个种群的一小部分。到了 19 世纪末期，英国各地常见的桦尺蛾都变成了深色。就这样桦尺蛾通过不断进化以适应生存环境的变化。如今，在各类环保政策作用下，煤烟排放量大大减少，树木的颜色也开始恢复，浅色的桦尺蛾渐渐变得多了起来。

生存是对有限资源的争夺。个体只有赢得竞争，经受住洪水、干旱、严寒、高温等恶劣环境的考验才能生存。蚊子、蟑螂等昆虫繁殖能力极强，但只有一小部分能够生存到成熟期。而人类等大型动物需要花费大量精力去养育少数几个孩子。有的物种身体进化出强大的保护色，能够跟随环境隐藏在树皮、叶子或白雪之中，有的物种则长着艳丽的外表，让天敌误认为它们身上有毒。

“适者生存”是达尔文最著名的一句名言。这句话被强势的精英主义长期滥用以达到他们的政治或经济目的。实际上，达尔文“适者”的定义非常狭窄，仅指那些能够把自己的基因传给下一代，让下一代繁衍出更多子孙的个体。也就是说子孙后代的绝对数量是生物学上成功的最高标准。

变异机制

达尔文论点有一个大漏洞。这也是他经常招致批评的重要一点。他没有给出到底是什么机制让生物进化出新特征，或把有的特征遗传给下一代。孟德尔和后来的遗传学家给出了部分答案。但是一直到确定了 DNA 的结构和功能，科学家才搞清楚变异产生的机制。不管 DNA 复制多么靠谱，这样的错误在所难免。在 X 光、紫外线、高温或化学品的作用下，DNA 复制出错概率上升。随着时间的推移，基因会发生许许多多的小差错，即变异。有的小差错无关紧要，随遗传传递给下一代，也不会产生让人有所觉察的不良影响。有的差错则是灾难性的，它会摧毁后代生存的机会。有的差错会让身体的关键化学机制出现异常或失灵，最终导致遗传疾病。在极少数情况下，DNA 复制时的小差错让生物进化出全新的有利于后代生存的特征。这时在自然选择的作用下，这个特征将一代一代传给物种的后世子孙。放在几百年的时间跨度里，小差错也就累积成了大不同。

达尔文最深刻的一个观点是生命进化是因为竞争太过激烈。随机变异有时会让物种获得生存的优势，这样的变异被称为非随机进化。长颈鹿进化出长脖子并不是因为它一直伸长脖子去够高处的叶子，是自然选择正好有利于那些体形较高的个体。个体特征差异是随机的，但大自然选择是有条件的。自然选择规律下的随机变异是随着时间累积的。使生物进化出与祖先大为不同的特征，这就是新物种会出现的原因。这也是当前科学界激烈争辩的一个领域。需要指出的是，正常的进化速度足以产生我们周围多彩的动植物世界。科学家估测，如果老鼠的进化速度和我们所熟知的许多生物一样，那么几万年之后，老鼠就可能长得和如今的大象一样！

进化的证据

地球科学和生命科学研究均提供了大量证据去证明地球上的生命在上亿年前诞生于共同的祖先，随着时间的推移，进化成今天的样子。

生命分子

生命由分子构成，这就是生命从单细胞开始进化的有力证据。同样的化学元素构成不同的有机分子，再组成丰富多彩的生命形式。从黏液菌到香水月季再到座头鲸，地球上的生物拥有完全相同的 DNA 密码，DNA 都是一样的右手双螺旋组织。尽管氨基酸有千万种组合方式，但它们只能合成二十种蛋白质。我们有理由认为自第一个细胞诞生起，这些奇特的化学现象已经被锁定在细胞里。假如最初诞生的细胞不止一个，那么生命不可能具备这些共同的化学特征。

细　胞

生命的细胞结构同样指向生命诞生于同一个细胞的结论。所有生物均由细胞构成，细胞拥有许多相似的化学和物理结构。单细胞和多细胞生物之间存在紧密的联系。很多情况下，组成大型复杂动植物的细胞可以单独生存。人类细胞功能高度分化，分别服务皮肤、肌肉、神经、器官等人体各部分。但如果把身体细胞分离出来，那么它们将回到单细胞模式继续生存。它们可能会像阿米巴虫等细菌一样生存繁衍。可以说人类等哺乳动物是群体生物，依靠几万亿个细胞相互协作才能繁衍生息。

化石与进化

进化最引人注意的证据来自于化石。化石是存留在岩石中的古生物遗体。生物死后被埋在地下，富含矿物质的地下水逐渐取代生物体中坚硬部分的原子，经年累月形成化石。大洋洋底到处是贝壳、鱼鳞、牙齿等不容易腐烂的生物遗骸。河谷和湖底堆积着动物骨头、树干、树叶、昆虫等化石。不同地质年代沉积物留下不同的化石残骸。从这些化石看，生命形式随着时间的推移发生了巨大的变化。化石足以证明地球 40 亿年的历史，是生命不断进化，越来越复杂、越来越多样的历史。

当然，化石证据也有其局限性。由于大部分生物体身上并没有坚硬的部分，可能许多物种死后并不能形成化石留存至今。即使坚硬的贝壳和骨骼，能否留存到今天也只是一个概率事件。大部分生物体死亡后的结局就是腐烂，直至完全消失。因此，化石最多只记录了一部分地球生命的历史。

进化的故事

地质学家和古生物学家根据某个时期海洋和陆地生存的主要物种，将地球历史分为几个时期。最早的是冥古代和太古代，距今 45 亿至 25 亿年。那时，固态地球形成，海底盆地被填平，单细胞生物经历化学进化。太古代时期大气里没有臭氧阻挡强烈的太阳紫外线（详见第 19 章），因此地球陆地上不可能存在生命，但是有证据表明，早期海洋中存在简单的生命形式。

最古老的海洋沉积物中只发现了单细胞生物的存在，就是微小的细菌一样的球形或杆状生物。科学家把像纸一样薄的岩石片放在显微镜下，观察到这种微小生物。大部分化石细菌没有什么特征，是孤立存在的点状物。不过在少数情况下，它们在死亡的时候正好处于分裂状态，被化石记录了下来。还有的原始生命像一层垫子那样的藻类，层次纹理清晰，与如今在澳大利亚池塘和沿海湖泊发现的藻席相似。化石表明的信息很明确：30 多亿年的时间里，地球上的海洋里到处都是单细胞生物。更加复杂的生命和富含氧气的大气在元古代形成。元古代始于距今 25 亿年至距今 5.42 亿年。最古老的多细胞动植物化石距今大约 10 亿年。科学家在澳大利亚、欧洲和北美洲等地发现了含有水母、软体虫、多细胞藻类等化石沉积物。人类对这些古代动植物群的了解非常有限，主要是因为这类生物的身体并没有坚硬的部分。保存它们需要满足一系列特殊条件：快速沉积、平静的水体以及远离食腐类细菌。

距今大约 5.24 亿年，地球上的生命发生着巨变。从那时开始，地球进入古生代时期。从 5.24 亿年前至 2.51 亿年前古生代时期，动物进化出坚硬的外壳。化石记录表明，仅仅几亿年的时间，海洋生物多样性显著提高。珊瑚等群居动物在近海处构建起巨大的珊瑚礁系统。像龙虾一样的动物残骸，现代蜗牛、海星、海胆等动物的前身，以及各种各样的双壳贝类大量出现在 5 亿年前形成的海洋沉积物里。

熟悉海底生物的潜水爱好者可能不认识古生代时期的海洋动物。随着地球历史进入到下一个时期，海洋出现了更多当代生物。最早的大鳄鱼、陆生植物、昆虫大约出现在 4 亿年前，脊椎动物大约在 3.6 亿年前从海洋爬上陆地。大片苏铁植物和蕨类植物伴随有翅膀的昆虫出现在大约 3 亿年前。不久之后，大型爬行动物出现。

中生代从 2.51 亿年前开始到 6600 万年前结束。其间 2.5 亿年的时间里，恐龙等爬行动物主宰着陆地、海洋和天空。暴龙、剑龙、三角龙等大型恐龙是那个时期比较著名的动物。地球同时出现树木、开花植物、贝类水生生物、小型哺乳动物等生物。大型爬行动物的鼎盛时期维持了大约2亿年，在6600万年前突然灭绝。随着恐龙的灭绝，哺乳动物逐渐进化，适应环境，出现在地球各地。

从6600万年前一直到现在是我们最熟悉的新生代。新生代是属于哺乳动物的时代。哺乳动物进化出多个物种，其中最重要的是智人。在大约1000万年前，地球上的生命形式开始出现与现在相似的特征。蝙蝠、猫、狗、啮齿类动物普遍出现。

不过也有不一样的地方。那时的大象是有毛的，象鼻子长得也很奇怪。树獭体形巨大，站起来和房子一样高。马儿的脚掌上有脚指头。但是，鸟类、鱼类、昆虫等常见动物与今天相差不大。海洋里的鲸鱼、鲨鱼、珊瑚礁等也和现在大同小异。不过那时还没有出现一种最重要的现代生命形式——原始人。

人类物种之一智人是进化史上的新晋产物。科学家基于大量的化石研究，认为将人类祖先和黑猩猩祖先区别开来的进化事件发生在大约800万年前的非洲。记录早期人类的化石非常有限。第一个原因是只有很少一部分动物会变成化石留存至今。第二个原因是那个时期留下的沉积岩很少。不管怎么说，科学家找到了一些化石，能够表明早期人类和更原始的灵长类动物之间关系的特征。

科学家目前发现的最早的人类是南方古猿，生活在现埃塞俄比亚地区。已发现的化石表明，南方古猿在距今350万年时，能够直立行走，大约三英尺高，大脑容量与现代新生儿的大脑容量相似。距今300万至100万年期间，非洲大约有十几种不同的南方古猿和早期人属物种。

现代人类属于哪种人属物种的后代，至今仍然是一个悬而未决的、争议相当大的科学问题。不管最终答案是什么，解剖学上的现代人类即智人大约出现在20万年前的非洲地区。大约同一时期，智人的近亲尼安德特人生活在现欧洲和中东地区，但尼安德特人在大约35万年前灭绝。可以说，虽然现代人在早期拥有多种近亲，但是也只有智人存活了下来。

进化的速度

当今绝大多数进化论科学家关注的不是进化论成不成立，而是进化论如何发生。达尔文最早提出进化论时认为，进化以缓慢渐进的方式稳步进行，微小的改变逐渐累积，促成大型变革，这个观点即是现在的渐进主义。20世纪70年代初期，斯蒂芬·杰·古尔德和尼尔斯·艾崔奇两位美国古生物学家提出点断平衡学说。该学说主张，物种一般处于长期稳定、平衡的状态，其间存在短暂的剧变时期。

仅根据化石记录我们无法辨别哪个理论是正确的。比如，古生代三叶虫化石为研究进化速度提供了有力的证据支持。同一种群不同三叶虫背部纹理数量是一定的，但不同种群之间有差异。专家通过观察发现了三叶虫背部纹理数量的规律性。有的变化十分突然，有的变化则比较缓慢。这说明，渐进式和点断式演化在不同背景下同时发生，但科学家需要更多化石数据支持才能得出定论。

灭 绝

化石记录传递的信息很明确：地球上的生命从单细胞微生物进化而来。单细胞微生物进化成软体动物，再进化成植物，再进化成我们今天看到的各种形态的动植物。在此期间，无数物种出现，无数物种灭绝。和新物种的出现一样，灭绝是进化过程的重要组成部分。

根据化石记录，一个物种的平均寿命大约是几百万年。大量化石将地球上最早的生命追溯到 5.42 亿年前。如今生存在地球上的上千万的物种与过去灭绝的物种相比不过是微不足道的一小部分而已。

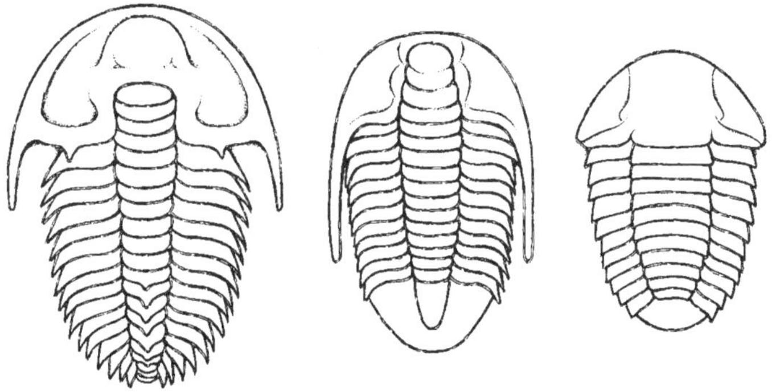

三叶虫是古生代的典型生物。三叶虫化石为研究渐进式进化过程提供了理想的证据支持。一些古生物学家致力于收集三叶虫化石，观察并记录三叶虫身体和眼睛部位的细微变化。

生物大灭绝

达尔文和他同时代的生物学家认为，生物进化以及与进化相伴而生的生物灭绝是生命永恒不变的特性。他们认为物种以相对恒定的速率出现或消失，但化石记录并不支持这一观点。地球上的生命经历了几轮大灭绝，最重要的一次发生在 6600 万年前，就是恐龙大灭绝。大家都很熟悉恐龙，但可能不了解以下两个与恐龙灭绝相关的事实：

1. 与恐龙灭绝同时发生，地球上足足三分之二的物种在那一轮的生物大灭绝中彻底消失；

2. 恐龙灭绝并不是化石记录所表明的最严重或最近的一次生物灭绝。古生代末期，即 2.51 亿年前，地球上 90% 的物种灭绝。大约 1100 万年以前的一次生物灭绝期，大约有 30% 的物种彻底消失。

一个有趣且有大量数据支持的观点认为，生物灭绝要归咎于大型小行星或彗星。当大型小行星或彗星撞击地面，地球上空被厚厚的一层尘烟包裹，遮天蔽日。不出数月，地球温度会降低，食物消耗殆尽，大量生物灭绝。

智能设计论：进化新挑战

自从达尔文提出以自然选择为核心观点的进化论，该观点不断受到质疑。曾经有人打着所谓智能设计论的幌子，攻击达尔文进化论，并在美国公立学校兴起了一波反对进化论的浪潮。该理论认为地球上的复杂生命绝非自然产生，一定有一个智力超群的造物主存在。但大部分信奉智能设计论的人却始终不谈造物主是谁。智能设计论往往提出很多似是而非的观点。比如，智能设计论指出细菌里像尾巴一样的鞭毛不可能是经自然过程产生的。如果科学家可以证明鞭毛能够通过进化产生，那么便可以证明智能设计论是错误的。虽然目前科学家还无法证明智能设计论的一些观点是错误的，但是智能设计论支持者也同样无法证明他们的观点是正确的。相比之下，进化论无数个可证明的假设都在说明生命确实是在不断进化的。

2006年，宾夕法尼亚州多佛法庭公开审理是否应该将智能设计论纳入美国公立学校教育大纲。多佛地方教育董事会要求教师在科学课上宣读一份关于智能设计论的声明，但是却遭到了教师的公开抵制。教师抗议道，教授智能设计论违反教师向学生传授真正科学的合同义务。于是，多佛地方教育董事会亲自派人到学校宣读智能设计论。学生家长和教师联名以在学校宣传宗教为由，将多佛地方教育董事会告上法庭。

经过六周的审判，法官杰克·琼斯裁定，智能设计论为宗教教义，不得出现在公立学校；根据法庭辩论，他同时裁定，智能设计论是非科学的。这是神创论相关歪理邪说在美国司法系统的又一次失败。

本书作者认为在课堂上讨论关于生命起源和进化的不同理论是合理的，也是可取的。但是不应该反对学校教授进化论，也不应该在课堂上公开宣扬智能设计论等神创论观点。神创论、智能设计论等将误导学生，严重侵害科学教育的权威。

我们认为进化是生物学上的一个重要的达成共识的概念，是进行科学教育不可或缺的一部分。尽管有的学生不相信生物进化的事实，但是人人应该理解进化原则，熟悉并支持进化论的相关证据。

科学前沿：分子进化和分子钟

如果进化真的是 DNA 分子变异的累积效应，那么通过测量基因密码的差异就可以判断出同一祖先是在什么时候进化出两个不同物种的。当前关于生命历史的研究正大大得益于分子生物学。

基因相关研究表明人类拥有同一个祖先——生活在大约 20 万年前非洲的一位女性，科学家将其命名为伊娃。有的科学家则用相似的研究制作人类基因树，以此证明与其他类人猿相比，人类更接近大猩猩。

分子钟是分子生物学一个备受争议的领域。提出分子钟思想的科学家认为基因研究不仅可以理清家族关系，而且可以告诉人们进化树什么时候开始分叉。他们认为 DNA 像时钟一样遵循着一定规律并发生着改变。如果能够知道同一个祖先在进化成两个不同生物的整个过程中，一共发生过多少次改变，我们就能够算出这样的进化到底用了多长时间。

预计未来分子生物学将为进化理论做出更大的贡献，帮助人类更好地认识自己的过去。

人类进化

虽然从某种意义上来说人类进化并不比其他生物进化更重要，但是人类对自身的进化过程保持着浓厚的兴趣。人类进化研究有两个热门领域。第一个领域围绕非洲，旨在寻找人类祖先的遗骸，验证人类基因树最早的起源。该领域科研竞争十分激烈。主要原因是化石发掘是一个小概率事件，而且每一次新的发掘可能将人类历史倒推很长一段时间。该领域研究进展也因此备受媒体关注。

另一个热门领域是围绕尼安德特人的研究。尼安德特人是进化史上人类的近亲，大约在 35 万年前灭绝。尼安德特人是否与我们的祖先智人一样拥有语言是当前的一个研究热点。与人类进化相关的其他研究领域一样，目前在这两个领域的研究储备较少。因此，科学家每次宣布新的研究发现时总能引起广泛关注。目前对尼安德特人的了解主要基于一百多具尼安德特人的化石遗骸。

科学界还有一群科学家致力于追溯人类和类人猿的元祖，回答人类基因树从哪个时间点开始分叉的问题。但媒体较少会关注这个领域的研究。由于像化石记录那样存在着时间差，科学家很难将人类起源追溯到更早的原始人类。

进化和 DNA

除了化石以外，基因检测也在为进化研究提供越来越多的证据。生物体与生物体之间的 DNA 差异即是一种证据。生物体 DNA 差异越大，它们从同一祖先进化而来的时间越长。科学家利用 DNA 差异构建生物体基因树，结果显示这种方法构建的基因树与化石为基础构建的基因树保持一致。这为进化提供了充分的证据。

我们可以把自然选择当成 DNA 的“校对器”。如果基因功能正常运转良好，那么变异会导致基因效率降低。在这种情况下，经自然选择，发生变异的个体会被整个种群清理出去，最有效的基因形式将得以保留延续。例如，科学家已在细菌和高等动物身上发现了几百个相同的基因。这就可以证明，细菌和高等动物 20 亿年前是从同一个祖先进化而来的。

有的科学研究将视角对准基因的进化。例如，对人类来说，味觉相对没有那么重要。而对其他一些哺乳类动物来说，味觉则至关重要。科学家发现某些基因：

1. 在人类身上不起作用；

2. 正在被随机变异清除。

换句话说，研究人类 DNA 能帮助我们发现哪些基因正在消失。所谓的“化石”基因能够为人类了解我们的哺乳动物祖先提供必要线索。

第十九章

生态系统

非洲最大的淡水湖——维多利亚湖曾经孕育着几百种鱼类。其中对人类最有价值的是罗非鱼。这种餐桌上的美味佳肴是当地的经济支柱。沿湖而居的非洲人从维多利亚湖捕捞罗非鱼，将其晾干，作为日常饮食重要的蛋白质来源。

20 世纪 60 年代，英国运动员将一个新物种引入维多利亚湖。它就是凶猛的尼罗河鲈鱼。尼罗河鲈鱼胃口很大，最大能长到几百英镑重。一开始，罗非鱼躲到深水区域，成功避开鲈鱼的捕猎。不谙深水捕猎的鲈鱼将牙齿伸向其他鱼类。随着鱼类的减少，水藻类植物开始疯长。植物枯萎后沉到湖底腐烂，消耗着湖底的氧气，破坏了罗非鱼深水区的藏身之处。无法继续在深水区生存的罗非鱼只能回到浅水区，成为鲈鱼的囊中之物。原来湖中以蜗牛为食的鱼类也被鲈鱼吃完，其结果是携带大量寄生虫的蜗牛在水中泛滥，威胁其他生物的生存。

维多利亚湖的湖岸几乎均匀地分布在肯尼亚、乌干达和坦桑尼亚三个国家。湖水中生态环境的变化影响着几百个沿湖城市，以及沿湖村庄上百万名非洲人民的生计。渔民将捕捞的重点从罗非鱼转向鲈鱼，但他们很快发现鲈鱼不适合晾干食用，必须用炭火烤食。现如今维多利亚湖的岸边已经看不到森林，取而代之的是满目疮痍的湖岸和水体。这位英国运动员想获得更好的钓鱼体验，于是将一个新物种引入维多利亚湖。这样一个简单的、随意的行为却给整个生态系统带来了彻底的改变。

这个故事告诉我们一个深刻的道理：

所有的生命体是紧密相连的。

通过能量加工、循环养分等来获取支持的生物群落，我们称之为生态系统。科学家通过勾勒生物体之间能量和原材料（矿物质、土壤、水等）的交换以及生物体与周围环境的相互关系来进行生态系统的研究。

每个生态系统的食物链底部一般是自我维持的生物——植物或靠光合作用生存的生命体。植物将太阳能转化为储能分子，储能分子不仅是植物生存的能量来源，同时为生态系统内的其他生物提供能量。能量从植物体沿食物链向上移动，首先到达的是以植物为食的生物，接着再到达食物链的上一层，以此类推，最终能量离开生态系统，回到大气。在这个过程中，分子中的原子不断循环。

生命之屋

生物学家一般将小型可控的系统作为研究对象。比如单个器官、细胞或分子。但是生命系统从来都不是孤立存在的，生命需要与周围环境中的其他生物体进行互动。不同的生物体相互合作，相互竞争；要么以他人为食，要么成为他人的食物。地球上的生物以及它周围的环境共同构成一个整体，遵循本书讲到的物理学、生物学原理运转着、生存着。如果想要更好地理解地球，那么必须将视角放在整个生态系统上。这也是为什么本书把生态系统学放在最后一章的原因。在英语中，“生态”一词源于希腊语“房子”。生态学家是研究生态系统的科学家，他们的关注点是一个地区所有的生物及其物理环境。

生态系统没有固定的大小。只要有矿物质、空气、水、植物、动物、微生物，那么它们共同组成的相互影响的系统就可以被称为生态系统。生态系统可能是一片湿地，或是一片草地、一堆沙丘、一块珊瑚礁或一个水族馆。自然界中的生态系统通常没有严格意义上的边界，森林与农田渐渐相融，浅水逐渐向深水过渡。在同一个生态系统内，每个生物如同复杂机器里的精密零部件，各司其职，同时与其他零部件相互依存。例如，在一片森林里，白蚁靠大树产生的朽木为食，而大树靠白蚁为小树苗的生长清理出空间。生物在一个生态系统中占据的位置被称为生态位。

地球上生物存在的范围并不大，最低到达地下几英里处，最高到达几英里高的天空。生物生存的范围称之为生物圈。生物圈是地球上最大的生态系统。

食物链将生物及其环境联系为一个复杂的整体。从这个复杂的整体我们可以推导出一个法则。简单地说：

我们不能只改变生态系统中的某一个事物。

更夸张地说，它就是：

意外后果定律。

不管怎样表述，这条法则本质上是说在一个复杂系统中，我们通常无法预料某个改变会带来怎样的后果，至少用现在的知识我们无法预料。这意味着生态系统中看似微小的改变可能会引发剧烈的效应，或者即使发生剧烈的变化，生态系统也很有可能纹丝不动。

需要指出的是，地球上的生物在历史进程中经历了多次环境巨变。自然本身在不断塑造着地球环境，所以自然环境的改变不一定全是坏事儿，变化本身就是自然的一部分。不过，回到刚才所说的，时至今日人类无法预测自然变化最终的结果会是怎样。

能量和食物链

太阳是地球上生命所需能量的主要来源。植物、浮游生物等绿色植物通过光合作用，用太阳的辐射能将二氧化碳和水转化为富含能量的化学物质——单一碳水化合物。植物利用含有能量的化学物质生产蛋白质、脂类、糖等复杂分子，形成植物的枝干、叶片、花朵。植物和依靠光合作用生存的生物是自我维持型生命，它们产生储能分子，供其他生物体使用。科学家将其称为环境的第一营养级，也就是食物链第一营养级，为食物链上其他生物体供应能量。

动物、菌类和大部分细菌不能直接将太阳能转化为维持生命所需的分子，因此它们靠摄取其他生物获取能量。植物是食物链上食草动物、毛毛虫，以及靠腐烂植物为生的细菌、白蚁等初级消费者的能量供应者。初级消费者占据食物链第二营养级，大部分动物处于第二营养级。

处在第二营养级的动物为食物链再上一层的动物提供能量。狼等初级肉食动物以兔子等食草动物为食；虎鲸等次级食肉动物以鱼等初级肉食动物为食。细菌、白蚁、秃鹰等以腐肉和废物为食。人类和浣熊等杂食动物的食物来源多种多样，既有动物又有植物。这些动物消费者最终依靠的是食物链底部，以光合作用进行能量生产的生产者。

食物链是一个十分低效的系统。能量从一个层级传递到另一个层级的过程中会产生大量的损耗，植物只能吸收照射而来的一小部分太阳光。食草动物通常只能吸收青草存储能量的 10%，剩下的 90% 则通过新陈代谢转化为热能或储存在不容易消化的分子之中。

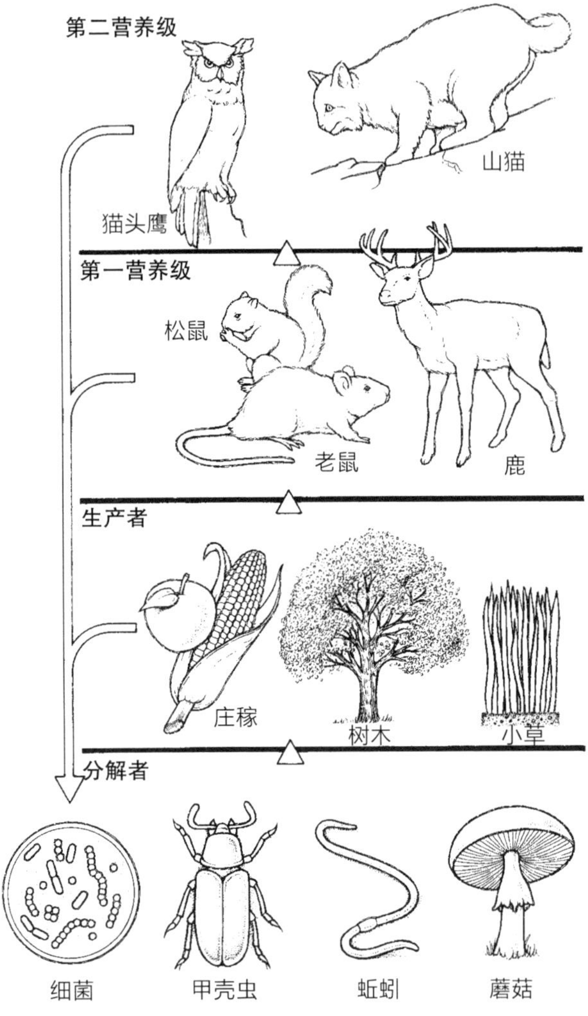

生物体在食物链上获取能量。食物链由不同的营养级组成。光合作用能量生产者植物为动物消费者和分解者提供能量。

90% 的能量是从食草动物转移到食肉动物的过程中被损耗的。能量从食物链低营养级到高营养级的流动不断减少，这就意味着食物链越靠上，存活的生物体数量越少。一群大鱼需要以更大的一群小鱼为食。在非洲大草原上，狮子的数量与食草动物相比要少得多。这也解释了为什么牛肉（处于食物链第二营养级）的价格大约是粮食的十倍，为什么超市不卖狮子肉。

每个生态系统依靠能量维持。但是不管生物圈的能量如何循环，它最终的宿命是一样的，遵循能量守恒定律，能量最后转化为热能返回到环境中。

养分和碳循环

生态系统中的能量在不停地损耗，必须不断补充。但与能量不同，构成生物组织及其养分的分子和原子是可以循环的。原子不会消失，只会从一个生命体转移到另一个生命体，或者从一种化学形式转化为另一种化学形式，在生态系统中不停地循环。我们用化学物质循环来描述原子历史，也就是生命所需的化学物质循环包括水循环以及碳、氮、氧、磷、硫等元素的循环。

原子或分子的循环非常复杂，循环途径多种多样。试想一下碳原子的循环过程。首先，二氧化碳气体分子中的单个碳原子从空气进入循环圈。在光合作用下，草叶将二氧化碳分子和水转化为能量形成葡萄糖分子；接着，细胞化学工厂加工葡萄糖形成纤维素再输送到草叶。这样一来，碳原子转变成了小草的一部分。饥肠辘辘的老鼠来到草地觅食，把小草啃到嘴里，摄入小草的碳原子，变成自己的化学能量储备。可老鼠不太走运，被一只猫头鹰发现吃掉了，碳原子随之变成猫头鹰的能量储备。猫头鹰通过呼吸过程消耗摄入的能量，在这个过程中，碳原子组成新的二氧化碳分子重新回到空气中。

碳循环的路径不止这一种。有的碳原子随动物粪便或动物死亡腐烂进入土壤，接着被土壤里的细菌、蠕虫等食腐动物吸收。死亡腐烂的植物一层一层地堆积，被埋在地下。在温度和压力的作用下，它们变成煤炭、石油、天然气等化石能源。蜗牛和甲虫将其他碳原子转化为制造它们坚硬的、具有保护作用的外壳的化学物质。在海洋里，珊瑚和贝类则用相似的化学方式把碳原子变成碳酸盐礁和贝壳，这些珊瑚礁和贝壳长期积聚形成厚厚的石灰岩。在过去的一个世纪里，人类消耗大量的化石能源，严重影响着自然界的碳循环，大气中二氧化碳的含量随之大幅上升。

与碳循环类似，生物圈里氧、氢、氮等生命所必需的能量在不停地循环。当然每种元素的具体循环过程有所不同，但都遵循着一样的原则：物质只能在生物圈循环，不能离开生物圈。

人类与环境

人类是生态系统中不可或缺的组成部分。和其他生物一样，人类最终依靠食物链第一营养级的太阳能和光合作用生存。但是与其他生物不同的是，人类学会了改造自然。从发展农业、修建城市，到近代工业生产，人类活动深刻改变着地球的生物圈。当前，很多重要的国内国际政治议题均涉及人与自然的关系。因为经济与社会因素的相互影响，人类与自然的关系已经超出了科学的范畴。很显然，理解这些公共议题离不开科学的帮助。下面将介绍我们作为普通公民应该懂的三个环境问题：臭氧消耗、酸雨和城市空气污染、温室气体效应和全球气候变化。

臭氧消耗

臭氧分子由三个氧原子组成。虽然仅百万分之一的大气分子是臭氧分子，但臭氧分子在地球环境中发挥着重要作用。靠近地球表面的臭氧是一种对眼睛和肺部有害的污染物。5 万英尺上空的臭氧能够吸收太阳紫外线，使地球生物免受紫外线伤害。如果没有大气臭氧层，人类和地球上的生物将处于高强度的紫外线辐射中，这无疑增加了罹患皮肤癌、眼部疾病的风险。

由于氟氯烃（CFCs）的大量使用，大气臭氧层正在遭受破坏。过去几十年，氟氯烃被广泛用于冰箱、空调制冷剂，以及电子元件生产过程中的清洗剂和泡沫产品。最早在 20 世纪 60 年代，人们发现氟氯烃分子具有较高的稳定性，误以为它不易分解，不会给环境带来污染。但实际上，问题就出在氟氯烃分子的稳定性上。极其稳定的氟氯烃分子渗透到大气上层后，分子中的氯原子变成催化剂，引发一系列复杂的化学反应，将臭氧分子变成普通氧气分子，使消耗臭氧层的速度快于臭氧层自我更新的速度。这个例子也体现了意外后果定律。1984 年，参与南极科考的科学家惊奇地发现臭氧消耗的现象，引发世界关注。他们发现，每年 9 月至 10 月，即南极洲的春季，南极地区臭氧浓度下降 50%，这就是著名的“臭氧层空洞”。自此之后，科学家发现南极每年都会出现不同程度的臭氧层空洞现象。与臭氧层空洞相关的大量臭氧消耗似乎与南极洲特殊的地理条件有关——南极洲冬季时期空气稀薄，没有阳光照射而形成的冰云。

臭氧层持续遭到破坏的确应该引起公众的担忧。相关紧急措施接续出台以减少氟氯烃的使用。化工业迅速反应，比如美国杜邦公司立即停止氟氯烃的生产，其他工业国家紧随其后出台类似措施。

针对环境保护而言，应对臭氧消耗已经不再是棘手的问题。解决方案相对简单，成本较低，而且不需要改变行为或生活方式。

酸雨和城市空气污染

燃烧过程会产生二氧化碳，使水分蒸发。同时也会产生三个重要的污染源。

1. 氮氧化合物。当温度超过 500℃ 时，空气中的氮气与氧气结合形成一氧化氮、二氧化氮等氮氧化合物。

2. 硫化物。石油、煤炭等化石燃料通常含有少量硫，可能是外界污染物，也可能是燃料本身的组成部分。因此石油、煤炭燃烧的过程会产生二氧化硫，并造成大气污染。

3. 碳氢化合物。碳氢化合物的长链分子通常无法进行充分燃烧。第三类污染物，即碳氢分子颗粒。第三类污染物，即未反应的碳氢化合物分子链的碎片进入大气。

这些污染物释放到大气中会引发严重的环境问题。太阳光照射氮氧化合物或碳氢化合物会引发化学反应并产生臭氧，污染城市空气。虽然平流层的臭氧对地球生命至关重要，但是近地大气的臭氧会给人类呼吸系统带来损伤。臭氧是现代城市面临的主要空气污染物之一，是雾霾的产物。

城市空气污染可能演变成严重问题，也有可能只是引发暂时的污染。如果城市空气质量下降，那么天气预报应该提醒居民采取防范措施。和天气一样，空气污染程度每天不尽相同，可能随着一场暴雨或狂风的到来而迅速缓解。

酸雨是氮氧化合物和硫化物带来的具有长期影响的环境问题。氮氧化合物、硫化物与大气中其他化学物质进行反应，产生硝酸或硫酸滴状物。遇到雨天，酸性滴状物随雨水降落。酸雨现象在欧洲国家造成了严重的破坏。城市里的石灰岩历史纪念物尤其容易遭受酸雨侵蚀。长时间暴露在酸雨中，很多建筑结构会遭到腐蚀。

20 世纪中期，美国中西部工业区通过修建高大的烟囱以降低污染对本地居民的影响。这是因为被排放到大气中的污染物在高空中更容易被风吹散。但这个方法并没有解决根本问题，酸雨只是被转移到了新英格兰地区的森林。

为治理空气污染问题，政府对汽车尾气排放进行管理，并要求大型工厂在将工业废气排放到大气之前必须进行有害物质的处理。燃煤电厂处理排放物所需设备的成本远高于发电设备本身。因此，插电式混合动力汽车和纯电动汽车的普及是可以预见的。驱动汽车所需的电将会来自于这些发电厂。毕竟，清理一只烟囱要比清理成千上万只排气管容易得多。

酸雨和空气污染是中等的环境问题。我们了解它们的成因和后果，知道怎样去应对，怎样去防范。但是，治理酸雨和空气污染的成本大大高于缓解臭氧过度消耗问题的成本。在这种情况下，政治和经济因素就变得非常重要了。我们愿意为呼吸干净的空气付出多大成本？为拯救新英格兰地区的森林，我们能够接受多少中西部地区人民失业？这些不是容易回答的问题，仅靠科学无法给出答案。

温室气体效应和全球气候变化

虽然可以通过清理烟囱或汽车尾气，来减少引起酸雨的有害物质的排放，或者进行能源转型，减少化石能源的消费。但是有一个问题始终不可避免，那就是只要我们燃烧化石燃料，就一定会产生二氧化碳。日常生活中开车、做饭、开灯照明，这些行为都会产生二氧化碳排放。

二氧化碳排放过量将引发温室效应。太阳光线穿过玻璃被温室或者汽车里面的物体吸收，物体温度升高，释放红外线。但由于红外线波长无法穿透玻璃，能量只能留在空间内部，使温度上升。和玻璃一样，二氧化碳透过来自太阳的可见光，吸收从地面辐射的红外线，但却始终无法将红外线折射回太空，只能将其留在大气中。地球的温室效应指的就是工业革命以来，人类大量燃烧化石能源并向大气排放二氧化碳，长期累积引起的全球变暖问题。

关于温室效应需要说明几点。第一，大气中的二氧化碳一直存在，并不是人类制造的。第二，如果没有温室效应，地球地表温度将会是零下 20 摄氏度。公众所关注的温室效应是指：过去一个世纪，由于人类活动造成的二氧化碳排放量急剧攀升，引发全球气候的相关变化。

关于温室效应，科学家达成以下四点共识：

1. 二氧化碳吸收红外线，可以像甲烷、水、臭氧等分子一样充当温室气体。

2. 人为燃烧化石能源会增加二氧化碳排放量。最新研究表明，大气中二氧化碳含量增速在加快。

3. 地球气候是变化的。人类目前正处在开始于 1850 年左右的一轮温暖期。在此之前是很长的一段小冰河期。再往前是中世纪温暖期。1850 年起，全球平均升温约 0.5 摄氏度。有证据表明，全球升温部分是由人类活动造成的。

4. 过去几十年全球平均温度明显升高。20 世纪 90 年代是有历史记录以来最温暖的 10 年。历史记录最热的 25 年中，有近 20 年发生在 20 世纪 80 年代以后。

有历史记录以来最温暖的四个年份包括 2004 年和 2005 年，这两年的温度比近 30 年的平均温度高出整整 1 摄氏度，甚至这两年中有几个月份的温度达到了历史新高。因此可以确定地说，近年来全球气候的确正在变暖。另一方面，卫星数据显示从 20 世纪 90 年代末开始，全球温度并没有出现十分明显的上升。

尽管这些残酷的事实摆在眼前，但我们并不确定全球气候到底在以多快的速度发生着变化，变化的程度又有多深。科学家使用全球环流模型作为预测未来气候的科学工具，它是一个复杂的计算机模型。该模型将大气和海洋每隔几百公里分成若干小块，每一个方框对应一部分大气或海洋的相关数据。通过计算每个方框的数据并相加得出预测值，短期预测结果即每天播报的天气预报。当用于预测气候的时候，如果需要预测未来一百年的天气变化，那么模型就需要处理成千上万的数据，涵盖从冰川的形成到海洋中发生的所有化学反应。即使是最快的计算机，也要花费几个月的时间去处理这些数据。这么说没有批评的意思，毕竟处理像地球气候这么复杂多样的系统并不是一件容易的事儿。需要说明一点，由于全球环流模型系统本身的复杂性以及我们放进去的数据并不一定完全准确，该模型的预测始终存在不确定性。电脑算出来的东西不是绝对正确的，这就和印在书上的内容不是绝对真实的一样。以下几个因素导致全球环流模型无法做出准确预测。

云层。云层是决定气候的一个重要的复杂因素。云层较低时能反射太阳光，从而降低地表温度；云层较高时，聚集热量，使地表温度升高。因此，要准确预测气候，我们不仅需要了解云量的多少，而且需要知道云的类型是什么。但是现在我们还没有搞清楚云层形成的物理和化学原理。

海洋。海洋及海洋沉淀物吸收大量二氧化碳，总量远超大气吸收的二氧化碳。但二者之间的相互关系十分复杂，目前科学界并没有达成共识，一种理论认为洋流的微小变化将影响大气对二氧化碳的吸收。

太阳。太阳是气候循环的主要动力。太阳辐射变化将对全球变暖或全球变冷产生重要影响。比如，有的科学家预计

1645年至1715年，太阳辐射能比现在少1%左右，与此相对应，1645年至1715年是地球的小冰河期。虽然全球环流模型计算结果并没有表明当前全球变暖与太阳能相关，但是我们不能排除二者之间存在复杂的关联。有的科学家指出，太阳磁场的变化会影响宇宙射线，而宇宙射线会给大气带来凝结核，因此太阳磁场的变化可能会影响到地球云层。

冰。冰的范围和分布，冰川和冰架运动对气候有什么影响？科学家迄今为止并未给出答案。冰雪反射太阳光，使太阳的辐射能回到太空，但同时深色的岩石和土壤能有效吸收太阳能。那么，格陵兰岛冰川融化会让全球加速变暖吗？

关于气候变化的辩论各方常常通过计算大气中二氧化碳含量增加一倍时，地球温度产生的变化来论证自己的观点。政府间气候变化专门委员会专门负责整理世界各地科学家的计算结果，每隔几年发布相关报告。2007年的一份报告中称21世纪地球的平均温度将升高2℃。

全球环流模型相关技术还不够完善，无法详细预测全球变暖会给世界各地带来什么样的影响。但可以预料的是全球变暖可能淹没某些近海地区，热带疾病可能向北传播。地球降雨格局可能发生改变，农业将会因此受到巨大影响。另外，气候急剧变化还将破坏生态系统，把多个物种推向灭绝的深渊。我们该如何减缓全球变暖的趋势呢？如果大幅减少化石能源消费，消费者必须改变现有生活方式，并付出一定的经济代价。可是，现代社会主要依赖于碳基燃料，它是汽车、飞机、轮船、发电厂的动力来源。转变能源消费结构绝非易事。

一些措施已经落地。一方面，我们加紧保护亚马逊地区的热带雨林；另一方面，加大世界各地的森林种植力度。森林吸收空气中的二氧化碳储存于自身，会有效抵消化石能源燃烧给环境带来的破坏。我们还可以创新节能方式，改变能源消费模式，转而更多地依赖风能、太阳能、水力发电等新能源。我们可以开发效率更高的生物燃料，加大植树造林的力度。世界各国正在大力推行相应的措施以积极应对全球变暖。

尽管如此，温室效应仍是地球生态系统面临的最严峻、最难解决的环境问题。一方面，由于我们无法得知大气中二氧化碳含量增加会产生怎样的效应，因此构建模型分析温室效应是一件非常困难的工作，成本也非常高。另一方面，世界经济几乎依靠化石能源运转，短时间内转向以新能源为主的能源消费结构并不现实。一种新的能源进入主流能源消费结构一般需要 30 到 50 年时间。如果温室效应导致全球变暖的最坏预测是真的，那么大约 50 年后，应对全球变暖的行动可能已经毫无意义。

根据科学家乐观估计，全球变暖在未来几十年内不会带来剧烈的环境变化。这对公司、政府、大型社会组织等来说可能是个好事，因为它们的事业发展规划周期一般不会超过几十年。但归根结底，人类终将面临一个问题：全球变暖可能会损害子孙后代的生活环境，那么你是否愿意为一种未来的可能性而改变今天的生活方式?

结语

科学的作用

科学是了解宇宙和身处宇宙之中我们的一种方式。通过科学我们发现了支配物质、能量、力、运动的物理法则——适用于一切生命形式的一般规律；探索原子世界，发现世界最基本组成单元的魅力；探寻原子核与恒星的奥秘，明晰既能为人类所用，又能毁灭人类的能量。

科学方法指引着我们认识地球，了解地球历史坐标中的人类。和银河系中的恒星和行星一样，古老的地球来自于银河系的尘埃和碎片。历经沧海桑田，我们的地球从 40 亿年前简单的单细胞生物世界进化到今日生机勃勃的多样世界。人类只是这漫长进化过程中的一小步。伴随着生物进化，数不清的物种在地球上诞生，数不清的物种在地球上灭绝。

人类常常认为自己可以凌驾于自然法则之上，认为自己是优于其他物种的特殊存在。但实际上人类不过是宇宙中苦苦生存的万千物种之一。“天选之子”也只是地球生态系统的一部分，充满智慧的人类必须认识到这一点。

人类只是地球上普普通通的存在。我们与地球历史上的其他物种有何不同呢？答案是人类学会了利用自然、改造自然。我们的快乐在于拥有了用科学探索世界的能力，用艺术欣赏世界的能力，用哲学和宗教探寻生命意义的能力。

人类拥有极强的好奇心，而科学赋予了我们探索物质世界的强大武器。科学无疑是人类的一场伟大探险，机会无限、挑战重重，但我们收获颇丰、责任重大。科学赋予了我们发现世界的全新视角，把我们送入太空探寻宇宙的奥秘，还会带领我们穿越时空感悟历史。

科学知识是人类手中的利器，让我们有能力去战胜疾病，创造新物质，以超乎寻常的方式打造崭新世界。科学知识让人类有能力去预测行为的后果，用智慧去寻求自我解救。